바른 양육과 성장 24

정복을 당한 자들

마귀에게 점유당한 교회들의 실상

이송오 목사 지음

말씀보존학회

The Conquered

By

Song Oh Lee, Ph.D.

Pastor, Bible Baptist Church

Seoul, Korea

"진리를 따라 주님을 섬기고자 하는

이 땅의 순수한 그리스도인들에게

이 책을 바친다."

이 책을 내면서

하나님께서는 왜 벌레만도 못한 인간들을 죄의 형벌과 지옥의 심판으로부터 구원해 주시려고 하나뿐인 아들을 이 땅에 보내시어 십자가의 질고를 겪게 하셨을까? 이에 대한 답변을 인간이면 누구나 아니 그분의 피로 속죄함을 받은 그리스도인은 누구나 내놓아야 한다. 그리고 그 답변을 성경에서 찾아야 한다. 하나님께서는 예수 그리스도를 구세주로 믿고 영이 살아났고 영생을 얻은 하나님의 자녀들이 어떻게 남은 지상의 생을 살아야 하는가를 이렇게 가르쳐 주고 계신다. 『내가 그리스도와 함께 십자가에 못박혀 있으나 그럼에도 나는 살아 있노라. 그러나 내가 사는 것이 아니요, 그리스도께서 내 안에 사시는 것이라. 내가 이제 육신 안에서 사는 삶은 나를 사랑하시어 나를 위해 자신을 주신 하나님의 아들을 믿는 믿음으로 사는 것이라』(갈 2:20). 이것이 그리스도인이 이 세상을 살아야 하는 방법이다. 우리 개개인의 삶을 통하여 그리스도를 드러내려면 어떻게 해야 하는가? 피값으로 사 주신 내 몸은 내 것이 아니라 하나님의 소유이기 때문에 내 몸과 영으로 하나님께 영광을 돌리라고 하셨다(고전 6:19,20). 어떻게 해야 내 몸과 영으로 영광을 돌려드릴 수 있는가? 순종과 섬김으로 할 수 있다.

성도는 하나님의 말씀에 순종하며 살아야 한다. 예수 그리스도를 첫째로 사랑해야 하며, 하나님을 두려워해야 한다(잠 1:7; 9:10, 욥 28:28, 시 111:10). 하나님을 두려워하는 사람은 사람을 의식하거나 두려워하지 않게 된다. 최상의 순종은 영과 진리로 드리는 경배이다. 거룩하신 하나님께서는 신령과 진정으로 드리는 이교도식 예배는 받지 않으시며 통기타 치고, 율동하며, CCM 부르는 경배와 찬양도 받지 않으시며, 방언 나부랭이나, 통성 기도하는 그런 곳에는 계시지 않으신다. 복음의 진리가 선포되지 않고 거듭난 사람들의 몸이 아닌 곳에는 하나님께서 임재하지 않으신다. 성도의 바른 섬김은 세상 사람들에게 구원의 복음을 전하면서부터 시작되는 것이다. 다른 일들은 하면서도 구령하지 않으면 보상이 없다. 왜냐하면 그것은 하나님께 인정받는 섬김이 아니기 때문이다(고전 3:12-15). 하나님의 말씀이 무시되고 술수와 비성경적 교리가 실행되는 곳은 아무리 잘 단장되었다 해도 하나님은 그 안에 계시지 않으심을 알아야 한다. 주님께서는 하나님의 권위가 무시되고 인간들의 권위가 판을 치는 이 시대의 교회인 라오디케아 교회 밖에 계신다(계 3:20). 그렇다면 그리스도인의 삶의 동기는 무엇인가? 어떻게 살아야만 하나님을 기쁘시게 하는 삶이 될 수 있는가? 역시 성경에서 그에 대한 답을 찾아야 한다. 『그가 모든 사람을 위하여 죽으신 것은 산 자들이 이제부터는 더 이상 자신들을 위하여 살지 않고 자기들을 위하여 죽었다가 다시 살아나신 그분을 위하여 살게 하려는 것이라』(고후 5:15). 그리스도인이 되고 나면 이 세상과 반대되는 삶을 살아야 한다. 세상과 일치하지 말고 마음의 변화를 받아야(롬 12:1,2) 한다. 세상과 친구 되면 하나님과 원수 된다(약 4:4). 그리스도인은 마귀가 관장하는 이 세상에서 인정받거나 이 세상을 위해 일하거나 이 세상에서 잘

사는 사람이 아니다. 그리스도인은 이 세상에서는 고난을 받으나 휴거 된 후부터, 즉 영원에서 잘사는 것이다. 왜냐하면 이 세상은 예수 그리스도를 배격하고 진리를 부인하기 때문이다. 예수님께서는 말씀하시기를 『내가 그들에게 아버지의 말씀을 주었더니 세상이 그들을 미워하였나이다. 이는 내가 세상에 속하지 아니한 것같이 그들도 세상에 속하지 아니하기 때문이옵니다』(요 17:14). 예수님께서는 심지어 세상을 위해서는 기도하지도 않으셨다(요 17:9). 세상을 닮은 교회, 세상에서 인정받는 교회, 세상 사람들을 술수로 끌어 모아 마귀의 능력을 성령의 은사라고 속여 치부하는 교회들은 하나님과 무관한 교회들이다. 수많은 목사들이 마귀에게 관장되어 있으며 수많은 교회들이 마귀에게 점유되어 있는데도 그들의 영적 눈이 감겨있기 때문에 이를 보지 못하고 있다. 그들은 바른 말씀이 없어도 하나님을 믿는다고 말한다. 『네가 한 분 하나님이 계심을 믿으니 잘하는 것이라. 마귀들도 믿고 떠느니라』(약 2:19). 그런 교회에 다니는 교인들이 하나님을 믿는다고 말하나 마귀들은 하나님을 믿고 부들부들 떨기까지 한다. 왜냐하면, 하나님이 두렵고 무서운 분임을 알기 때문이다. 우리 하나님은 기록하신 말씀을 스스로 위반하지 않으시며 불의를 묵과하거나 수용하지 않으시며 공의대로 심판하시는 분이시기 때문이다.

필자가 거듭난 후(1978년 7월 23일) 두 번 크게 놀랐는데 첫 번째는 개역성경에 삭제된 구절들과 이해 안 되는 용어들이 발견되었을 때였고 두 번째는 수천 수만 명의 사람들이 교회들로 몰려가니 그들에게서 돈을 받아 치부하는 교회들이 있음을 보고서였다. 필자는 진리를 알고 나서 진리의 소중함을 알고 싶어 81년에 미국으로 유학을 갔었는데 학교에서 성경이 어떻게 변개되었는가를 배우고 책들을 읽었을 때 심장이 터질 것 같은 아픔을 몇 차례 겪었다. 주님께서는 그런 내 심중을 보시고 〈킹제임스 성경〉을 한글로 번역하는 데 들어 쓰셨던 것이라고 믿고 있다. 〈한글킹제임스성경〉이 출간된 지(1994년 4월 12일) 올해로 12년째 되는데 필자는 단 한 번도 인간적인 노력과 방법으로 이 성경을 보급하려고 하지 않았다. 하나님께서는 〈한글킹제임스성경〉과 〈킹제임스성경〉에 기조한 많은 보석 같은 책들을 이 땅에 남겨 두시어 우리로 하여금 그 책들을 펴내게 해주심에 감사드린다(2006년 2월 현재 180여 권). 주님께서는 〈한글킹제임스성경〉과 이 책들을 하루도 거르지 않고 보급해 주고 계신다. 필자가 성경침례교회를 설립해서(1992년 4월 12일) 지금까지 14년째 되었는데 우리가 소재한 강서구 방화동에서 13년 만에 한 가정이 교회로 출석하였다. 우리는 한 달이면 평균 1,500명 이상을 구령하지만 그들을 교회로 끌어오기 위해 술수나 방편을 제시한 적이 없었다. 우리 교회에 출석한 성도들은 구원받고 〈한글킹제임스성경〉과 우리가 펴낸 책들을 읽은 지 10여 년쯤 되어서야 출석했다. 그 원인이 어디 있는가? 그들은 마귀들에게 점유당한 여러 교회들을 둘러보고, 속고, 회유당하고, 쓸데없는 짓들을 섬김인 줄 알고 따라 하다가 뒤늦게 깨닫고 믿음을 포기했다가 찾아온 것이다. 이는 우리가 거짓말로 사람들을 속이지 않았기 때문이다. 마귀에게 관장되어 마귀의 능력을 성령의 능력으로 속여 소문을 퍼트렸을 때 가장 먼저 찾아 온 사람들이 누구일 것 같은가? 성경의 앞뒤도 모르는 믿음 없는 여인네들이다. 그들은 건전한 교리를 견디지 못하고 자기들의 귀를 즐겁게 해 줄 선생들을 선호하며 그들의 귀를 진리에서 돌이켜 꾸며 낸 이야기로 돌리는 여인들이다(딤후 4:3,4). 그 다음에 따라나선 사람들은 그 여인들의 허풍에 따라나선 가족이요. 그 다음은 모여든 사람들의 숫자를 보고 거기도 뭔가 있는가 하여 따라가 본 믿음 없는 사람들이며 그 다음은 그들을 상대로 장사나 해보려는 장사꾼들이요. 그 다음은 표를 노리는 정치꾼들이다. 그런 쭉정이들을 모아 놓고 성공적 목회를 자랑하는 것이 마귀가 쓰는 그의 종들이다. 이런 교회들의 특징은 복음을 위한 전도지를 못 만든다는 점이다. 그들에게는 복음 전도지를 만들 관심도 없고 실력도 없기 때문이며 더 중요한 것은 그들이 가르치고 퍼트리는 것이 복음 전파와 정반대이기 때문이다. 예수 그리스도의 재림을 기다리지 않게 하는 사역은 사역도 아니고 마귀에게 놀아난 것이다. 그런 사기꾼들을 따라가면 도착할 곳은 지옥뿐임을 알아야 한다.

오늘날 이 나라의 교회들이 하고 있는 일들은 성경적 기독교 신앙이 아니라 한국식 기독교 신앙이다. 새벽에 교회에 다니는 나라는 한국밖에 없고 그런 행위와 열성을 권장하는 목사들도 한국 목사들뿐이다. 다른 나라에서 하고 있다면 그것은 한국에서 배워간 것이다. 하나님께서는 신실한 목회를 원하시는데 이 나라는 성공적 목회를 떠들고 있으며, 성공적 목회란 심지어 긍정적 사고방식까지 도입하여 사람들만 많이 모으면 되는 것을 말한다. 그러려면 거짓 은사나 마귀의 능력까지도 흉내내면서 자기가 특별한 하나님의 종인 양 높여야 하는 것이다. 주님께서 이 점에 관하여 말씀하시기를 『만일 어떤 사람이 아무것도 아니면서 무언가 되는 줄로 생각하면 그 사람은 자신을 속이는 것이라.』(갈 6:3)고 하셨다. 그들은 하나님과 사람들 앞에서 자신을 속이면서 치부하는 자들이다.

그런 교회들에 가서 그런 사람을 목자라고 따라다니게 되면 영락없이 지옥으로 떨어지게 됨을 알아야 한다. 우리가 예수 그리스도를 믿는 것은 궁극적으로 지옥에 가지 않기 위해서이다. 지옥은 인간의 언어로는 묘사할 수 없을 만큼 무서운 곳이다. 당신의 혼이 그들의 벌레도 죽지 않고 불도 꺼지지 않는 곳에서 영원히 고통받아야 하는 곳이다. 현대 교인들이

하도 추잡하고 세속적이라서 주님께서는 라오디케아 교회 안에 계실 수가 없어 지금 밖에 계신다. 그러나 그분의 음성을 듣고 그 문을 여는 사람이 있다면 그에게 들어가시어 그와 함께 먹으며 그도 주님과 함께 먹으리라고 말씀하셨다. 이것은 전적으로 개별적인 초청이다. 그렇게 해야 한다. 그리스도인은 예수 그리스도의 다시 오심을 믿고 기다리며 살아야 한다. 이것이 그리스도인들만이 가지는 복된 소망이기 때문이다(딛 2:13).

이 책을 읽는 독자 여러분께서는 하나님을 기쁘시게 하는 삶을 살아야 한다. 하나님을 기쁘시게 하려면 사람을 기쁘게 하는 일을 중단해야 한다. 『내가 이제 사람들에게 호감을 사랴? 아니면 하나님께 사랴? 아니면 내가 사람들을 기쁘게 하려고 하겠느냐? 내가 아직도 사람들을 기쁘게 하려고 한다면 나는 그리스도의 종이 아니니라』(갈 1:10). 독자 여러분은 예수 그리스도의 피로 죄사함받고 성령으로 다시 태어났는가? 언제 그런 경험을 했는가? 했으면 마귀의 자녀에서 하나님의 자녀로 다시 태어난 것이다. 태어났으면 진리의 지식에 눈떠야 한다. 진리의 지식을 깨닫지 못했으면 마귀의 꾀임이나 공격에 무력하여 하나님의 교회에 어떤 도움도 안 되는 존재로 남는 것이다. 『내 백성이 지식의 부족으로 멸망하는도다. 네가 지식을 거부하였으므로 나도 또한 너를 거부하리니』(호 4:6). 당신이 진리의 지식을 모르면 하나님께서 거부하신다고 말씀하고 계신다. 성경적 지식을 얻으려면 바른 성경으로 돌아와야 한다. 『하나님께서는 모든 사람이 구원을 받고 진리의 지식에 이르기를 원하시느니라』(딤전 2:4, 개역성경, "진리의 지식" 삭제). 『정신을 차리고 깨어 있으라. 이는 너희의 대적 마귀가 울부짖는 사자처럼 삼킬 자를 찾아 두루 다니기 때문이니라. 믿음 안에 굳게 서서 그를 대적하라. 이는 세상에 있는 너희 형제들도 동일한 고난을 당하는 줄을 앎이니라』(벧전 5:8,9). 『그러므로 하나님께 복종하라. 마귀를 대적하라. 그리하면 그가 너희로부터 도망하리라』(약 4:7). 이 말씀들은 마귀에게 점유되어 하나님을 속이는 자들에게는 해당되지 않는다. 그 대신 흠도 없고 점도 없는 어린양 같은 그리스도의 보배로운 피로 구원받은 사람들(벧전 1:19)과 썩지 아니할 씨인 살아 있고 영원히 거하는 하나님의 말씀으로 거듭난 사람들(벧전 1:23)에게만 해당된다. 왜냐하면 마귀는 그런 성도들만을 공격의 대상으로 삼기 때문이다.

이 책이 여러분의 신앙에 참된 길잡이가 되기를 바라 마지않는다.

2006년 3월 13일

이 송 오 목사

목차

이 책에 인용된 성경 구절은 〈한글킹제임스성경〉입니다.

1

정복을 당한 자들

1. 당신은 언제 그리스도인이 되었는가?

예수 그리스도의 복음을 믿고 성령으로 다시 태어났으면 하나님의 자녀가 된 것이다. 그 사람은 죽었던 영이 살아났고, 마귀의 자녀이었는데 이제 하나님의 자녀로 입양된 것이다. 입양되었다는 용어는 그 사람의 육신적 나이와 관계없이 하나님의 자녀로 입적되었다는 말이다. 각 나라마다 법이 다르지만 나이가 12세 이상이면 입양이 허가되지 않는 나라들도 있다. 그러나 하나님의 자녀로 입적되는 데는 나이의 제한이 없다. 95세에 복음을 듣고 구원받았어도, 그는 이제 하나님의 자녀로 입적된 것이다. 또 성별과도 관계없다. 누구든지 예수 그리스도를 구세주로 영접했으면 남자든 여자든 "하나님의 아들들"이 된다(요 1:12). 왜냐하면 셋째 하늘 낙원에 올라가면 거기서는 시집가고 장가가는 것이 아니라 하나님의 천사같이 되기 때문이다. 부활을 믿지 않았던 사두개인들이 그들에게는 난해한 질문을 예수님께

드렸다. 그것은 유대인의 관습에는 형이 자식이 없이 죽으면 씨를 보존하기 위해 그 다음 아우가 형수를 아내로 삼아 죽은 자의 대를 잇게 하는 법이 있는데, 일곱 형제가 차례로 자식이 없이 죽고 마침내 그 여인도 죽었다면, 부활했을 때 그 여인은 누구의 아내가 되겠는가 하는 것이었다. 예수님께서는 『너희가 성경도, 하나님의 능력도 모르므로 오해하고 있도다. 부활 때에는 그들은 장가도 시집도 가지 아니하고 하늘에 있는 하나님의 천사들과 같으니라.』고 답변하셨다(마 22:23-32).

사람이 변화된 몸을 입지 않고 지상에 사는 것과 변화된 몸을 입고 천상에서 사는 것이 같을 수는 없을 것이다. 예수님께서는 그분의 몸도 구원받으셨기에 죽으신 후 무덤 안에 삼 일 밤낮을 계셨지만 부패되지 않은 반면 나사로의 몸은 나흘 동안에 이미 부패되어 악취가 풍겼던 것이다. 인간은 예수 그리스도께서 십자가에서 완성해 놓으신 인류를 위한 구속사역을 믿었을 때, 영이 살아나고 혼이 구원받는 것이지만, 몸은 여전히 육신 그대로 남아 있는 것이다. 우리는 지금 속으로 신음하며 양자되는 것, 곧 우리 몸의 구속을 기다리고 있다(롬 8:23). 주님께서 공중에 재림하시면 만물을 자신에게 복종시키시는 주님의 능력의 역사로 인하여 우리의 천한 몸을 그분의 영광스러운 몸같이 변화시키실 것이라고 말씀하셨다(빌 3:21). 누구든지 성경을 기록된 대로 믿을 수 있다면 이러한 소망 가운데 살 수 있는 것이다. 우리의 천한 몸이 예수님과 닮은 사람이 되는 것이 아니고 그분의 영광스러운 몸같이 변한다고 말씀하셨다. 『그가 만물을 자신에게 복종시키는 그 능력의 역사로 인하여 우리의 천한 몸을 그분의 영광스러운 몸같이 변모시키시리라』(빌 3:21).

바른 성경으로 공부하지 않고 믿지도 않는다면 성령님으로부터 어떤 조명도 받을 것이라고 기대해서는 안 된다. 성경의 저자이신 성령 하나님께서는 변개된 성경에는 어떤 조명도 주지 않으신다. 하나님께서 그분의 말씀을 변개시킨 마귀의 성경을 존중하시겠는가? 지난 120년 동안 한글 개역성경을 사용한 사람들이 어떤 영적 조명을 받아 써 놓은 책이 있는가 보라! 성도들의 영과 혼을 가르고 사람의 몸에서 혼을 분리시킬 수 있는 설교다운 설교가 있는가 보라! 이 나라 그리스도인들을 영적으로 각성시킬 수 있는 책이 있는가 확인해 보라. 그리스도의 영이 없으면 그리스도인이 아니다. 절간에 다니는 것보다 교회에 다니는 것이 덜 창피할 것 같아 잘 알려진 교회에 나가 주기도문과 사도신경을 암송하고, 세례 받고 교인이 되었다면, 그 사람은 그의 믿음의 연수와 관계없이 죽으면 지옥으로 떨어지게 됨을 알아야 한다. 구원받으려면 자신이 마귀의 자녀로 태어난 죄인임을 먼저 인지해야 한다. 그리고 예수님께서 우리를 대신하여 십자가에서 피흘려 죽으셨고, 우리를 살리시려고 죽으신 지 삼 일 만에 부활하셨다는 사실을 마음으로 믿고 입으로 고백해야 한다(롬 10:9,10). 『그러므로 누구든지 그리스도 안에 있으면 새로운 피조물이라. 옛 것들은 지나갔으니, 보라, 모든 것이 새롭게 되었도다』(고후 5:17, 한글개역성경, "모든 것이" 삭제).

거듭난 그리스도인은 그리스도인의 생활체계를 세우고 성경적 기준을 따라 살아야 한다. 전에는 백성이 아니었으나 이제는 하나님의 백성이며, 전에는 자비를 받지 못했으나 이제는 자비를 받았다. 전에는 이스라엘 백성에게 주셨던 특권이 이제는 거듭난 그리스도인에게 주어진 것이다. 그 특권은 곧 왕 같은 제사장이며 독특한 백성이 된 것이다. 뿐만 아니라 하나님의 나라에 들어온 사람은 선택받은 세대요 거룩한 민족이라고 불리는 것이다. 구약(출 19:6)에서는 유대인들에게 하신 약속이었다가 신약(벧전 2:9)에서는 그 약속이 그리스도인들에게로 옮겨진 것이다.(교회에 주어진 것이 아니다.)

이 특권은 무려 38가지 이상이 된다. 예수 그리스도의 보혈의 능력으로 얻어진 특권이다.

(1) 거듭난 그리스도인은 지옥에 가지 않는다.

(2) 고난에 처해도 믿음으로 이겨낼 수 있다.

(3) 죄를 지었어도 자백하면 주님의 보혈로 씻어낼 수 있다.

그렇다고 해서 이런 특권을 죄짓는 데 써먹을 수 있겠는가? 구원받지 못한 사람에게는 이 특권이 없다. 하지만 한 가지 오해하지 말아야 할 것은 특권을 내세워 교회를 대적하고 영적 권위를 무시하는 일을 해서는 안 된다는 점이다. 이런 특권을 누리려면 먼저, 주님께 순종과 섬김이 선행되어야 한다. 의무가 없는 권리가 있을 수 있겠는가? 그리스도인이 되었다는 말은 마귀의 종에서 그리스도의 종으로 바뀌었다는 말이다. 『너희가 자신을 종으로 드려 누구에게 순종하든지 너희가 순종하는 자의 종이 되어 죄의 종으로 사망에 이르든지 혹은 순종의 종으로 의에 이르는 줄 알지 못하느냐? 죄에서 해방되어 의의 종이 되었음이라』(롬 6:16,18). 전에 마귀의 종이었을 때는 의를 실행할 의무가 없었지만 이제는 반대로 죄로부터는 자유롭게 된 것이다. 예수 그리스도를 구세주로 영접한 사람이 죄를 짓게 되면 다시 마귀의 하수인 노릇을 하는 것이다. 그가 구원을 잃어버리는 것이 아니라 마귀에게 지배를 받게 된다. 마귀의 지배를 받게 되면 그 사람은 마귀짓을 하게 된다.

2. 그리스도인이 죄를 짓지 않으려면 어떻게 해야 하는가?

(1) 자신의 몸을 하나님께 드려야 한다.

『너희 몸을 하나님께서 기뻐하시는 거룩한 산 제물로 드리라. 이것이 너희가 드릴 합당한 예배니라』(롬 12:1). 구원받았다고 자랑하면서도 자신의 몸을 하나님께 드리지 않고 자신이 쓰는 사람은 하나님의 뜻을 알 수 없을 뿐 아니라 성령님의 주관하심에서 벗어나 살게 된다. 성령님이 관장하지 않는 몸은 자아(육신)가 관장하게 되고, 육신 안에는 선한 것이 거하지 않기 때문에(롬 7:18) 마귀의 지배를 받게 되는 것이다. 마귀의 지배를 받는 육신은 육신의 일들을 내게 되어 있다. 곧 간음, 음행, 더러운 것, 음욕, 우상 숭배, 마술, 원수맺음, 다툼, 질투, 분노, 투쟁, 분열, 이단, 시기, 살인(한글개역성경 간음, 살인 삭제), 술 취함, 흥청거림과 또 그와 같은 것들이다(갈 5:19-21). 구원받은 그리스도인의 몸은 주님께서 그리스도의 피값을 지불하고 사 주신 몸이기에 이제는 그 사람의 몸이 아니다. 그러므로 하나님의 소유인(한글개역성경 삭제) 그 몸과 영으로(한글개역성경 삭제) 하나님께 영광을 돌리라고 말씀하고 있다(고전 6:19,20).

(2) 그리스도인은 하나님의 명령에 순종해야 한다.

순종이란 말씀대로 따라 하는 것이다. 주님께서는 『너희에게 전하여 준 교리의 본을 마음으로부터 순종하여』라고 하셨고(롬 6:17) 『너희가 나를 사랑하면 나의 계명들을 지키라.』고 말씀하셨다(요 14:15). 사람들은 교단을 만들어 인간 띠를 형성하여 세력화하고 있다. 이런 일은 주로 예수님 없이 지상에 왕국을 건설해 보려는 자들이나, 정치권에 관여하려는 자유주의자들이나, 아니면 자기들의 교리를 더 넓게 확산시켜 다수의 위력을 발휘해 보려고 이단 교리를 실행하는 자들이 하고 있다. 그러나 그들은 모두 사람들의 계명들을 교리로 가르치는 것이다. 사람들의 계명들을 교리로 가르치는 교단 교회들은 하나님을 헛되이 경배한다고 성경은 지적한다. 입술로는 하나님을 섬긴다고 말하지만 그들의 마음은 하나님으로부터 멀리 떨어져 있다고 지적하셨다(막 7:6,7). 여기서 계명들이란 하나님의 말씀(성경)을 말한다. 구약의 십계명은 신약에서 두 가지로 압축되었다. "주 너의 하나님을 첫째로 사랑하는 것이요, 둘째는 네 이웃을 네 자신과 같이 사랑하라"는 것이다. 모든 율법과 선지서들이(구약) 이 두 계명에 달려있다(마 22:36-40). 최상의 순종은 성도가 영과 진리로 예배드리는 것이다. 신약에서 언급되는 구약의 십계명에는 안식일을 지키라는 명령이 다 빠져 있다(마 19:18, 막 10:19, 눅 18:20, 롬 13:9). 안식교인들은 자신들을 유대인이라고 착각하기에 성경을 읽어도 이 점을 모른다. 그래서 그들은 안식일을 고집하는 것이다. 성령님께서 조명을 주시지 않으면 그 누구도 성경을 알 수 없다. 변개된 성경은 하나님의 영감으로 기록된 것이 아니다.

어떤 그리스도인이나 자신이 그리스도의 피값으로 사주신 그리스도의 종이라고 믿는다면, 그는 자기 임의로 선택하지 말아야 할 것이 우선 두 가지가 있다. 첫째는 바른 성경이다. 하나님의 말씀은 하나님의 영감으로 기록되고(딤후 3:16, 벧후 1:21) 그분의 섭리로 보존된 말씀이다(시 12:6,7). 주님께서는 『하늘과 땅은 없어져도 내 말들은 결코 없어지지 아니하리라.』고 말씀하셨다(마 24:35). 바른 성경을 구별하는 기준은 간단하다. 삭제되고 변개되지 않은 성경이 바로 바른 성경이다. 〈한글킹제임스성경〉은 유일하게 삭제되고 변개되지 않은 하나님의 말씀이며 한국어를 쓰는 모든 사람에게 주신 성경이다. 그리스도인이 하나님께 순종한다고 믿는다면 자기 임의로 성경을 선택하면 안 된다. 만일 그렇게 했다면 그는 하나님께 순종한 사람이 아니다.

둘째는 교회를 선정하는 일이다. 교회란 구원받은 그리스도인들이 모인 모임이다. 이 교회는 구령하며, 성도들에게 성경을 가르치고, 거리에서 설교하며, 선교하고 성도들이 교제하는 모임이다. 복음 전파와 진리의 지식을 보급하기 위해 문서 사역을 하고, 전담 사역자들을 양성하기 위하여 신학교를 운영한다. 진리를 오류로부터 보호하기 위해 월간지나 인터넷 신문 등을 발행, 배포한다. 이런 교회를 양우리라고 하는 반면, 사람들을 데려다가 돈을 내게 만들며 성경에 없는 새벽기도, 세례, 세대적 진리 거부, 무천년, 후천년주의 종말론, 성직자와 평신도를 구분하는 친카톨릭적 교회 운영, 성경에도 없는 권사, 여자집사, 여자장로, 여자목사 등을 두는 것들은 양우리가 아니라 동물원이다. 당신이 구원받은 그리스도인이라면 당신 임의로 교회를 선정해선 안 된다. 조상 때부터 다닌 교회라서, 다니기에 편리해서, 유명해서 등등의 이유는 기준이 될 수 없다. 예수 그리스도를 만나려면 하나님의 교회인 양우리로 가야지 동물원으로 가면 거기에는 당신이 만나고자 하는 예수 그리스도가 계시지 않는다는 점을 명심해야 한다. 그리스도인은 그리스도의 종이요. 노예이다. 종과 노예는 자기 뜻을 접고 주인의 뜻을 따라야 한다. 예수 그리스도가 당신의 구세주(Saviour)만 되고 주인(Lord)은 안 되시는가? 그분을 주님이라고 부른다면 주님의 뜻을 준행하고 말씀대로 믿어야 한다.

(3) 섬김은 성경적 교회에서만 가능하다.

『나에게 '주여, 주여.' 하고 부르는 자마다 다 천국에 들어가는 것이 아니요, 하늘에 계신 나의 아버지의 뜻을 행하는 자라야 되느니라. 그 날에 많은 사람들이 나에게 '주여, 주여, 우리가 주의 이름으로 예언하지 아니하였으며, 주의 이름으로 마귀들을 쫓아내지 아니하였으며, 주의 이름으로 많은 경이로운 일들을 행하지 아니하였나이까?'라고 말하리니, 그때 내가 그들에게 분명히 말하되 '나는 너희를 전혀 알지 못하니, 너희 불법을 행하는 자들아, 내게서 떠나가라.'고 하리라』(마 7:21-23). 성경적 지식이 결여된 많은 사람들 중 가장 잘못된 부분은 교회에 대한 인식이다. 누가 교회를 세우는가? 신약 시대의 성전은 하나님의 영이 거하시는 성도들의 몸이다. 하나님은 사람의 손으로 만든 건물에는 계시지 않는다(행 7:48; 17:24). 주로 교단들이 자기들의 교세 확장을 위하여 건물 짓고, 목사 앉히고, 사람들 불러다가 교회라고 할 때, 그들은 그런 모임(assembly)을 교회라고 부른다. 교회가 모임임에는 틀림없다. 그러나 불러냄을 받은 사람들의 모임(에클레시아, *Εκκλησια*)이어야 한다. 불러냄을 받았다(called out)는 말은 마귀가 신으로서 지배하는 세상으로부터 복음으로 구원받아 그리스도의 나라로 옮겨진 사람들을 말한다. 이들이 복음을 통해 예수 그리스도를 믿고 영접했을 때, 그리스도의 몸 안으로 들어가서 유기체를 형성하는데 그들이 곧 불러냄을 받은 사람들이다.

하나님께서 어느 지역에 교회를 허락하셨을 때 거기에는 하나님의 시작하심이 있다. 그 교회가 해야 할 가장 중요한 일은 인류의 죄를 위해 십자가에서 피흘려 죽으신 예수 그리스도를 세상에 전하는 것이다. 둘째는 그 일을 하는 그리스도인들을 말씀으로 양육하여 마귀의 모든 공격과 계략에 대항해서 싸우게 해야 한다. 영적 전쟁을 한 번도 싸워 보지 못한 그리스도인은 없다. 만일 있다면 그는 구원받지 않았든지, 잘못 믿는 교회라는 모임에 속한 사람이다. 얼마나 많은 교회들이 하나님의 섭리 안에 있지 않으면서 교회놀이를 하고 있는지 보라. 하나님께서는 그런 자들을 인정하지 않으시며, 그런 자들을 불법자라고 규정하신다.

그리스도인들은 마귀의 공격에 맞서 싸우느라 갖은 고생을 하는 반면, 그런 교회들은 마귀의 수중에 들어 있기 때문에 영적 전쟁이란 것을 구경도 못하고 엉뚱한 짓을 사역이라고 여기고 있는 것이다. 주님은 성경대로 행하지 않는 교회는 모래 위에다 집을 짓는 사람과 같다고 말씀하셨다.

교단 교세를 확장시킬 목적으로 건물을 세우고, 교단 신학교를 졸업한 안수 받은 목사가 사람들을 모아 교회 간판을 붙이고, 십자가를 세우면 교회가 된다는 성경적 근거가 어디에 있던가? 인간들이 아무렇게나 주워 맞춰 놓으면 교회가 된다고 생각한다면 거룩하신 하나님께서는 자신이 정하신 법을 무시하시는 분이신가? 누가 하나님을 그처럼 싸구려로 만들고 있는지 보라! 구원받은 성도들이 진리를 찾아 모인 성별된 모임과는 달리, 구원받지도 않고 성경을 믿지도 않는 사람들이 모인 모임들은 대개 성경과 관계없이 자기의 유익과 편의(복 받고, 병 고치고, 마귀 쫓는 등 비성경적 행위들)를 위해 만들어진 것이지 성경적 교회로서 하나님의 일을 하기 위해 모인 것이 아니다. 그러므로 그런 모임을 교회라고 부를 때, 성경적 교회도 같은 부류로 취급되어 세상 사람들의 눈에나 영적으로 어린 사람들의 눈에는 교회라는 것이 다 그렇고 그런 것이라고 인식하게 되어 사람들로 교회를 경원시하고 혐오하는 결과를 낳게 되는 것이다. 이것이 우리가 목도하고 있는 한국식 교회들이다.

하나님의 성전은 거듭난 사람들의 모임이다. 어떤 교회는 거듭나지 않았으면서도 굳이 자신을 거듭났다고 속이며 교회 안으로 들어와 성도 행세를 하는 사람들이 있을지도 모른다. 그러나 거듭나지 않은 사람이 거듭난 그리스도인의 행세를 하는 것이 얼마나 고달프고 힘든 일인지는 본인 자신이 조금 지나면 알게 된다. 위로부터 오는 지혜와 영력이 없이 하나님의 일에 관여하려는 것은 마치 전동차를 미는 것만큼이나 어렵다. 그러므로 육신적인 사람이 영적인 사람의 흉내를 내며 행세하려는 시도는 어리석은 짓이다. 만일 어떤 사람이 신학교를 나왔다고 해서 목사가 되어 단순한 섬김을 넘어 설교하고 성경을 가르치려고 했다면 그는 스스로 너무 무거운 짐을 지고 산비탈 길을 오르는 어리석은 사람과 같다. 그런 사람은 새벽기도의 중압감과 겹쳐 곧 병을 얻거나 죽게 될 것이다.

필자의 교회에 남편을 따라 출석했던 한 50대의 여인이 있었다. 남편이 전에 구원파에 있다가 진리를 찾아 왔었는데, 그 여인은 구원받지 않았었다. 그런 상태에서 약 5,6년간 출석하면서 특송도 하고 신학원에서 공부도 했다. 그녀의 섬김이 얼마나 힘들었겠는가? 결국 그녀가 남편까지 실족시키고 교회 출석을 그만두고 나서 첫날에 실토했던 한마디는 "아! 너무 편하다!"였다고 한다. 그녀는 죄에는 자유로웠지만 의와 진리에는 자유롭지 못했던 것이다. 무슨 말인지 알겠는가? 마귀의 자녀가 하나님의 자녀의 흉내를 내는 것만큼 어려운 일도 없다는 말이다.

하나님께서 세우지 않은 종에게는 어떤 좋은 열매도 있을 수 없다. 거듭나기 위해서는 행위가 필요 없지만, 성도가 거듭난 후에 하는 모든 섬김은 상으로 쌓인다. 이 상은 그리스도의 심판석에서 받게 된다. 다섯 가지 면류관(썩지 않을 면류관, 자랑의 면류관, 의의 면류관, 영광의 면류관, 생명의 면류관「휴거와 재림, 이송오 저, 말씀보존학회」) 외에도 구원받은 후에 성도가 주님을 위해 섬겼던 모든 행위는 '의'인 세마포로 간주된다. 금, 은, 보석과 나무, 짚, 그루터기로 드러날 것이다. 하나님께서 세우신 교회가 아닌 곳에서 했던 모든 수고는 나무나 짚이나 그루터기가 되어 불에 타 없어져 버리게 된다. 『이 닦아 놓은 기초 외에 아무도 다른 기초를 놓을 수 없나니 이 기초는 예수 그리스도시라. 이제 누구든지 이 기초 위에 금이나 은이나 보석이나 나무나 짚이나 그루터기로 지으면 각 사람의 일한 것이 나타나게 되리니 그 날이 그것을 밝힐 것이라. 이는 그것이 불로써 드러나고 또 그 불은 각 사람의 일한 것이 어떤 종류인지를 시험할 것이기 때문이라. 만일 어떤 사람의 일한 것이 세운 그대로 있으면 그는 상을 받을 것이요, 만일 어떤 사람의 일한 것이 불타 버리면 그는 손해를 당하리라.

그러나 그 자신은 구원을 받게 되지만 불에 의해서인 것처럼 그렇게 되리라』(고전 3:11-15).

성경을 무시하고 자기 마음대로 하나님을 믿고 섬기는 일은 그야말로 쓸데없는 짓을 하는 것이다. 하나님의 교회에 속해 섬긴 것과 하나님의 교회가 아닌 곳에 속해 섬긴 것은 하늘과 지옥만큼이나 큰 차이이다. 알곡도 아닌 쭉정이들을 무수히 모아 놓고 출석인원과 헌금을 자랑하며 교회성장이나 성공적 목회를 운운하거나, 선교라는 미명 아래 출판사나 신문사를 운영하는 일들은 하나님의 뜻과는 무관한 일이다. 그런 자들에 대한 하나님의 평가를 보라. 『네가 말하기를 "나는 부자며, 부요하고, 아무것도 부족한 것이 없다."고 하지만 너는 비참하고, 가련하며, 가난하고, 눈멀고, 헐벗은 것을 알지 못하는도다. 내가 너에게 권고하노니 내게서 불로 단련된 금을 사서 부요하게 되고, 흰 옷을 사서 입음으로 너의 벌거벗은 수치를 드러내지 않게 하며, 또 안약을 네 눈에 발라 보게 하라. 내가 사랑하는 자마다 책망하고 징계하노니 그러므로 열심을 내고 회개하라』(계 3:17-19).

(4) 그리스도인의 성별은 구원받은 것만큼이나 중요하다.

아기를 낳았으면 물로 씻기고 나서 신선한 젖을 먹여야 한다. 그리고 젖지 않게 기저귀를 갈아주고, 잘 자고 잘 놀게 해야 한다. 이유식을 먹을 시기가 되면 이유식을 먹이고, 이가 나면 부드러운 음식을 먹이고, 더 자라면 빵, 사과, 고기까지 먹여서 자라게 해야 한다. 그런데 구원받은 뒤, 한쪽 구석에 방치해 놓고 말씀의 물로 씻기지도 않고(엡 5:26), 순수한 말씀의 젖(벧전 2:1-3)도 먹이지 않는다면 그 아기가 어떻게 되겠는가? 구원받았다는 것은 겉사람(현재의 육신) 안에 속사람(또 한 사람)이 태어났다는 말인데(고후 4:16, 롬 7:22, 엡 3:16), 씻기지도 먹이지도 않았다면 그

속사람이 고사해 버렸을 것은 빤한 일이다. 많은 엉터리 목사들은 한 번 구원받았으면 그 구원은 영원히 보장된다는 말만 반복하고 있다. 그 말은 사실이다. 그 말은 구원받은 사람이 죽으면 지옥에 가지 않는다는 말이다. 주님께서 그 사람을 단순히 지옥에 보내지 않기 위해 구속하셨는가? 그것이 전부인가? 그렇다면 66권이나 되는 성경을 기록해서 구원받은 성도들에게 주셔야 할 이유가 무엇이며, 공부하라는 이유가 무엇이며, 무엇을 그에게 계시하시려는 것인가? 대부분의 사람들은 구원의 중요성을 강조하려다보니 성경의 주제를 구원이라고 말하고 있다. 물론 죄인이 구원을 받아야 하나님의 자녀로 다시 태어날 수 있고 영적인 사람이 되어 하나님의 존재와 성경이 그분의 말씀인 것을 믿게 되지만, 구원은 이 영적 세계에 들어오는 시작일 뿐이다. 성경의 주제는 왕국(kingdom)이다. 예수 그리스도께서 이 땅에 세우실 천년왕국이 성경의 주제이다. 왕국을 다스리실 왕과 그 나라의 백성들, 그 왕국 시대가 도래하면 인간성의 변화, 짐승들의 야수성의 변화, 저주받은 땅의 회복과 산물을 풍성이 낼 토양과 기후의 변화 등이다. 지금처럼 석유 에너지로 냉방과 난방을 하지 않을 기후조건을 형성하셔서 인간이 평안하게 살 수 있고 또, 태풍, 토네이도, 지진, 해일 같은 자연재해와, 기아와 질병의 해결, 무엇보다도 전쟁과 갈등이 없는 인류사회를 실현하시는 것이다. 뿐만 아니라, 영원한 생명을 얻은 인간이 천년왕국에서 1천 년간 살다가 새 예루살렘으로 들어가서 영원히 사는 것을 그분의 자녀들에게 알려 주시기 위하여 성경을 기록하신 것이다. 『다만 이것들을 기록한 것은 너희로 예수가 그리스도, 곧 하나님의 아들이심을 믿게 하려는 것이요, 또 믿음으로써 그의 이름을 통해 생명을 얻게 하려 함이라』(요 20:31). 『영생은 이것이니, 곧 사람들이 유일하시고 참 하나님이신 아버지와 아버지께서 보내신 예수 그리스도를 아는 것이옵니다』(요

17:3). 이렇게 볼 때, 구원받는 것은 중요하지만 성경 전체로 볼 때에, 하나님의 계획의 일부분임을 알 수 있다.

『그러므로 주가 말하노라. 너희는 그들에게서 나와 따로 있고 더러운 것을 만지지 말라. 그리하면 내가 너희를 영접할 것이며』(고후 6:17). 이 말씀은 하나님의 자녀들에게 성별을 명령하고 있다. 이 말씀에서 유의해야 될 것은 "주가 말하노라"가 두 번 반복되고 있다는 사실이다. 성경에서 반복되는 말씀은 더 중요한 의미를 담고 있다. 주님께서 "진실로 진실로"를 말씀하셨을 때는 "진실로"를 한 번 말씀하셨을 때보다 더 중요한 것을 강조하셨음을 알 수 있듯이, 그리스도인에게 성별은 그가 살아남느냐 아니면 괴멸되느냐를 결정짓는 결정적 시기라는 점을 알아야 한다.

그렇다면 어떤 사람이 이 명령을 지키지 않는가? 그것은 두 말할 나위 없이 누가 하나님의 말씀에 순종하느냐로 알 수 있다. 그리스도인은 "누구의 말에 순종하느냐?"로 그의 신분을 알 수 있다. 입으로는 하나님을 믿는다고 말하면서도 하나님의 말씀에 순종하지 않으면 행동이 나오지 않는다. 『너희가 자신을 종으로 드려 누구에게 순종하든지 너희가 순종하는 자의 종이 되어 죄의 종으로 사망에 이르든지 혹은 순종의 종으로 의에 이르는 줄 알지 못하느냐?』(롬 6:16)

당신이 그리스도인이라면 당신은 세상으로부터 성별한 사람이다. 그것은 매우 잘한 결단이었다. 당신이 아직도 세상에 그대로 있었다면 하나님께서 당신을 영접하시지도 않았을 것이며 그랬다면 당신은 하나님의 자녀로 입양될 수도 없었을 것이다. 이제 여러분이 앉아 있는 교회가 하나님의 섭리 가운데서 세운 교회라고 확신하는가? 여러분의 교회가 하나님께서 세우신 교회인지 아닌지를 간단하게 점검해 볼 수 있다.

(1) 그 교회의 최종권위는 어떤 성경인가? 삭제되고 변개된 성경인가? 아니면 〈한글킹제임스성경〉인가? 만일 〈한글개역성경〉이 최종권위라면 그것은 틀린 잣대인데, 그 틀린 잣대로 믿음과 실행, 선함과 교리, 의와 죄, 정통과 이단을 어떻게 잴 수 있겠는가?

(2) 목사가 여러 가지 명분으로 출석과 헌금을 강조하던가?

(3) 복음을 전하는 일이 형식적인가 아니면 실제적으로 행해지던가? 목사 개인적으로 구령의 열정이 있으며, 실제로 매주 혹은 매월 몇 명의 혼이나 주님 앞으로 이겨오던가? 때를 얻든지 못 얻든지 거리에 나가서 설교하며 성도들을 그렇게 하라고 독려하던가?

(4) 교회통합운동을 권장하고 참여하던가? 반정부 데모에 동조하던가? 세상일에 관여하던가? 그랬다면 그는 성경을 어긴 죄인이다.

(5) 지옥에 관해서 설교를 얼마나 자주하던가? 그 교회의 성도들은 지옥의 무서움을 잘 알고 있는가? 성도들이 성경을 세대적으로 나누어서 공부하여 진리의 지식을 갖추고 있던가?

(6) 세상을 사랑하지 말라고 하다가 세상에서 잘살라고 설교하던가? 혹시 긍정적 사고방식까지 도입하여 복 받는 법을 설교하며 하나님의 자녀가 되면 잘살아야 된다고 주장하던가?

(7) 선교를 지원하는데 선교사들이 선교지에서 원주민들을 1개월에 몇 사람이나 구령하던가? 아니면 그들이 그냥 외국에서 살면서 선교비만 받아 챙기던가? 그들이 자격 있는 선교사로서 그 나라 언어로 복음도 전하고 성경을 가르칠 수 있던가?

(8) 성도들이 오늘 죽어도 셋째 하늘 낙원에 간다는 확신 속에 살고 있던가?

(9) 성도들이 예수 그리스도의 재림을 기다리며 믿음의 생활을 하던가? 아니면 현실에 집착하던가?

(10) 주기도문과 사도신경을 외우고, 세례 받으면 교회 회원으로 등록시키던가? 그랬다면 그것은 가짜 교회이다.

(11) 성도들에게 마귀의 존재와 계략을 얼마나 자세히 가르쳐 주던가? 당신은 마귀에 대하여 얼마나 잘 알고 있으며 마귀의 공격에 어떻게 적절하게 대처할 수 있는가?

(12) 그 교회는 성직자와 평신도로 나누는가? 아니면 목사와 제직들이 지배하지 않고 섬기는 사람들인가?

우선 이상 12가지 점에 부정적이 아니면 하나님이 세우신 교회이고, 부정적이면 삯꾼이 먹고 살기 위해 차린 교회인 것이다. 당신은 하나님의 명령에 순종할 의향이 있는가? 그렇다면 성별하라는 다음 명령에 순종해야 한다.

『이제 형제들아, 내가 너희에게 권고하노니 너희가 배운 교리에 역행하여 분열을 일으키고 공박하는 자들을 주의하고 그들에게서 떠나라. 그러한 자들은 우리 주 예수 그리스도를 섬기는 것이 아니라 자기들의 배를 섬기는 것이니 정중한 말과 그럴듯한 언변으로 순진한 사람들의 마음을 미혹하느니라』(롬 16:17,18).

『만일 누군가가 다르게 가르치며 건전한 말씀, 곧 우리 주 예수 그리스도의 말씀과 경건에 따른 교리에 일치하지 아니하면 그는 교만해서 아무것도 아는 것이 없고 다만 질문과 언쟁만을 좋아하는 자니, 거기서 시기와 다툼과 악담과 사악한 의심이 생겨나며 마음이 부패하고, 진리를 상실하며, 이익이 경건이라 생각하는 사람들 사이에 무익한 논쟁이 일어나느니라. 그런 데서 네 자신은 빠져 나오라』(딤전 6:3-5).

『또 이것을 알라. 마지막 날들에 아주 어려운 때가 오리라. 사람들이 자기를 사랑하고 돈을 사랑하며, 자긍하고 교만하며, 하나님을 모독하고 부모에게 불순종하며, 감사하지 아니하고 거룩하지 아니하며 무정하고, 화해하지 아니하며, 모함하고 절제하지 못하며, 사납고, 선한 것을 좋아하지 아니하며 배반하고 분별이 없으며, 자만하고 쾌락을 사랑하는 것이 하나님을 사랑하는 것보다 더하며 경건의 모양은 있으나 경건의 능력은 부인하리니, 이런 자들에게서 돌아서라』(딤후 3:1-5).

『누구든지 이 편지에 쓴 우리의 말에 순종치 않거든 그를 주목하여 사귀지 말고 그로 하여금 부끄럽게 하라』(살후 3:14).

『어떤 사람이 너희에게 오되 이 교리를 가지고 오지 아니하면 그를 집에 영접하지도 말고 그에게 문안하지도 말라』(요이 1:10).

만일 당신이 그리스도인이라면 주님은 당신에게 교회가 아닌 곳에서 떠나라고 명령하고 계신다. 만일 당신이 예수 그리스도를 주님이라고 부르는 그리스도인이라면 당신은 주님의 명령에 순종하여 성별해야만 하는 것이다. 그리스도인이 아니라면 계속 그 자리에 앉아서 사람들의 비위나 맞추고 살아야 한다. 『내가 이제 사람들에게 호감을 사랴? 아니면 하나님께 사랴? 아니면 내가 사람들을 기쁘게 하려고 하겠느냐? 내가 아직도 사람들을 기쁘게 하려고 한다면 나는 그리스도의 종이 아니니라』(갈 1:10).

3. 구원받았으면 즉시 마귀를 알아야 한다.

만약 당신의 사랑하는 아들이 유괴당했다면 그 아들을 다시 찾아오려고 온갖 방법을 다 동원하지 않겠는가? 우리의 이전 신분은 마귀의 자녀였다는 사실을 알고 있어야 한다. 마귀는 당신을 하나님께 유괴당한 것으로 알고 있는 것이다. 구원받았다는 것으로 안도하며 교회도 아닌 곳들에 기웃거리고 다니게 되면 곧 마귀가 다시 채가게 됨을 알아야 한다. 『허물과 죄들 가운데서 죽었던 너희를 그가 살리셨으니, 전에는 너희가 그것들 가운데서 이 세상의 풍조를 따르고 공중 권세의 통치자, 곧 지금 불순종의 자녀들 안에서 역사하는 영을 따라 행하였으니 그들 가운데서 우리 모두가 이전에는 우리 육신의 정욕들 가운데서 행하였으며 육신과 마음의 욕망들을 이루어 다른 자들과 마찬가지로 본래 진노의 자녀였느니라』(엡 2:1-3). 마귀는 마치 새끼를 빼앗긴 암곰처럼 자기 새끼를 다시 찾아오려고 발악을 하고 있는데, 이 점을 모르고 틀린 성경을 가지고 새벽기도회에나 오고가며 빈둥대고 있다면 그의 말로가 어찌 되겠는가? 이는 마치 먹이를 찾아 숨어 기다리는 사자 앞에서 한가로이 정신을 빼놓고 풀을 뜯고 있는 임팔라의 운명과 같이 될 것이 뻔하다.

『정신을 차리고 깨어 있으라. 이는 너희의 대적 마귀가 울부짖는 사자처럼 삼킬 자를 찾아 두루 다니기 때문이니라. 믿음 안에 굳게 서서 그를 대적하라. 이는 세상에 있는 너희 형제들도 동일한 고난을 당하는 줄을 앎이니라』(벧전 5:8,9). 이 말씀은 바로 당신을 위한 말씀이다. 『그러므로 하나님께 복종하라. 마귀를 대적하라. 그리하면 그가 너희로부터 도망하리라』(약 4:7). 이 말씀도 바로 당신을 위한 말씀이다. 왜 바른 성경이 필요하며 왜 헌신과 순종과 섬김이 바르게 이루어져야 하는지 이제야 알겠는가? 당신으로 하여금 마귀의 포로가 되지 않게 하기 위해서이다. 하나님의 말씀에 복종하지 않는 사람은 마귀를 대적할 수 없음을 알아야 한다. 하나님의 말씀에 복종하지 않게 되면 마귀가 그 사람을 두려워할 이유가 없는 것이다.

그리스도인이 되면 옛 습관에서 손을 떼야 한다. 술, 담배 같은 기호는 물론이요, 음행, 거짓말, 화를 참지 못하는 언행, 도박, 복권, 주식, 경마, 세상 친구들, 우쭐대는 일, 세상 유행, 험담 등에서 돌아서서 하나님께로

와야 한다. 이것이 회개이다. 롯의 아내는 소돔과 고모라의 심판에서 구원을 받고서도 멸망당하고 있는 세상에 미련을 두고 아쉬워하여 뒤를 돌아보다가 소금 기둥이 되고 말았다(창 19:26). 많은 그리스도인들이 온전한 회개를 이루지 못한 원인은 옛 습관에서 돌이키고 나서 그 자리에 멈춰 버렸기 때문이다. 이것은 잘못된 일이다. 그러므로 그리스도인이 되었으면 그런 일에서 돌이켜 하나님을 믿어야 한다. 음행, 우상 숭배, 거짓말과 죄의 행위, 나쁜 습관 등에 대해 마음의 생각과 태도를 바꿔야 한다는 말이다. 그런 것들에서 돌이킨 것은 잘한 일인데, 돌이키고 난 후 거기서 멈추면 안 된다. 그러한 악행들을 행했던 것은 옳든 그르든 자기의 주관에 의해 행해졌던 것임을 알아야 한다. 여기서 새로운 가치 기준이 옛 가치 기준을 대체시키지 못한다면 회개했다는 것은 큰 의미가 없게 된다. 다시 말하면 그는 자기 기준보다 더 우세한 기준이 자기를 관장하지 못하게 될 경우 언제든지 옛날로 돌아갈 수 있는 것이다.

담배는 한 번 중독되면 끊기가 힘들다. 필자는 구원받기 전에 세 아이를 두었고 구원받은 후에 한 아이를 더 가졌다. 아이를 한 명 낳을 때마다 담배를 6개월 동안 끊었었다. 담배가 아이들에게 나쁘다는 기준을 가지고 있었기 때문이다. 당시에 필자는 항공사의 조종사였는데, 조종을 하는 데는 긴장도 있고, 태평양, 인도양을 넘나들면 지루하기도 하고 무료하기도 해서 담배를 많이 피웠던 편이었다. 1978년 7월 23일 새벽 4시에 하나님의 구원 계획을 읽고 혼자서 예수님을 영접했는데, 그래도 비행기를 타는 동안에는 담배를 끊는다는 것이 어렵다고 판단되었었다. 그러나 담배를 피면서 그리스도인 행세를 하는 것은 위선이었다. 오래된 습관에서 돌이키기 위해 나는 하나님 아버지께 담배를 끊게 해 달라고 기도드렸더니 곧바로 끊게 해주셨다. 27년간 피웠던 담배에 그때 이후로 한 번도 유혹을 받지 않았는데 이는 나의 가치 기준이 달라졌기 때문이다. 구원받기 전에는 마귀가 우리의 육신을 통해 우리를 지배하였으나 구원받은 후에는 우리의 육신이 죄의 지배를 받지 않게 된 것이다. 이제는 우리 몸을 성령님께 내어드려 성령님이 주관하시게 해야 한다. 『너희가 자신을 종으로 드려 누구에게 순종하든지 너희가 순종하는 자의 종이 되어 죄의 종으로 사망에 이르든지 혹은 순종의 종으로 의에 이르는 줄 알지 못하느냐? 하나님께 감사드리는 것은 너희가 죄의 종이었으나 너희에게 전하여 준 교리의 본을 마음으로부터 순종하여 죄에서 해방되어 의의 종이 되었음이라』(롬 6:16-18). 어떤 사람이 과거의 나쁜 습관에서만 돌이키고 그 자리에서 멈춰 버리면 그것은 온전한 회개가 될 수 없다. 그 가치 기준을 포기했으면 새로운 가치 기준을 붙들어야 한다.

그러므로 어떤 죄인이 회개했다면 말씀으로 돌아와야 한다. 그리스도인이 되었으면 말씀으로 돌아와 그 말씀의 규제를 받아야 하며 성경에 기록된 대로 따라 행해야 한다. 하나님의 말씀을 듣고 행하지 않으면 모래 위에 집을 짓는 사람과 같으나, 듣고 행하면 반석 위에 집을 짓는 사람과 같다. 따라서 예수님을 믿는다고 고백하고 교회에 다닌다고 말하는 사람들이라 할지라도 말씀을 공부하는 데 소홀히 하고, 말씀을 지켜 실행하는 데 소홀히 하게 되면 무력하게 되고 성장하지 못하게 되어 마귀의 공격으로부터 자신을 지키지 못함은 물론이요 자신의 가정과 하나님의 교회를 지키지 못하게 된다.

『너의 신뢰가 주께 있게 하려고 오늘 내가 너에게 이것을 알게 하였으니, 바로 너에게라. 내가 조언과 시식의 훌륭한 것들을 네게 기록하였으니 이는 너로 하여금 진리의 말씀들의 확실함을 알게 하며, 너에게 사람을 보낸 그들에게 진리의 말씀들을 대답하게 하려 함이 아니냐?』(잠 22:19-21). 그러므로 그리스도인이 되고 나서 마귀의 존재와 그들의 계략과 공격을 안다는 것은 필수적이다. 이는 군인이 공격해 오는 적을 격퇴해야 하는 임무만큼이나 당연한 일이다. 이 일을 하지 못하면 그는 그리스도의 군사가 아니다.

마귀는 이 세상의 신으로서 이 세상의 모든 제도를 관장하고 있다. 아담이 타락함으로 말미암아 인간은 마귀의 소유와 그의 저당물이 되었다. 이 세상의 나라들은 지금 마귀의 수중에 들어가 있다. 성경에서 마귀는 빛의 천사로 나온다. 그는 다니엘보다 현명할 뿐 아니라, 사람들을 다루는 데 있어 6천 년 동안의 경험을 가졌다. 마귀가 인간을 속이기 위해 하는 일은 그저 곁에 다가가서 나쁜 생각을 넣어 주는 것뿐이다. 마귀는 사람이 가지고 있는 기본적인 도덕과 윤리의 성을 허물기 위해 저질의 가치관을 제시한다. "그 정도야 다른 사람들도 다 하는 일 아닌가? 우리는 항상 그렇게 해오지 않았는가? 다 먹고살기 위한 것인데 뭐. 그렇지만 느낌은 좋지 않은가? 그냥 자기 신념대로만 하면 옳은 것 아닌가?" 등등, 이렇게 해서 마귀는 무수한 사람들을 자기편으로 끌어들여 갖가지 올무를 씌우고 덫과 함정에 빠뜨리고 있다. 한 번의 실수로 인하여 운명이 바뀐 사람들은 갖가지 이유를 대면서 자기 합리화를 시키고 있고, 또 다른 사람들을 끌어들이고 있다. 다방, 술집, 카바레, 안마소, 퇴폐업소, 창녀촌, 소년원, 임신, 낙태, 감옥, 마약, 조폭, 사채업자, 고리대금업자, 사기꾼, 협잡꾼, 밀수꾼, 막가파, 한탕주의자들 등등 수도 없는 악의 고리들이 마귀가 주관하고 있는 이 세상의 주역들이다. 좀 더 고상한 데로 가보면, 록(rock) 가수, 저질 영화배우들과 그들의 탈선, 사치, 방종 등이 마귀의 주관 하에 있다. 뿐만 아니라 공산주의, 진화론, 교육, 철학, 과학, 우상을 섬기는 종교들, 모슬렘, 로마카톨릭, 사이비 기독교회들도 마귀의 주관 하에 있다.

2

사탄의 기원

사탄은 창조된 존재이다(골 1:16). 그가 창조된 시기는 알려지지 않았지만 그가 하나님의 보좌를 덮는 그룹이었음을 감안할 때, 그 시기는 창세기 1:1 이전이었을 것이다.

『인자야, 투로 왕에게 애가를 지어 그에게 말하라. 주 **하나님**이 이같이 말하노라. 너는 완전한 규모를 확정하는 자라. 지혜가 충만하고 아름다움이 완벽하도다. 네가 하나님의 동산 에덴에 있어 모든 귀한 돌인 홍보석과 황옥과 금강석과 녹보석과 얼룩마노와 벽옥과 사파이어와 에메랄드와 홍옥과 금으로 덮여 있었고 네 북들과 관악기들이 만들어짐이 네가 창조되던 날에 네 안에 예비되었도다. 너는 기름부음을 받은 덮는 그룹이라. 내가 너를 그렇게 세웠더니 네가 하나님의 거룩한 산 위에 있었고 네가 불의 돌들 가운데를 위아래로 걸었노나. 네가 창조된 날로부터 죄악이 네게서 발견되기까지 너는 네 길에 완벽하였도다. 네 상품이 풍부함으로 그들이 폭력으로 네 가운데를 채워서 네가 죄를 지었느니라. 그러므로 내가 너를 더럽게 여겨

하나님의 산에서 쫓아내리라. 오 덮는 그룹아, 내가 불의 돌들 가운데로부터 너를 멸하리라. 네 마음이 너의 아름다움으로 인하여 높아졌고 너는 네 지혜를 네 찬란함으로 인하여 변질시켰도다. 내가 너를 땅에다 던질 것이며 내가 너를 왕들 앞에 두어 그들로 너를 보게 하리라. 너는 네 죄악이 많음으로 인하여, 즉 네 거래의 죄악으로 인하여 네 성소들을 더럽혔느니라. 그러므로 내가 네 가운데로부터 불을 일으키리니 그 불이 너를 삼킬 것이요, 내가 너를 보는 모든 자들의 목전에서 너를 땅 위에 재가 되게 하리라. 백성 가운데서 너를 아는 모든 자들이 너를 보고 놀랄 것이며 너는 몰락하여 결코 더 이상 존재하지 못하리라』(겔 28:12-19).

그룹(Cherub)은 기름부음을 받은 천상의 존재로 천사(Angel)는 아니다. 사탄 외에도 네 그룹이 더 있다. 사람모양은 인류를 대표하고, 독수리모양은 조류를 대표하며, 황소모양은 가축을 대표하고 사자모양은 야생짐승을 대표한다(겔 1,10장, 계 4장 참조). 여기서 빠져 있는 그룹이 노아의 홍수 때, 물 속에 남아 죽지 아니한 양서류와 파충류를 대표하는 그룹이다. 만약 그 그룹이 뿔들을 가지고 있고, 송아지와 같은 다리와 갈라진 굽을 하고 있으면서 파충류를 대표하고 있다면, 그는 분명 뿔들과 날개를 가지면서 뱀의 몸을 한 이상한 모습이 될 것이다. 독자 여러분은 군 의무병과의 마크를 본 적이 있는가? 바로 그 마크에 새겨진 모형이 이 그룹의 모형이다. 이 마크는 미국 미시시피 주 파스카 굴라에서 두 명의 증인이 목격한 UFO 승무원의 유니폼에 있는 마크와 같은 것이다.

그리스도인들은 영적 전쟁에 투입된 그리스도의 군사이다. 영적 전쟁이라고 하면 마귀의 실체에 무지한 목사들은 현실적으로 싸우는 전쟁이 아닌 것으로 오해하려 한다. 영적전쟁이란 그리스도의 군사인 거듭난 그리스도인들이 마귀와 싸우는 전쟁을 말한다. 마귀가 영적 존재이기에 그의 수많은 하수인들이 지상의 모든 곳에 진치고 있으며 이들이 종교집단을 형성하고 또 관장하고 있음은 두 말할 나위도 없다. 심지어 기독교계에 침투하여 거짓 목사들과 교인들을 거짓 교리들로 회유하고 세뇌시켜 교회들을 관장하고 있는 것이다. 예수님께서는 그들의 실체를 분명하게 지적하셨다.

『어찌하여 너희는 내 말을 깨닫지 못하느냐? 이는 너희가 나의 말을 들을 수 없기 때문이라. 너희는 너희 아비 마귀에게서 나와서 너희 아비의 정욕을 행하고자 하는도다. 그는 처음부터 살인자였으며 진리 가운데 거하지 아니하였으니, 이는 자기 안에 진리가 없음이라. 그가 거짓말을 할 때는 자신에게서 우러나와 한 것이니, 이는 그가 거짓말쟁이요 또 거짓말의 아비이기 때문이라. 내가 진리를 말하므로 너희가 나를 믿지 아니하는도다』(요 8:43-45). 그들은 진리와 무관한 자들이다. 그들은 바른 성경을 배격하며 바른 신학과 교리를 반대하며, 하나님의 말씀을 들으려 하지 않는다.

사탄은 하늘에서 쫓겨날 운명에 처해 있지만 아직도 하늘에서 활동하고 있다(계 12:9-12). 그러나 대환란 후에 천사들이 그를 묶어 끝없이 깊은 구렁으로 집어넣게 될 것이다(계 20장). 사탄은 천년왕국이 끝날 무렵에 하나님께 반역하는 무리들을 이끌고 반역하다가 불못에 던져져서 영원히 고통당하게 될 것이다(계 20:7-10). 이것이 마귀와의 전쟁의 끝이다. 많은 사람들은 예수 그리스도께서 갈보리 십자가에 죽으심으로써 사탄과의 전쟁은 주님의 승리로 끝난 것으로 알고 있다. 그것은 사실이다. 주님과 사탄의 전쟁은 주님의 승리로 끝이 났다. 하지만 그리스도인들과 사탄의 전쟁은 아직 끝나지 않았다. 우리가 현재 마귀와 그의 세력들을 대항해서 싸우는 싸움은 승자의 편에서 싸우기 때문에 성경대로 싸우면 승리는 보장된 것이다. 하나님께서는 예수 그리스도의 피값으로 사신 그분의 성도들에게 이 싸움을 어떻게 싸우면 승리할 수 있는지 자세히 알려 주고 계신다. 마귀가 무서워하는 것은 예수 그리스도의 피와 그분의 말씀과 그분의 이름이다. 말씀이 예수 그리스도시며 그 말씀은 살아 있고 능력이 있어 양날 가진 칼과 같다(히 4:12).

마귀가 성경을 무력화시키려고 변개된 〈한글개역성경〉을 이 나라에 주어 수십 년 동안 혼란을 가중시켰고, 그로 인해 진리의 지식을 제대로 아는 사람이 없게 된 것이다. 그들은 지난 120여 년 동안 마귀가 시키는 대로 거짓 교리들을 행하며 살아왔다. 그들이 진리로 심지 않았기에 아무것도 거둘 것이 없는 것이다. 『너희가 아직도 넉 달이 있어야 추수할 때가 된다고 말하지 아니하느냐? 보라, 내가 너희에게 말하노니 눈을 들어 밭을 보라. 이는 곡식이 추수하도록 이미 하얗게 되었음이라. 또 거두는 사람은 삯을 받고 영원한 생명에 이르는 열매를 모으느니라. 이는 뿌리는 사람과 거두는 사람이 다 함께 즐거워하려 함이라. 이렇듯 한 사람은 심고 한 사람은 거둔다는 그 말이 옳도다. 나는 너희가 일하지 않은 것을 거두게 하려고 너희를 보내었노라. 일은 다른 사람들이 하였고 너희는 그들의 수고에 참여하였느니라』(요 4:35-38). 그들은 하나님의 뜻을 실행한 적이 없이 교회만 지어서 교회놀이만 했던 것이다. 다시 말하면 마귀가 그들을 데리고 놀았던 것이다.

『너희는 마귀의 술책에 대항하여 설 수 있도록 하나님의 전신갑옷을 입으라. 이는 우리의 싸움이 혈과 육에 대항하는 것이 아니라 정사들과 권세들과 이 세상 어두움의 주관자들과 높은 곳들에 있는 영적 악에 대항하는 것이기 때문이니라. 그러므로 너희는 하나님의 전신갑옷을 입으라. 이는 너희가 악한 날에 저항할 수 있으며 또 모든 일을 다 이루기까지 서 있게 하기 위함이니라. 그러므로 서서 진리로 너희의 허리띠를 두르고 의의 흉배를 붙이고 화평의 복음을 준비한 것으로 너희 발에 신고 모든 것 위에 믿음의 방패를 가짐으로써 능히 너희가 악한 자의 모든 불붙은 화살을 끌 수 있을 것이라. 또한 구원의 투구와 성령의 칼, 곧 하나님의 말씀을 가지고 모든 기도와 간구로 항상 성령 안에서 기도하고 이를 위하여 모든 성도들을 위해 모든 인내와 간구로 깨어 있으라』(엡 6:11-18).

사탄의 현재 상태는 거짓 은사주의자들의 기적들과 방언들, 또 사도의 능력이라며 돌팔이의사 짓이나 하고, 마귀를 쫓아낸다며 예수 그리스도를 믿으려는 사람들의 믿음을 파괴시키고 있다. 심지어 긍정적 사고방식까지 도입하여 인간의 혼적 능력인 잠재의식을 마치 성령의 능력인 양 속여 수많은 사람들을 현혹하고 미혹하여 성경을 믿으려는 최소한의 믿음마저 깡그리 파괴시키고 있다. 그들은 그러면서도 그런 짓을 하는 곳을 교회라고 이름붙이고 있으며 그런 짓을 하며 돈 버는 자들을 목사라고 부르고 있다. 하지만 하나님께서는 그런 자들을 자신의 종이라고 부르신 적도 없고 인정하신 적도 없다. 그들은 불법자 외에 아무것도 아니다.

그런 짓을 하는 자들이 수백, 수천, 수만 명의 교인들을 모아놓고 치부하고 있다. 교회재벌, 이 얼마나 우스운 말인가! 그런데도 그들은 그런 것들을 복이라고 이름붙이고 있는 것이다. 그들은 사람들에게서 존경과 추앙을 받으면서 자신을 그리스도의 종으로 짐짓 여기고 또 알리고 있다. 성경은 인간이 사람들 가운데서 크게 높임을 받는 것이 하나님 보시기에는 가증스러움이라고 말씀하신다(눅 16:15). 예수님께서 말씀하시기를 『인자도 섬김을 받으러 온 것이 아니요, 섬기러 왔고, 또 많은 사람을 위하여 자기 생명을 몸값으로 주려고 온 것이라.』고 하셨다(막 10:45).

로마카톨릭 성직자들을 보라. 그들 가운데서 섬기러 온 사람들이 있는가 보라. 개신교 목사들도 스스로를 성직자라고 부른다. 특히 이 나라 대형 교회 목사라는 자들을 보라. 목사를 영어로 "Minister"라 부른다. Minister란 작은 자, 곧 섬기는 사람을 말하는데, 이 섬긴다는 목사가 자기의 분수를 잊어버리고 지배하는 사람이 된 것이다. 지배하는 사람을 "Magician"이라고 부르는데, 이 말은 마술사란 말이다. 로마카톨릭 성직자들은 물론이요 개신교 목사들과 은사주의 가짜 목사들도 모두 섬기는 Minister가 아니라 마술사인 Magician들이다. 이들 Magician들의 문제점이 무엇인가? 그들은 그들의 적이 누구인지를 모른다. 그들의 절대 다수가 마귀의 존재와 계략을 모르기 때문에 마귀가 그들을 건드리지도 않는다. 왜냐하면 그들이 주로 비성경적인 일들을 하나님의 사역이라는 이름으로 하고 있기 때문에, 마귀가 건드릴 필요를 느끼지 않고 오히려 옹호하고 있는 것이다. 그들이 악한 일을 행해도 아무런 제재도 받지 않기에 그들은 하나님이 안 계시는가 아니면 계속 모르는 체하시는가 안심하고 악을 행한다. 성경은 이를 두고 이렇게 말씀하신다. 『악한 일에 대한 징벌이 속히 집행되지 않으므로 사람들의 아들들의 마음이 그들 안에서 악을 행하기로 완전히 정해졌도다』(전 8:11).

하나님께서는 자녀들이 잘못했을 경우에만 징계하시지, 사생아들에게는 징계하지 않으신다(히 12:3-9). 그러나 악인의 쟁기질은 하면 할수록 악할 뿐 선한 열매를 낼 수가 없다. 마귀도 경제적으로 운영한다. 가만히 놓아두어도 마귀짓을 잘하고 있는데 굳이 손댈 필요를 느끼겠는가? 변개된 사탄의 성경을 가지고 하나님의 교회도 아닌 곳에서 거듭나지도 않은 쭉정이들을 모아놓고 마귀의 교리(딤전 4:1)로 교회놀이를 하고 있는데 왜 그 일들을 방해하겠는가? 그래서 교회가 수십 년이 되었어도 육신적인 일, 즉 갈등과 대립은 경험했지만 영적 전쟁을 경험하지 못한 이유가 여기에 있는 것이다. 그들의 싸움은 사탄의 집안싸움이지 하나님의 진리를 위해 싸운 것은 아니다. 사탄이 사탄을 쫓아내면 그 자체가 갈라지는 것이다(마 12:26). 이것은 하나님의 영을 힘입어 마귀들을 쫓아내는 영적 싸움과는 다른 양상인 것이다. 이 나라의 교단 교회들은 영적 전쟁을 싸워 본 경험은 극히 적지만 자기들 끼리 싸우는 싸움은 빈번했다. 대한예수교장로회 합동교단은 통합교단에서 분리되어(성별이 아님) 무려 200여 개의 교단을 만들어냈다. 그들에 의하여 무자격 목사들이 대거 양산되었고 가짜 교회들이 양산된 것이다. 그러면서도 그들은 자기들을 보수요 정통이요 복음주의라고 거짓말하고 있다.

1. 가장 위험한 일, 마귀를 모르면서 주님을 믿으려는 사람들

지상의 수천만 권의 책들 가운데 성경의 독특성은 한두 가지가 아니다. 성경을 단순히 구원의 복음을 제시하는 책으로 안다면, 그는 아직 유치원에도 안 다닌 애와 같다. 성경은 인간의 사후의 생과 지옥에 관하여 기록된 유일한 책이다. 사람이 태어나서 얼마나 오래 사는가를 정해 놓으신 분은 인간을 지으신 하나님이시다. 인간의 연수는 70년이고 강건하면 80년이지만, 그 연수의 힘은 수고와 슬픔뿐이다. 그 생명이 곧 끊어지면 우리는 멀리 날아가게 되어 있다(시 90:10). 사람이 죽으면 몸은 원래대로 한 줌 흙으로 돌아가고 영이 거듭난 사람은 영이 하나님의 것이기에 하나님께로 가고, 혼이 구원받았으면 셋째 하늘 낙원으로 가서 살다가 주님이 재림하실 때 지상으로 내려와 흙으로 된 자기 몸을 입고 부활하여 천년왕국을 거쳐 하늘에서 내려온 새 예루살렘으로 가서 영원히 살게 된다. 그러나 혼이 구원받지 못했으면 지옥에 떨어져 영원히 고통 받게 된다. 사람이 죽으면 아무것도 모른다고 가르치는 자들은 성경에 무지한 자들이다. 지옥은 그들의 벌레도 죽지 않고 불도 꺼지지 않는 곳이라고 예수님께서 세 번이나 강조하셨다(사 66:24, 막 9:44,46,48 한글개역성경, 두 번 삭제). 손이 죄를 짓게 하거나, 발이 죄를 짓게 하거나 눈이 죄를 짓게 하면 잘라 버리고 뽑아 버리는 한이 있어도 지옥에 가서는 안 된다는 것이 예수님의 당부이시다. 지옥은 사람을 보내기 위해 만든 곳이 아니라 마귀와 그의 천사들을 보내기 위해 만든 곳이라고 알려 주셨다(마 25:41). 예수님은 지옥 설교자이셨다. 당신의 목사는 얼마나 자주 지옥의 무서움을 경고해 주던가? 지옥을 강조하지 않는 설교자는 가짜 목사임을 알아야 한다.

사람이 세상을 사는 동안 고등고시, 기술고시도 합격하고 의사, 과학자, 교수, 기업인, 은행가 등으로 무엇인가 성취했다 할지라도 한 번 죽는 것은 정해진 것이요, 그 다음에는 심판이 정해져 있다는 것을 모르고 산다면 결코 잘산 삶이 아니다. 진리를 모르고 살면 멸망하는 짐승들과 같은 것이다(시 49:12,20). 진리가 무엇인가? 진리란 사람이 영원히 사는 이치를 터득하는 것이다.

『또 증거는 이것이니, 하나님께서 우리에게 영생을 주신 것과, 이 생명이 그의 아들 안에 있다는 것이라. 그 아들이 있는 자는 생명이 있고 하나님의 아들이 없는 자는 생명이 없느니라. 내가 하나님의 아들의 이름을 믿는 너희에게 이런 것들을 씀은 너희에게 영생이 있음을 알게 하려 함이며, 또한 너희가 하나님의 아들의 이름을 믿도록 하려 함이라』(요일 5:11-13).

『하나님께서 세상을 이처럼 사랑하셔서 그의 독생자를 주셨으니, 이는 그를 믿는 사람은 누구든지 멸망하지 않고 영생을 얻게 하려 하심이니라』(요 3:16).

『아들을 믿는 자는 영생을 가졌고 그 아들을 믿지 않는 자는 생명을 보지 못하고 오히려 하나님의 진노가 그 사람 위에 머물러 있느니라』(요 3:36).

『예수께서 그에게 말씀하시기를 "나는 길이요 진리요 생명이라. 나로 말미암지 않고는 아버지께로 올 사람이 아무도 없느니라』(요 14:6).

사람이 죽으면 곤충, 물고기, 새, 짐승으로 다시 태어나는 것인가? 불교와 힌두교는 사람이 죽었다가 이런 것들로 윤회한다고 가르친다. 윤회의 근거가 무엇인가? 살아 계신 하나님의 영감으로 기록하고 그분의 섭리로 보존된 하나님의 말씀을 믿을 것인가 아니면 죽어서 썩어 버린 인간들이 남긴 말을 믿을 것인가? 선택이 운명을 좌우한다. 진리가 아닌 것은 구명줄이 될 수 없음을 알아야 한다. 사람은 누구나 이 지상 생명이 언젠가는 끝날 것임을 알고 살아야 하며, 또 떠날 때에는 아무것도 가지고 가지 못한다는 점도 알고 살아야 한다. 이 점을 알고 살면 잘사는 것이다. 떠날 때 가지고 가지도 못할 재산을 가지려고 왜 그처럼 탐욕을 부리는가! 죽을 때 가지고 가지도 못할 것에 애착을 두는 것은 현명한 사람이 할 일이 못 된다. 『너희가 거듭난 것은 썩어질 씨로 된 것이 아니라 썩지 아니할 씨로 된 것이니 살아 있고 영원히 거하는 하나님의 말씀으로 되었느니라. 이는 모든 육체는 풀과 같고 사람의 모든 영광은 풀의 꽃과 같으며, 풀은 마르고 꽃은 져도 주의 말씀은 영원토록 남아 있음이라. 이것이 너희에게 복음으로 전해진 말씀이니라』(벧전 1:23-25, cf. 시 103:15,16, 사 40:6-8).

마귀의 실체와 그의 계략, 음모, 그들이 구축하고 운영하는 세상제도의 실상, 그들의 활동 상황을 써놓은 책 역시 성경뿐이다. 성경에는 무시무시한 짐승이 셋 나온다. 그들은 유니콘, 비히못, 리비야단이다.

(1) 유니콘

『하나님께서 그를 이집트에서 데리고 나오셨으니, 그의 힘이 마치 유니콘과 같도다. 그는 그의 원수 된 민족들을 삼키며 그들의 뼈를 꺾고 그의 화살들로 꿰뚫으리로다』(민 24:8). 『유니콘이 너를 즐겨 섬기겠으며 네 외양간에 머물겠느냐? 네가 유니콘을 줄로 매어 고랑을 갈게 할 수 있느냐? 그가 너를 따라 골짜기를 써레질하겠느냐?』(욥 39:9,10). 〈한글개역성경〉은 유니콘을 들소라고 번역했다. 그들은 전혀 성경을 믿지 않음을 드러내고 있다. 그들은 마귀의 실체를 가리려고 그렇게 고쳤다.

(2) 비히못

『이제 내가 너와 함께 만든 비히못을 보라. 그가 소처럼 풀을 먹는도다. 이제 보라, 그의 강함은 그의 허리에 있고 그의 힘은 그 배의 중심에 있도다. 그는 그의 꼬리를 백향목같이 움직이고 돌들로 된 그의 힘줄은 함께 얽혀 있도다. 그의 뼈들은 강한 놋 조각들 같고 그의 뼈들은 철 빗장들 같도다. 그는 하나님의 길에서 으뜸이며 그를 만든 이가 자신의 칼로 하여금 그에게 다가가게 할 수 있느니라. 모든 들짐승들이 노니는 산지가 정녕 그에게 먹이를 내느니라. 그는 그늘진 나무 아래와 갈대 숲 속과 늪 속에 누워 있도다. 그늘을 만드는 나무들은 그늘로 그를 덮으며 시내의 버드나무들도 그를 두르는도다. 보라, 그가 강을 마시되 서두르지 않으며 요단을 자기 입 속으로 빨아들일 수 있다고 믿고 있도다. 그가 그의 눈으로 그것을 지키고 있으며 그의 코가 덫들을 꿰뚫는도다』(욥 40:15-24). 〈한글개역성경〉은 비히못을 하마라고 번역했다. 이는 마귀의 실체를 가리려고 그렇게 고친 것이다.

(3) 리비야단(욥기 41장 전체가 리비야단에 대한 기록이다.)

〈한글개역성경〉은 이 리비야단을 악어라고 번역했다. 〈한글킹제임스성경〉을 보라. 『네가 갈고리로 리비야단을 끌어낼 수 있겠느냐? 또한 끈으로 그의 혀를 맬 수 있겠느냐?』(욥 41:1) 『너는 철창들로 그의 가죽을 뚫어 메울 수 있겠느냐? 작살들로 그의 머리를 뚫어 메울 수 있겠느냐?』(7절) 리비야단이 악어라면 어떻게 이럴 수 있겠는가? 악어를 끈으로 묶을 수 없겠는가? 사람들이 악어를 잡아 핸드백도 만들고 구두도 만든다. 〈한글개역성경〉은 마귀를 이처럼 하찮은 존재로 만들어 경계할 필요가 없는 것처럼 위장했다. 악어를 잡으려면 소총 몇 방이면 끝낼 수도 있다. 그러나 사탄은 수백만 군대로도 제압할 수 없는 존재이다. 사탄이 무서워하는 것은 예수 그리스도의 피와 말씀과 이름뿐이다. 누구나 바른 성경을 지녔으면 마귀를 대적할 수 있다.

『그는 철을 지푸라기같이 놋을 썩은 나무같이 여기는도다』(욥 41:27). 『그의 재채기로 인하여 빛이 비치며 그의 눈은 아침의 눈꺼풀 같고 그의 입에서는 타는 등불들이 나오며 불똥이 튀는도다. 그의 콧구멍에서는 연기가 나오니 마치 끓는 솥이나 가마솥에서 나는 것 같도다. 그의 숨결로 숯불을 피우며 화염이 그의 입에서 나오는도다』(욥 41:18-21). 『그는 깊음을 솥같이 끓이며 그는 바다를 향기름 솥같이 만드는도다』(욥 41:31).

여기서 깊음이란, 둘째 하늘과 셋째 하늘 사이에 있는 엄청난 물을 말한다. 이 물은 태평양, 대서양, 인도양의 물을 합친 양보다 30억 배나 많은 물이다. 노아의 홍수 때, 하나님께서는 하늘의 창을 여시고 이 물을 쏟으시어 지구를 잠기게 하셨던 것이다(〈피터 럭크만의 주석서 창세기〉 참조). 예수님께서는 이 물을 통과하시어 셋째 하늘에 오르셨다. 「그리스도의 교회」는 사도행전 2:38을 세대적으로 잘못 실어 해석함으로써 침례를 받으면 구원받은 것으로 알고 있지만, 성경은 『물은 예수 그리스도의 부활하심으로 인하여 이제 우리를 구원하는 모형이니, 곧 침례라. (이것은 육체의 더러움을 제거하는 것이 아니라 하나님을 향한 선한 양심의 응답이라.)』고 말씀하고 있다(벧전 3:21). 그들은 이 말씀을 믿지 않아서 이단이 되었다. 그들은 침례라는 용어만 나오면 무엇이든 물 침례로 해석한다. 하지만 이스라엘 백성이 홍해를 건넌 것도 침례요(고전 10:1-5), 예수님께서 십자가에서 죽으셨다가 살아나신 것도 침례이다(마 20:22,23, 롬 6:1-5). 한 성령에 의하여 우리 모두가 한 몸 안으로 침례를 받았다(고전 12:13). 이것이 성령침례이다. 방언이 터져야 성령침례를 받은 것이라는 순복음 교리는 엉터리이다. 『아무도 너희를 철학과 헛된 속임수로 노략질하지 못하도록 주의하라. 그것들은 사람의 전통과 세상의 유치한 원리를 따른 것이며 그리스도를 따른 것이 아니니라. 그분 안에는 신격의 모든 충만함이 몸의 형태로 거하시나니 너희도 모든 정사와 권세의 머리이신 그의 안에서 온전하게 되느니라.』 등은 영적침례이다(골 2:8-10).

유니콘을 들소로, 비히못을 하마로, 리비야단을 악어로 번역한 것은 첫째로, 사탄의 실체를 감추려는 의도이며 둘째는, 사탄을 전혀 무서운 존재로 보지 못하게 하려는 의도가 깊이 깔려 있으며 셋째는, 아예 사탄을 경계하지 못하게 하려는 수작인 것이다. 따라서 〈한글개역성경〉을 쓰면서 설교하는 자들은 모두 무신론자들이며, 마귀와 동조하고 있는 자들이며 마귀에게 속아서 마귀의 하수인으로 놀아나고 있는 자들임을 알아야 한다. 그들은 진리를 알고 전파하는 자들이 아니라, 진리를 가리고 마귀의 계략에 놀아나다가 죽으면 지옥에 가게 하는 자들이다.

예수님께서 당대에 종교 지도자들을 왜 무자비할 정도로 힐책하셨는가? 그들은 천국을 닫아 버려서 그들 자신도 들어가지 않고 들어가려고 하는 사람들도 들어가지 못하게 하였으며, 애써 개종자를 얻고 나면 그를 자기들보다 두 배나 더 악한 지옥의 자식으로 만들었기 때문이다(마 23:13-15).

예수님께서 서기관들(목사)과 바리새인들(자칭 보수주의, 복음주의, 근본주의자들)에게 무엇이라고 힐책하셨던가? 위선자들, 뱀들, 독사의 세대라고 하시면서 어떻게 너희가 지옥의 저주에서 피할 수 있겠느냐고 힐책하셨다(마 23:33). 예수님 당시의 종교 지도자들은 마귀의 속성을 여실히 드러냈었다.

오늘날 이 땅에서 복음을 변질시키고, 교회를 강도들의 소굴로 만들면서 교인들에게 그리스도의 재림을 기다리는 믿음을 세워주기는커녕, 오히려 세상을 사랑하게 만들고, 세상에 안주하는 것을 복 받는 것이라고 가르치는 자들이 성공하는 목회를 자랑하며, 교회를 지어 돈을 벌고 있다는 것은 참으로 개탄을 금치 못할 일이다. 이것은 성경적 기독교 신앙이 아닌 한국에서만 볼 수 있는 한국식 기독교이다. 왜 이런 배교자들이 설교자가 되어 복음을 농담처럼 만들어 버렸는가? 그들이 배운 신학과 교리가 성경적 신학이 아니라 잘못된 교단 신학이었기 때문이다. 그들은 우물 안 개구리처럼 성경 전체를 깊게 뚫어 볼 수 있는 영적 눈도 없었고 조명의 불도 꺼져 있었기 때문에 무엇이 옳고 그른지조차 판별할 수 없는 자들이다. 성경의 저자시요, 선생님이신 성령님께서 그분이 기록하신 말씀이 아닌 성서들에도 진리의 지식을 깨우칠 수 있는 조명을 주실 것이라고 생각했다면, 그 사람은 마귀에게 속임을 당한 것이다.

『그러나 위로자이신 성령을 아버지께서 내 이름으로 보내시리니, 그가 너희에게 모든 것들을 가르치시며 또 내가 너희에게 말한 모든 것들을 기억나게 하시리라』(요 14:26). 『그러나 진리의 영이신 그분이 오시면 너희를 모든 진리로 인도하시리라. 그분은 자신에 관하여 말씀하지 아니하시며, 무엇이나 들은 것을 말씀하실 것이요, 또 너희에게 다가올 일들을 알려 주시리라』(요 16:13).

필자는 구원받지 않은 채 어린 시절에 장로교회에 다녔고, 고등학교 3년을 장로교 고등학교를 다녔지만 복음을 들어보지 못했었다. 그러다가 40세에 책을 통해서 하나님의 구원 계획을 알게 되었다. 내가 마귀의 자식인 줄 알았고, 내 죄들과 성품의 악함과 간사함, 이기적인 부분들을 실감하고 후회하며 예수님을 믿는다고 고백했다. 지도해 주는 사람이 없었기에 그것이 혼이 구원받은 사실이란 것을 그날로부터 6개월 후에야 알게 되었다.

사탄(루시퍼)을 예수 그리스도(계명성)라고 번역해 놓은 〈한글개역성경〉으로(사 14:12) 마귀를 대적해서 싸우며 진리를 수호하는 것이 가능할 것 같은가? 사탄이 이브에게 접근해서 했던 첫마디가 하나님의 말씀에 의심을 갖게 했던 것을 알지 못하는가? 『참으로 하나님께서 말씀하시기를 '너희는 동산의 모든 나무에서 나는 것을 먹지 말라.'하시더냐?』였다(창 3:1). 하나님의 말씀을 무력하게 만드는 것이 사탄의 가장 기본적이고도 중요한 일임을 알아야 한다. 예수님께서 광야에서 사탄에게 시험을 받으셨을 때, 하나님의 능력으로나 천군천사들의 도움을 받아서가 아니고, 오직 하나님의 말씀으로 물리치셨던 점을 기억한다면 바른 성경이 얼마나 소중한지를 알 수 있을 것이다. 사탄이 예수님께 하나님의 아들이심을 시험하면서 돌들로 빵을 만들라고 했을 때, 『기록되었으되 '사람이 빵으로만 사는 것이 아니요 하나님의 입에서 나오는 모든 말씀으로 사느니라.'고 하였느니라.』고 대응하셨다(신 8:3, 마 4:4). 또 네가 하나님의 아들이면 성전 꼭대기에서 뛰어내려 보라고 하며 엉터리 성경 구절(시 91:12은 재림 때를 말하는 것인데)을 인용했을 때에도 『또 기록되었으되 '너는 주 너의 하나님을 시험하지 말라.'고 하였느니라.』고 응수하셨다(신 6:16, 마 4:7). 그리고 마귀가 주님을 높은 산으로 데리고 가서 세상의 모든 나라들과 그것들의 영광을 보여 주며, 자기에게 경배하면 이 모든 것을 주겠다고 거짓말했을 때에도 예수님께서는『기록되었으되 '너는 주 너의 하나님께 경배하고 오직 그분만을 섬기라.'』고 한 성경(신 6:13, 마 4:10)을 인용하여 물리치셨다(마 4:3-11). 예수님께서는 바른 성경으로 제시하시어 마귀를 제압했음을 알아야 한다.

사탄과 사탄이 부리는 종들은 A.D 60년경부터 변개된 성경을 펴냈는데, 하나같이 돈을 벌기 위해서 그런 짓을 했던 것이다(고후 2:17을 읽어보라). 브리티쉬성서공회, 존더반, 토마스 넬슨사, 아메리칸성서공회, 대한성서공회, 생명의말씀사, 두란노서원, 정동수 등도 하나님의 말씀을 보존하기 위해서가 아니라, 돈을 벌기 위해 변개된 성서들을 만들어내어 하나님의 말씀을 약화시키려 했던 것이다. 사탄의 처음 계략과 하나도 다를 바가 없다. 사탄을 이길 만큼 강력하고 권세가 있으신 분은 말씀이신 예수 그리스도 한 분뿐이다. 사탄은 갈보리에서 영적으로 이미 패배했으며, 이제 아마겟돈 전쟁에서 육체적으로 패배당할 것이다. 그러므로 그리스도인이 바른 말씀을 가지고 있고, 그 말씀을 정확히 알고 사용하면 마귀를 무찌를 수 있는 양날 가진 성령의 칼이 되지만, 변개된 성경을 가지고 있으면 날이 무디고 녹슬어 있어, 마귀가 겁내지 않는다는 것을 알고 믿어야 한다. 마귀는 바른 성경을 무서워한다.

또 마귀는 그리스도의 피를 무서워한다. 왜냐하면 그리스도의 피는 우리를 더러운 양심과 죽은 행실들과 죄들로부터 씻어낼 수 있는 능력이 있기에 우리가 그 피에 의지하여 우리의 죄들을 자백하게 되면, 하나님께서는 죄들을 씻어 주시어 우리로 온전히 하나님을 섬길 수 있게 해주기 때문이다. 또 마귀가 예수 그리스도의 이름을 무서워하는 것은 성도가 그분의 이름으로 구하면 하나님 아버지께서 들으시기(인정해 주심) 때문이다. 이외에 마귀가 두려워하는 무기는 없다. 영적 전쟁에 대응하는 방법은 영적 무장을 갖추는 것이다(엡 6:10-18). 우리는 믿음의 선한 싸움을 싸워야하며(딤전 6:12) 선으로 악을 이겨야 한다(롬 12:21). 이것이 그리스도인이 마귀를 대항해서 싸우는 방법임을 잊지 말라. 마귀는 성경도 없이 돈이나 버는 쭉정이 대형 교회들을 전혀 무서워하지 않지만 말씀으로 무장한 알곡들의 교회는 그 수가 소수일지라도 겁내는 것이다. 이는 기드온의 300명으로 미디안 대군을 쳐부순 것과 같다.

〈한글개역성경〉을 쓰는 교회들이 마귀를 대항해서 어떤 영적 전쟁을 하고 있는지 보라. 그들은 이미 마귀에게 점유당하여 마귀짓을 하고 있는 것이다. 심지어 그들 교회들은 영적 전쟁이 있는지 없는지도 모르며, 설령 있다고 알고 있어도 한 번도 전쟁을 싸워 본 적도 없는 것이다. 그러나 〈한글킹제임스성경〉을 가지고 성도들을 양육하고 있는 교회들은 영적 전쟁을 수없이 치르고 있다. 전쟁이 일어나면 사망, 포로, 부상자가 생기기 마련이다. 주님은 그런 전쟁들을 통해서 알곡에서 쭉정이를 골라내는 일을 하시고, 그 교회가 주님을 위해 더 많은 일을 하게 하신다. 우리 성경침례교회는 1992년 4월 12일 창립한 이래 적어도 여섯 번 이상의 큰 전쟁을 치렀다. 그때, 마귀에게 포로 된 자들이 세운 마귀의 교회가 국내에 여섯 개가 있고, 캐나다에도 하나가 있다. 그들도 진리, 말씀, 복된 소망, 심지어 성경침례교회라는 간판을 내걸고 있다. 그러나 그들은 분명히 우리와 다른 영의 교회들인 것이다. 이에 관해서는 뒤에 자세히 서술할 것이다. 마귀에게 정복당한 자들이 오늘도 신실하지 못한 자들을 종 삼으려고 간교한 뱀처럼 돌아다니고 있다. 마귀의 실체와 계략을 알려면 성경을 알아야 한다. 그리스도인에게 성경을 읽고 듣고 암송하고 묵상하는 일이 지속되지 않으면 곧 쭉정이가 된다. 진지하게 기도하지 않으면 역시 곧 쭉정이가 되어, 바람이 불면 날아가게 된다(시

1:4, 욥 21:18).

『성경을 상고하라. 이는 너희가 성경에 영생이 있다고 생각함이니, 그 성경은 나에 관하여 증거하고 있음이라』(요 5:39). 예수 그리스도를 찾아 만나려면, 바른 성경인 그분의 말씀으로 가야 한다. 변개된 성경인 쓰레기 속에는 그분이 계시지 않는다. 예수 그리스도를 만나려면 바른 성경을 쓰는 그분의 양우리로 가야 한다. 동물원에는 예수님이 계시지 않는다.

2. 마귀에게 점유당한 자들, 마귀의 종들

『자녀들이 피와 살에 참여하는 자인 것같이 그 역시 같은 모양으로 동일한 것에 참여하신 것은 자신의 죽음을 통하여 죽음의 세력을 가진 자, 곧 마귀를 멸망시키시며 또 죽음을 두려워하므로 평생을 노예로 속박되어 있는 자들을 놓아주시려 함이니라』(히 2:14,15). 예수님께서 공생애를 시작하셨을 때, 맨 처음 전파하신 말씀은 『회개하라, 천국이 가까이 왔느니라.』(마 3:2)였다. 이것이 예수 그리스도께서 이 땅에 오신 목적이다. 천국 복음 전파 다음으로 하신 일은 갈릴리 어부들인 베드로와 안드레 두 형제를 부르셨고, 그 다음으로는 야고보와 요한 두 형제를 부르셨다. 예수님께서는 공생애를 시작하시면서 백성 가운데서 모든 질병과 허약함으로 고통받는 자들을 고쳐 주셨다(마 4:23). 여기서 허약함이란 마귀가 공격하는 육신의 위약함도 포함된다(눅 5:15, 롬 6:19; 8:26, 갈 4:13). 사도 바울은 이렇게 기록했다. 『나는 너희가 좀 어리석은 나를 용납해 주기 바라노라. 부디 나를 용납하라. 이는 내가 경건한 질투로 너희에게 질투를 느낌이라. 내가 너희를 한 남편에게 정혼시켰나니 이는 한 순결한 처녀로 너희를 그리스도께 바치려는 것이라. 나는 뱀이 그의 간계로 이브를 속인 것같이 너희의 마음도 어떤 방법으로든 그리스도 안에 있는 단순함에서 떠나 부패할까 두려워하노라. 만일 누가 와서 우리가 전파하지 아니한 또 다른 예수를 전파하거나 너희가 받아들이지 않은 또 다른 영을 받거나 너희가 영접하지 않은 또 다른 복음을 전파하면 너희가 그를 잘 용납하는도다』(고후 11:1-4).

여기에서 볼 수 있듯이, 하나님의 일꾼은 그리스도인인 한 순결한 처녀를 그리스도께 바치려고 하는데, 또 다른 일꾼들은 다른 예수, 다른 영, 다른 복음을 전파하며 그들에게서 이를 받아들이고 실행하는 자들이 이 기독교계에 있는 것이다. 이 기독교계에는 알곡과 독보리, 좋은 물고기와 나쁜 물고기가 섞여 있다는 사실을 알아야 한다. 독보리와 나쁜 물고기가 떼를 이루어 진리를 실행하는 알곡과 좋은 물고기를 대적하고 있다. 그런 자들은 민주주의 사회에서 선거의 승리가 다수에 의해 결정되는 것을 교계에서도 적용하려고 한다. 현대 사회의 모든 가치도 다수에 의하여 결정되고 옹호된다. 그렇지만 참된 가치는, 다수에 의하여 외면당하고 있고 진리는 다수에 의하여 짓밟히고 있다. 이 점을 성경은 진리가 길에 쓰러졌고 공평이 들어가지 못함이라고 지적하고 있다(사 59:14). 교회를 민주적으로 운영하면 어떻게 되겠는가? 믿음이 신실한 사람들이 15%이고, 신실하지 못한 사람들이 85%라면, 그 교회가 어떻게 되겠는가? 성경적 지역교회는 민주적이 아니라 자치적이다. 한 사람을 회원으로 교회에 가입시키려면 회원 전체의 동의가 필요하지만, 하나님의 권위로 세워진 목자는 다수결에 의해 결정되지 않는다. 교회가 다수결에 의해 목자를 좌지우지할 수 없다. 목자를 먼저 세우신 분은 하나님이시다. 하나님께서 어떤 지역에 성경대로 실행하는 교회를 세우시려고 계획하셨을 때, 하나님께서는 자기 사람에게 그 일을 시키기 위해 임명하시어 내보내신다. 하나님께서는 이 일을 추수하기 위해 들에 일꾼을 내보내시는 것으로 묘사하셨다.

『보라, 내가 너희를 보냄이 마치 어린양들을 이리들 가운데로 보냄과 같도다』(눅 10:3). 하나님의 부르심을 받은 종은 말씀으로 무장하고 세상으로 나가 세상에 있는 마귀의 자녀들에게 접근하여 복음을 전하여서 그들을 그리스도께로 이겨온다. 그들의 수가 열두 가정 이상이 되면, 그들의 동의를 얻어 지역 교회를 설립한다. 이때, 교회가 설립되는 것은 마귀에게는 더 없이 부담스러운 적이 되는 것이다. 하나님의 종이 지역을 순회하면서 설교할 때에, 두 가지의 목적을 실현함을 알게 된다. 첫째는, 그 성읍에 복음을 전파함으로써 그 성읍을 정복하는 영적 의미를 지니는 것이며 둘째는, 그 성읍에 이미 세워져 있는 교회들이 그리스도의 복음을 전하지 않은 채 있다면 하나님의 교회가 아니기에 그 교회들이 무력하다는 점을 선포하는 것이다. 반면에 그 성읍에 성경대로 믿는 교회가 세워져 있다면, 그 기초가 예수 그리스도이기 때문에 다른 기초를 놓으면 안 된다(고전 3:10,11).

성경대로 믿는 사람들의 모임이 그 지역에 세워지게 되면, 마귀에 의해 세워진 잡다한 교회들은 일제히 긴장하게 된다. 마치 사자 한 마리가 산 위에 모습을 드러내면, 동네의 똥개들이 일제히 짖어대는 것과 같은 현상이 생긴다. 왜냐하면, 성경대로 믿는 교회와 성도들은 일주일 동안 세상에 박혀 있다가, 주일이면 TV 위에 놓은 〈한글개역성경〉의 먼지를 털어 끼고 교회에 나오는 교인들이 아니기 때문이다. 성경대로 믿는 그리스도인들은 누구를 만나도 복음을 전하며, 때를 얻든지 못 얻든지 복음을 전파하는 사람들이기 때문이다. 마귀가 이 교회를 공격의 1차 대상으로 삼는 것은 너무나도 당연한 일이다. 만약 성경대로 믿고 실행하는 교회가 복음을 전하고 진리의 지식을 확산시키는 일을 하는데 방해와 제재와 공격이 없다면, 마귀가 없든지 아니면 마귀의 계략이 아예 없었던 것이 된다. 앞서 리비야단에서도 조금 언급했듯이(욥 41장), 마귀는 무서운 존재이며 다니엘보다도 더 현명하며, 이 우주에서 전능하신 하나님(Almighty) 다음으로 전능한 자(mighty)임을 잊어서는 안 된다.

이 지상에서 하나님의 과업을 수행할 때에 하나님께서 하나님의 종들을 쓰시는 것과 같이, 마귀도 마귀의 일을 위해 마귀의 종들을 부린다. 천사들은 영적인 존재이기에 이 사역을 수행할 수 없다. 그렇기에 하나님께서 하나님의 일꾼들을 양성하기 위해 신학교를 세우시면, 마귀도 유사한 신학교를 세운다. 하나님의 신학교에 하나님께서 자기 사람을 보내시면, 마귀도 자기 사람을 위장해서 들여보내기도 한다. 이때 마귀의 수법이 하도 교묘해서 눈치 채는 사람들이 거의 없다. 그러나 조금만 세심한 주의를 기울인다면, 그런 자를 찾아내는 것은 그리 어렵지 않다.

필자가 킹제임스성경신학대학의 전신인 펜사콜라성경신학원(Pensacola Bible Institute)을 1991년 9월 9일에 시작했는데, 첫 학기 학생이 9명이었다. 필자는 신학교를 망치는 것은 교수들이라는 점을 알았기에 혼자서 19과목을 가르쳤다. 그 후, 하나님의 도우심으로 몇 명의 강사들을 그들에게서 발굴할 수 있었다. PBI는 매년 학생들을 모집해야 함에도, 학생들이 매 학기마다 들어옴으로 인해, 3년 학사 일정이 6학기로 바뀌게 되었다. 매 학기마다 나는 학생들에게 어떤 강사라도 교육을 시키지 않고 세뇌를 시키려 하거든 강의실에서 나와 버리라고 주의를 주었었다. 왜냐하면, 학생들은 과묵하고, 나는 나의 스케줄 때문에 매 강의마다 점검할 수 없기 때문이었다. 그렇다고 해서 내가 강사로 임명한 사람들을 의심할 수 있겠는가? 하나님께서 사람을 신뢰하지 말라(렘 17:5-17)고 하신 데는 이유가 있다. 왜냐하면, 사람은 한 조각 빵을 위해서도 범죄할 수 있고 또 먹는 것과 하나님을 바꿀 수 있기 때문이다. 먹고살기 위해 자기 신을 버리는 것이 인간이다. 그래서 먹고살기 위해 교회를 하는 자들의 신은 그들의 배라고 말씀하신 것이다(롬 16:17, 빌 3:19). 하나님께서는 하나님과 재물을 동시에 섬길 수 없다고 천명하셨는데도 그들은 동시에 섬길 수 있다고 소리친다. 그런 그들은 모두 마귀에게 쓰임받는 종들이 되어 버린 것이다. 여러분도 사도 바울이 발견한 것처럼, 선을 행하고자 할 때에 악이 함께 있다(롬 7:21)는 사실을 잊어서는 안 된다.

1998년 봄학기가 시작되기 전에 필자는 하나님께 이번 학기에 50명의 신입생을 주시라고 간절히 기도했다. 하나님께서는 나의 기도에 응답하시어 꼭 50명의 신입생을 주셨다. 이 얼마나 흥분되고 기쁜 일이었겠는가? 그런데 선을 행하고자 할 때에 악이 함께했다. 나를 포함한 5명의 강사들 중 2명이 마귀에게 점유당했던 것이다. PBI는 야간학교이기 때문에 내가 둘째 시간 강의를 준비하느라 내 사무실에서 공부하고 있는데, 한 강사가 강당에서 강의하는 것을 들으니, 그가 강의를 하는 것이 아니라 학생들을 세뇌시키고 있는 것이었다.

예수님께서 벙어리에게서 마귀를 쫓아낸 것을 본 서기관들과 바리새인들은 예수님이 마귀의 왕초인 비엘세븁을 힘입어 마귀들을 쫓아낸다고 말했다(눅 11:14,15). 그 말을 들은 예수님께서 이렇게 답변하셨다. 『만일 사탄이 자신을 대적하여 갈라지면 어떻게 그의 왕국이 서겠느냐? 만일 내가 비엘세븁을 힘입어 마귀들을 쫓아낸다면 너희 아들들은 누구를 힘입어 그들을 쫓아내느냐? 그러므로 그들이 너희의 재판관이 되리라.』고(눅 11:18,19). 그들은 필자가 〈한글킹제임스성경〉을 버리고 배교했다고 헛소문을 냈던 것이다. 그들은 완전히 마귀에게 점유당했던 것이다.

3. 왜 그들은 변절되었는가?

『그러므로 믿음은 들음에서 나오며 들음은 하나님의 말씀에 의해서니라』(롬 10:17).

우리의 믿음은 설교를 들음으로써 이해가 되고, 이해가 됨으로써 영양분을 얻어 자라게 된다. 만일, 어떤 사람이 경배를 소홀히 하게 되면 그는 하나님께 불순종하게 되며, 동시에 영적 양식을 못 얻어 먹게 된다. 영적 양식을 못 얻어 먹으면 허기지고, 힘을 잃게 되어 스스로 설 수 없게 되거나, 아니면 영적으로 병을 얻게 된다.

그리스도인이 되었다는 것은 하나님의 자녀로 입양되었다는 말이다. 인간이 모태에 두 번 들어갈 수는 없지만, 자신이 죄인인 것을 인지하고 예수님이 내 죄 때문에 십자가에서 피흘려 죽으시어 내 죄를 씻어 주셨다는 것을 마음으로 믿고 영접하면 영이 살아나게 된다. 이것을 거듭남이라고 한다. 이 이상 설명해 줄 수 있는 더 이상의 근거는 없다. 누구나 거듭나고 싶으면, 세 살 먹은 어린아이가 엄마의 말을 믿듯이 그렇게 하나님께서 하신 말씀을 믿으면 거듭날 수 있다.

예수님께서 산헤드린 회원이었던 니코데모에게 거듭남에 관하여 설명해 주셨을 때, 니코데모는 처음에 사람이 모태에 두 번 들어가는 일로 알았다가 나중에야 "어떻게 이런 일들이 있을 수 있나이까?"라고 의아해했다. 예수님께서 그에게 이렇게 더 말씀해 주셨다. 『육신으로 난 것은 육이요, 또 성령으로 난 것은 영이니라. 내가 너에게 '너희는 거듭나야만 한다.'고 말한 것을 이상히 여기지 말라. 바람이 임의로 불어서 네가 그 소리를 들어도 어디서 와서 어디로 가는지 알지 못하듯이 성령으로 난 사람은 모두 그와 같으니라』(요 3:6-8).

거듭난 속사람은 겉사람과 달리 영적인 사람이기 때문에, 영적 양식을 먹어야 그 생명이 지탱될 수 있다. 새벽기도, 제직활동, 심방, 구역모임 같은 것들로는 영적 생명이 지탱될 수 없다. 말씀을 읽고, 기도하고, 영과 진리로 경배를 드리고, 성경에 근거한 설교를 들어야 한다. 그리스도인은 일주일에 최소한 3번의 설교를 들어야 영적 생명을 유지할 수 있다. 수요기도회란, 성경에 없지만 주 중의 하루 굳이 수요일이 아니라도 사정이 있으면 목요일에 모일 수도 있다. 성도들이 모여 교제하고, 하나님의 말씀을 한 번 더 듣고, 합심해서 기도하기 위함이다. 그러므로 그리스도인들이 모인 곳에는 반드시 말씀과 찬송과 기도가 있어야 한다(골 3:16).

성도는 주일 낮 예배, 저녁 예배, 수요 기도회로 일주일에 세 번 말씀을 경청해야 하고, 매일 조용한 시간을 할애해서 성경을 읽고, 기도하는 데 최소한 30분 이상 시간을 써야 한다. 하루에 성경을 최소한 10장 이상 40장까지 정독한 사람들에게는 마귀가 접근하지 못한다. 마귀는 성경대로 믿는 하나님의 교회를 공격목표 1호로 삼는다. 반면에, 성경대로 믿지 않는 형식적이고 비성경적 실행을 하거나 문화행사에 치중하며 그것을 하나님의 일이라고 하거나, 복음과 무관한 일을 하는 교회들과 겉치레로 치장을 하고 사람들을 모으고 관리하는 데에 분망한 교회들은 마귀 수하에 있기에 공격하지 않는다. 많은 교단 교회들이 서로 더 갖고, 더 행세하겠다고 자기가 원하는 목사를 두거나, 목사는 자기 사람들을 장로나 집사로 세우려다가 갈등이 생기는 것은 엄격하게 따지면 마귀의 일이 아니라 육신의 일이다. 이런 일들은 세상 모임들에서도 얼마든지 있는 육신의 일들이다. 세상 기구에서는 이런 일들이 일어나면, 소수와 삼겹살로 간단하게 봉합할 수 있지만, 소위 교회들에서는 이런 것들도 없기 때문에 갈등이 오래 간다. 다만, 누구나 육신이 되면 마귀가 그 육신을 이용하여 더욱 육신적이 되게 할 수 있으며, 양쪽이 다 마귀편이기 때문에 누구 편을 들어 주기가 어려울 뿐이다.

마귀가 성경대로 믿는 교회를 공격 대상으로 삼기 위해서는 먼저 그곳에 있는 사람에게 들어가야 한다. 아담이 하나님께 불순종함으로써 타락(Depravity)했다. 이 타락한 성품의 본질은 반역이다. 『악인은 반역만을 찾나니, 그러므로 잔인한 사자가 그를 대적하여 보내지리라』(잠 17:11). 부모에게 불순종하는 자녀들, 선생님에게 대항하는 제자들, 정권타도를 외치는 쿠데타 그룹, 영적 권위에 대적하는 마귀의 자녀들의 행위는 모두 타락한 성품에서 돌출된 반역이다.

사람이 구원받고 나면 마귀가 건드리지 않는다는 말만큼 큰 거짓말이 없다. 이런 말을 한 자들이야말로 마귀에게 이용당하고 있는 자들이다. 미국의 근본주의 침례교 신학교에서도 이렇게 가르치는 데가 여러 곳 있으며, 그런 자들이 목사가 되어 강단을 차지함으로써 공공연하게 그런 가짜 교리가 많은 성도들을 오염시키고 있다. 누구나 죄를 짓게 되면 죄의 종이다. 『너희가 자신을 종으로 드려 누구에게 순종하든지 너희가 순종하는 자의 종이 되어 죄의 종으로 사망에 이르든지 혹은 순종의 종으로 의에 이르는 줄 알지 못하느냐?』(롬 6:16) 『그들에게 자유를 약속하나 자기들 자신은 타락의 종들이니, 누구든지 정복을 당하면 그는 정복한 자의 종이 되는 것이라』(벧후 2:19).

구원받은 그리스도인뿐만 아니라 성경대로 믿는 침례교회의 목사도 죄를 지으면 죄의 종이 되는 것이다. 그들도 마귀에게 정복을 당하면 마귀의 종이 된다고 성경은 분명히 밝혀 주고 있다. 그렇다면, 성경대로 믿는 교회에서 누가 왜 어떻게 해서 죄를 짓게 되고 마귀의 종이 되어 교회를 대적하게 되는가?

먼저, 예수님의 열두 제자 중 한 명이었던 유다 이스카리옷에게 어떻게 마귀가 들어갔는지 보자. 유다 이스카리옷은 예수님 사역에 재정을 맡을 만큼 신임이 두터웠다. 그랬기에 마귀는 그를 공격의 대상으로 삼았던 것이다. 마귀는 사람들의 취향과 어떤 부분이 연약한지를 잘 알고 있다. 마귀는 하나님만큼 전지전능하지는 않아도 인간들끼리 나누는 대화를 통해서 정보를 수집할 수 있다. 그러므로 그리스도인은 어떤 빈말이라도 조심해야 한다. 성령님의 통제를 받지 않는 말은 거의 불필요한 말들이란 점을 인식한 적이 있는가?

예수님께서 십자가를 결심하신 후, 제자들과 더불어 유월절 저녁을 먹고 나서 제자들의 발을 씻기실 즈음에 『저녁 식사가 끝나자 마귀가 이미 시몬의 아들 유다 이스카리옷의 마음속에 주를 배반할 생각을 넣은지라』(요 13:2). 마귀는 불평, 자부심, 자족하지 못한 마음, 시기, 탐욕, 거짓말, 속임수, 위선, 찬탈, 음행, 공짜, 이익, 명예 등을 미끼로 던져 그것을 물면 그를 갈고리로 꿰서 그 다음 단계를 실행하도록 강압적으로 밀어붙인다. 예를 들어, 한 젊은 청년이 배가 몹시 고파 먹을 것을 구할 때, 그에게는 ① 노동을 제공하고 먹는 방법 ② 구걸하는 방법 ③ 훔쳐 먹는 방법이 있을 것이다.

두 가지는 정상적이지만 세 번째 것은 죄이다. 그가 죄를 결심했을 때, 그는 이미 마귀의 종이 된 것이다. 그는 그 순간부터 마귀가 시키는 대로 행해야 한다. 어느 집으로 몰래 들어갔다. 밥을 훔쳐 먹으려고 부엌에 갔더니 여자가 방 안에 누워 있는 것이다. 마귀는 그에게 건드리라고 말한다. 그가 여자를 위협하여 강간한다. 그 다음 목을 조르라고 하니, 목을 졸랐다. 토막 내라고 했더니 토막 냈다. 나중에 그가 경찰에 잡혀 와서 왜 그런 짓을 했느냐고 물으면 그의 대답은 간단하다. "나도 모르겠는데요."

이다. 이것이 이 세상제도와 모든 범죄 사회를 구성하는 쓰레기들을 마귀가 주관하고 써먹는 방법이다.

만일, 경찰이나 검찰 등이 이런 영적인 면들을 통찰할 수 있는 눈이 있다면, 또 정치가들이 이런 면들을 볼 수 있는 안목이 있다면 적절한 방안을 강구하여 이 사회의 범죄는 많이 줄어들 수 있을 것이다. 마귀에게 속한 자들이 범죄와의 전쟁이라는 슬로건만 가지고는 안 된다. 범죄를 막으려면 성경대로 믿는 교회들이(진짜 교회) 곳곳마다 세워져서 성경을 가르쳐 실행하게 하고, 크리스찬 학교들을 세워 어린 나이 때부터 성경으로 인성교육을 시켜야 한다. 그들이 초, 중, 고등학교를 거쳐 성경대로 가르치는 신학교에서 공부하고 목사, 성경교사, 부흥사, 선교사로 일하게 될 때, 세상은 빛이 어두움보다 밝게 되는 것이다. 그러나 성경대로 믿지 않는 교회들은 이 빛을 가리기 때문에, 많으면 많을수록 방해가 된다. 그런데도 그들은 무슨 교회든지 교회만 많으면 세상이 정화되는 것으로 알고 있다. 정치가든 행정가든 법률가든 언론인이든 기업가든 학자든 거듭나지 않으면 이 점에는 깜깜하다. 속지 말라. 목사라는 자들이나 신학교수라고 하는 자들일지라도 영적인 문제에 대해서는 아무것도 다룰 줄 모른다. 세상 학교 교육은 마귀의 수법을 가르치지도 않을 뿐 아니라 대적하는 법도 가르칠 수 없다. 그러므로 성경 없는 교육은 저주라고 했다. 사람의 신체의 일부를 다루는 의사도 6년을 공부하고, 인턴 2년, 레지던트 4년을 실습하여 전문의 시험에 합격해야 비로소 의사가 된다. 목사는 인간의 몸, 혼, 영을 다루는데, 신학과정 4년이나 아니면 세상 학교 나와서 신대원 2년 공부하고 전도사 2,3년 한 후 강도사 시험 보고 목사안수를 받아 나온다. 그런 사람이 제대로 목사 일을 할 수 있겠는가?

마귀가 유다 이스카리옷의 마음속에 주를 배반할 생각을 넣어 주자, 유다는 마귀의 제안을 받아들였고, 그러자 마귀가 그에게 들어갔던 것이다(요 13:27). 예수님께서는 이 점을 아셨기에 『진실로 진실로 내가 너희에게 말하노니, 너희 가운데 한 사람이 나를 배반하리라.』고 제자들 앞에서 말씀하셨던 것이다(요 13:21). 하나님께서는 그 사람의 동의가 없이 강제로 자기를 믿게 하지 않으신다. 다만 죄인들에게 복음을 제시하시고, 그 복음을 믿고 받아들인 사람만을 아들로 입양시켜 주신다. 우주만물을 창조하신 하나님도 인간의 의지적인 동의가 없이는 인간을 자기편으로 만들지 않으시고, 하나님의 말씀을 믿는 사람들이 믿음으로 영생을 얻게 하시는 것이다. 믿음은 바라는 것들에 대한 실상이요 보지 못하는 것들에 대한 증거이다(히 11:1). 믿음이란 보이지는 않지만 우리가 하나님의 말씀을 믿을 때 그 사실은 확증되는 것이다. 삼위일체는 보이지 않아도 로마서 1:20에서는 보이지 않는 하나님의 신격까지도 분명히 보여졌다고 말씀하셨다. 성경에 기록된 대로 믿지 못하는 것은 믿음도 아니요, 단지 종교행위일 뿐이다. 믿음에는 열매가 열리지만 종교행위에는 흉내냄과 무성한 잎사귀만 있을 뿐이다. 은사주의자들은 바라는 것들에 대한 실상도 없고, 보지 못하는 것들에 대한 증거도 없이 오직 사도의 표적들(고후 12:12)을 흉내내려는 마귀의 도구들일 뿐이다. 마귀도 유다 이스카리옷의 동의 없이는 그를 자기편으로 끌어들일 수 없었다.

4. 인간의 타락과 죄성

모든 사람은 태어날 때부터 죄성, 즉 타락한 성품을 지니고 태어난다. 『허물과 죄들 가운데서 죽었던 너희를 그가 살리셨으니, 전에는 너희가 그것들 가운데서 이 세상의 풍조를 따르고 공중 권세의 통치자, 곧 지금 불순종의 자녀들 안에서 역사하는 영을 따라 행하였으니 그들 가운데서 우리 모두가 이전에는 우리 육신의 정욕들 가운데서 행하였으며 육신과 마음의 욕망들을 이루어 다른 자들과 마찬가지로 본래 진노의 자녀였느니라』(엡 2:1-3). 이처럼 모든 사람이 마귀의 자녀로 태어난 것이다. 그런데, 그런 마귀의 자녀들이 예수 그리스도의 복음을 듣고 하나님의 자녀로 다시 태어날 수 있는 길이 열린 것이다. 이것이 은혜이다. 예수 그리스도를 믿었더니 죄의 형벌로부터 구원을 받고 영생을 거저 얻게 된 것이다. 『진실로 진실로 내가 너희에게 말하노니, 내 말을 듣고, 또 나를 보내신 분을 믿는 자는 영생을 얻고, 정죄에 이르지 아니할 것이며, 사망에서 생명으로 옮겨지느니라』(요 5:24). 마귀는 빼앗긴 자기 새끼를 다시 찾아오려고 모든 것을 걸고 있다. 마귀는 거듭나지도 않고, 진리도 모르는 자들을 조직화해서, 세상에서 세력화시켰다. 그것이 콘스탄틴 때부터 시작된 가짜 기독교이다. 성경적 기독교 신앙은 믿음의 선한 싸움을 싸우는 것이나 그들은 폭력과 오류로 진리를 굴복시키려 했다. 그들은 이교도들을 교회 안으로 불러들여 세례 주고 교인을 만들어, 교회 안에서 그리스도인 행세를 하게 했다.

이런 일에 견딜 수 없었던 거듭난 그리스도인들은 교회를 떠났던 것이다. 그들은 도나티스트, 몬타니스트, 노바시안, 알비겐스, 왈덴스, 카타리, 유카이트, 불가리안, 폴리시안, 보고마일, 롤라드, 재침례교도 등으로 그 이름도 다양하다. 이들은 카톨릭의 권세와 폭력과 고문, 회유 앞에서 진리를 부인하지 않고 목숨을 버렸던 것이다(윌리엄 폴부쉬 저 〈폭스의 순교사〉, 피터 럭크만 저 〈신약교회사〉, 말씀보존학회 참조). 로마카톨릭은 성경대로 믿는 사람들을 죽여 버리면 자기들 계획대로 이 세상을 복음도 진

KJBC

킹제임스성경신학교는 피터 럭크만 박사가 미국 플로리다주 펜사콜라시에 설립한 Pensacola Bible Institute (PBI)에 기반을 두고 있습니다. 미국 Pensacola Bible Institute는 1965년 9월 개강한 이래로 지금까지 미국 내 정통 신학 교육의 요람으로서, 미국 내 유수한 근본주의 침례교 신학교들을 압도하고 성경대로 믿는 그리스도인들의 산실이 되고 있습니다. 자유주의와 현대주의를 배격하는 가운데 정통 교리의 수준 높은 신학 교육은 물론이요, 능력 있는 설교자 양성을 위한 강도 높은 훈련으로도 단연 으뜸입니다. 이처럼 본 신학교도 1991년에 세워진 이래로 이 땅에 바른 성경적 지식을 정착하고 신실한 하나님의 일꾼을 양성하는 데 총력을 기울여 오고 있습니다.

기존 신학교는 하나님의 말씀보다는 교단 신학과 학문으로서의 신학에 중점을 두어 가르치고 있습니다. 또한 편협한 교단 교리에 하나님의 말씀을 억지로 끼워 맞춰 가르치고 있기 때문에 이제는 하나님의 말씀에 근거한 신학을 제대로 가르치는 곳이 절대적으로 필요합니다. 이런 절실한 필요에 의해 본 신학교는 모든 교과 과정을 교단 신학이 아닌 하나님의 말씀으로 채움으로써 하나님의 말씀에 대한 올바른 지식을 터득할 수 있도록 구성하고 있습니다. 이렇게 구성된 모든 교과 과정은 성경 각 책에 대한 깊이 있는 수업과 설교의 실전 연습, 제반 목회 생활에 관한 실제적인 수업들로 이루어져 있으며, 무엇보다도 균형 있고 올바른 성경적 지식으로 무장할 수 있는 많은 수업들이 제공되고 있습니다.

킹제임스성경신학교는 설교자와 목회자, 성경 교사, 선교사를 양성하기 위한 곳으로, 3년의 모든 과정을 착실히 이수한 모든 학생들이 각자 하나님의 부르심에 따라 언제 어디서나 전담 사역자로서 사역할 수 있도록 양육받을 수 있는 국내 유일의 온·오프라인 정통 신학교입니다.

입학요강

	신학사(B.D.)	킹제임스성경신학원 신학석사(Th.M.)
수업연한	3년 (6학기)	2년 (4학기)
자　　격	• 거듭난 그리스도인으로서 하나님께 쓰임받기 원하는 사람 • 고등학교 졸업자 및 졸업 예정자 또는 동등 이상의 학력이 인정되는 자(연령 제한 없음)	• 본교를 졸업한 신학사 학위 소지자로서 진리의 지식으로 효과적인 사역을 이루려는 분
선　　발	서류전형(입학원서, 구원간증, 자기 소개서), 면접(서류 전형 합격자에게 개별 통보)	
학사일정	오프라인 봄 학기 매년 3월초 가을 학기 9월초 개강(총 16주) 월,화,목,금(오후 6:30 – 9:20) 온 라 인 수시접수 가능(한 학기 총 16주 / 100% 동영상 강의)	한 학기당 16주 과정 (화요일 오후 6:30 – 9:20)
원서교부	킹제임스성경신학교 교무처 / 인터넷 접수	

킹제임스성경신학교학장
10122 경기도 김포시 고촌읍 장곡로 39
전화 (02) 2665-3303, 팩스 (02) 2665-3302

리도 필요 없는 종교적, 정치적 권세를 휘두를 수 있다고 판단하고 암흑 시대(A.D. 400-1600) 기간 동안 6,500만 명 이상을 죽였지만, 복음과 진리는 피를 흘림으로써 자란다는 것을 그들은 몰랐다. 순수한 신앙은 박해가 없으면 생겨날 수 없는 것이다. 『실로 그리스도 예수 안에서 경건하게 살고자 하는 모든 사람은 박해를 받을 것이라』(딤후 3:12).

모든 사역자들에게 가장 선망의 대상인 사도 바울이 당한 고난을 보라. 『그들이 그리스도의 종이냐? (내가 어리석은 자같이 말하지만) 나는 더욱 그러하다. 내가 더 많이 수고하였고 매도 헤아릴 수 없이 맞았고 더 빈번히 감옥에 갇혔고 죽을 고비를 여러 번 당하였으니 유대인들로부터 사십에 하나 뺀 매를 다섯 번이나 맞았고 세 번 몽둥이로 맞았으며 한 번은 돌로 맞았고 세 번 파선을 당하였는데 하루 밤과 낮을 깊은 바다에서 보냈으며 여러 번 여행하는 중에 강의 위험과 강도의 위험과 동족으로부터의 위험과 이방인들로부터의 위험과 성읍에서의 위험과 광야에서의 위험과 바다에서의 위험과 거짓 형제들 가운데서의 위험을 당하였으며 수고하고 애쓰며 자주 깨어 있고 배고프며 목마르고 자주 금식하며 춥고 헐벗었노라. 그 외부의 일들 외에도 날마다 나에게 밀려드는 것은 모든 교회에 관한 염려라』(고후 11:23-28).

오늘날, 은사주의 목사들은 물론이요 개신교 전체에서 사도 바울과 같이 박해받는 목사들과 선교사들을 찾아볼 수 있겠는가? 사도 바울은 집이나 차, 부동산, 증권, 노후대책도 없었으며 심지어 가족도 없었다. 그에게 있었던 것은 성경과 그리스도의 십자가(복음)뿐이었다. 그가 진리를 실행하지 않았는데 박해를 받았겠는가? 사도 바울은 썩을 음식을 위하여 일하지 않고 영생에 이르는 음식을 위하여 일했다(요 6:27). 이 나라의 싸구려 목사들은 그와 반대로 일하며 자랑하고 있다.

마귀의 목표는 인류에게 안녕과 화평과 번영과 구원을 주려는 것이 아니라, 개인의 심성 파괴와 가정의 분열과 파멸과 영원한 형벌인 지옥을 주려는 것이다. 그의 이름은 히브리어로 아바돈이며 헬라어로는 아폴루온으로(계 9:11) 파멸이라는 뜻이다. 예수 그리스도를 따르지 않고 마귀를 따르면 멸망당하게 된다. 사탄은 잘 조직된 마귀 부대를 움직이고 있다(단 7:19, 계 12:4). 사탄의 왕국은 어중이떠중이들로 된 집단이 아니다. 그의 무리는 최상의 조직화된 제국을 이루는 정교한 집단이다(마 12:26). 성경에 의하면 사탄은 자신의 왕국을 자만, 교만, 이기심, 권력, 탐욕으로 다스리며 타락한 인간들에게 엄청난 영향력을 끼치고 있다(요 14:30; 18:36, 엡 6:12). 쉬운 예로, 군국주의와 공산주의와 거짓 종교들과 로마카톨릭은 사탄이 만든 제도이다. 얼마나 많은 사람들이 이런 제도로 인하여 고통을 당하였으며, 지금도 당하고 있지 않는가? 우리나라는 세계에서 유일한 분단국가이며 지금도 1천만 명의 이산가족이 고통받고 있다. C.I. 스코필드도 그의 주석성경에 이렇게 적고 있다. "세상은 권력의 조직이 기가 막히게 짜여 있고 멋지게 제도화된 조직이다. 세상은 때로는 매우 화려하게 보이고, 훌륭하게 발전할 것 같으며, 겉으로는 도덕적이고, 의롭고, 종교적으로 보이기도 한다. 그러나 그렇게 보일지라도 세상은 탐욕과 부패와 타락과 질투와 돈을 사랑함과 같은 것으로 유지되고 있으며, 위기 때마다 전쟁으로 유지되고 있다." 이것이 바로 사탄이 주관하는 세상이다.

마귀들도 하나님께 대적하며 그분의 뜻을 이루지 못하게 하려고 위장, 모방, 타협의 방법으로 세상을 혼란스럽게 만들어왔다. 그리스도인들을 말살시켜도 계속 그리스도인들이 나와서 더 강력하게 복음과 진리를 전파하자, 전략을 바꾸어 유사하게 만드는 계략을 폈다. 그래서 1. 교회를 세우고(마 16:17,18, 베드로 위에 세운 교회) 2. 우상 목자들을 세웠으며(슥

11:17) 3. 마귀의 교리를 만들어 퍼트리고(딤전 4:1) 로마카톨릭과 그들에게 동조한 개신교 목사들은 반석이신 예수 그리스도를 버리고 베드로 위에 교회를 세우고 있다. 반석이신 예수 그리스도가 아닌 돌멩이인 베드로 위에 세운 교회는 사탄의 교회이다(마 16:23). 4. 우상 목자를 따르는 마귀의 자녀들이다. 그들은 그런 교회가 하나님의 교회인 줄 알고 있다. 5. 마귀의 종들을 배출하는 신학교들을 운영하며 6. 마귀의 하수인들은 성경을 바꾸어 마귀의 성경을 만들어냈다. 『그들의 반석이 우리의 반석과 같지 않음을 우리의 원수들까지도 스스로 판단하는도다』(신 32:31).

하나님의 말씀을 존귀히 여긴다면 베드로 위에 교회를 세운다는 헛소리를 할 수 있겠는가? 우리의 반석은 예수 그리스도시요, 그 반석 위에(고전 10:4) 교회를 세웠으며, 이 교회는 거듭난 그리스도인들만이 모인 양우리이며, 우리의 목자요 감독이신(벧전 2:21) 그리스도가 그 머리요 우리들은 그 몸을 이루는 지체들이다. 베드로 자신도 이 반석이 그리스도라고 기록했다(벧전 2:8). 우리는 그분의 명령서인 성경에서 단 한 치도 벗어나지 않는 성경대로 믿는 사람들이다. 우리는 성경대로 복음의 진리를 전하여 믿고 받아들이는 사람들이 교회로 모이면, 그들에게 진리의 지식을 가르쳐 마귀를 대적하게 하는 그리스도의 군사로 양육시킨다. 우리는 돈벌기 위해서나 교단 교세를 확장시키기 위해서 교회를 세우지 않는다. 우리는 『하늘과 땅은 없어져도 내 말들은 결코 없어지지 아니하리라.』(마 24:35)와 『주의 말씀은 영원히 하늘에 세워졌나이다.』(시 119:89)라고 말씀하신 대로 일점 일획도 삭제되거나 변개된 성경을 허용하지 않으며, 이 성경대로 믿고 실행하는 데 타협하거나 비겁하지 않다.

5. 마귀에게 점유당하고 이용당한 교회들

하나님의 교회는 복음을 전파하여 죄인들을 그리스도의 나라로 구령하고, 그들이 모일 수 있는 장소를 마련하여 그들에게 성경을 가르쳐서 강성한 그리스도의 군사로 양육시켜 마귀와 맞서 싸우게 하는 데 의의와 목적을 둔다. 그러나 오늘날의 교회들은 1. 교단 교세 확장용 2. 먹고살기 위해 택한 취직터 3. 교인들을 유치하기 위한 홍보전략으로 방언, 신유, 축사 등을 소문내는데 거기에는 심지어 최면술, 무속인 등이 하는 악령을 불러오는 행위, 마귀들의 능력까지 동원되고 있다. 4. 새벽에 사람들을 불러 모으는 일. 5. 대형 교회 건축 6. 목사 이름 내기 위한 각종 모임과 행사 7. TV나 라디오를 통한 복음의 진리와는 거리가 먼 설교들. 8. 부흥사라는 이름의 모금 야바위꾼. 9. 교회가 무엇인지도 모르는 목사들. 10. 심지어 성경 순서도 제대로 모르면서 목사라고 불리는 자들도 있다. 그들은 그들끼리 나누는 대화가 있고, 교제가 있고, 성취가 있다.

예수 그리스도 이전에는 하나님께서 광야의 성막에도 계셨고, 유대인의 성전에도 계셨으나 예수 그리스도께서 승천하신 후에는 거듭난 성도들의 몸에 거처를 정하셨다(고전 3:16,17; 6:19,20). 그리스도의 영이 없으면 그리스도의 사람이 아니다(롬 8:9). 교회 시대에 하나님께서는 사람의 손으로 지은 건물은 아무리 잘 지어 놓았다 해도 그 안에는 계시지 않는다. 그러므로 교회 건물이란 사람이 모이는 장소일 뿐, 하나님의 내주와는 무관하다. 물론 그리스도인 두세 사람이 모이는 곳에는 주님께서 임재하신다고 약속하셨으나(마 18:20) 이것은 어디까지나 성도들이 주체이지 교회 건물이 주체가 아니다. 이 점을 모르는 사람들은 교회 건물을 세우면 교회를 세우는 줄로 오해하기도 한다. 교회를 세운다는 것은 거듭난 사람들이 최소한 12가정 이상이 모인 모임을 말하는 것이지 모이는 장소를 말하는 것이 아니다. 아파트 단지가 들어서면, 그곳으로 가서 장소를 마련해 교회를 차린 교단 교회들이 있다. 그럭저럭, 이리저리 얽힌 사람들을 모아놓고 교회를 시작하겠다는 것이다. 세상 사람들의 안목으로 봤을 때, 십자가가 세워졌고 교회 간판이 붙어 있으니 교회겠지만, 영적 안목으로 봤을 때, 그것은 교회가 아니다. 하나님의 피로 사신 하나님의 교회는(행 20:28) 하나님의 섭리 가운데 세워진다. 하나님께서 임명하여 내보내신 하나님의 종에게 영적 권위(Spiritual Authority)를 주시는 것이다. 목자로 임명받은 사람은 이 권위를 어디에서 받는가? 하나님으로부터 받는다. 하나님으로부터 받는다는 말은 하나님께서 전에 세우신 지역 교회로부터 받는다는 말이다. 이 지역 교회에서 그 사람에게 이 권위를 부여할 때에 무엇을 근거로 했는가? 그에게서 나온 증거들을 보고 부여한 것이다.

그 증거들이란, (1) 그가 성경을 체계적으로 공부하여 다른 사람들이 묻는 질문에 답변할 수 있어야 한다. 사도 바울이 디모데에게 권면했던 것과 같다. 『내 아들아, 그러므로 너는 그리스도 예수 안에 있는 은혜 가운데서 강건하라. 그리고 네가 많은 증인들 가운데서 내게 들은 것들을 신실한 사람들에게 맡기라. 그들이 또 다른 사람들을 가르칠 수 있으리라』(딤후 2:1,2). 『내가 조언과 지식의 훌륭한 것들을 네게 기록하였으니 이는 너로 하여금 진리의 말씀들의 확실함을 알게 하며, 너에게 사람을 보낸 그들에게 진리의 말씀들을 대답하게 하려 함이 아니냐?』(잠 22:20,21)

(2) 하나님께 자신의 몸을 드리고, 주님의 뜻을 이 땅에 실현하는 것이 가장 소중한 일임을 알고, 말씀을 통해서나 조성된 환경을 통해서나, 성령님의 강권하심이 있을 때, 사역에 부르심을 알게 된다.

(3) 그러므로 자신이 부르심을 받았다고 생각되면 어떤 사역에 쓰임받

을 수 있는지를 점검해야 한다. 설교자, 교사, 선교사, 기타 다른 사역자로 부르신 것을 알고 담임목사와 상의해서 결정해야 한다.

(4) 그 일을 위해서 기도하고 실행에 들어가야 한다(여기서는 우선 설교자로 부름받은 경우를 예로 들겠다). 이상과 같은 여건들이 우선 그에게 드러난 증거들이다. 이 증거들을 보면 제도화된 교회에서 하듯이, 신학교를 졸업하고 전도사를 하다가 강도사 시험을 보고, 목사 안수 받는 것과는 판이하게 다른 것이다. 그가 속한 지역 교회에서는 그에게서 드러난 증거들을 보고, 교회를 대신해서 복음을 전할 수 있는 인증서를 수여하게 된다. 그는 그 인증서로 자기가 원하는 지역에 가서 교회를 개척할 수 있는 것이다. 그가 교회를 개척하여 12가정 이상이 모이면, 전원 동의하에 지역 교회를 설립하게 된다. 이때의 자세한 절차는 필자의 〈완벽한 교회는 없는가〉(말씀보존학회)를 참조하라. 열두 가정이란 예수님의 열두 제자들을 상징할 수도 있지만 현실적으로 교회가 유지될 수 있는 최소 인원이다.

자, 이제 우리는 두 가지 유형의 교회를 본다. 하나는 제도화된 교단 교회이고, 또 하나는 성경대로 믿는 지역 교회이다. 이 둘 중, 어느 것이 하나님께서 섭리로 세운 교회인가? 성경대로 믿는 지역 교회이다. 성경대로 믿는 지역 교회가 세워지면, 마귀는 회유, 세뇌, 미혹, 비방, 모함, 타협 등으로 그 교회를 공략하여 파괴시킬 계획을 세우고 행동에 들어가게 된다.

6. 마귀가 침투시킨 마귀의 종들

마귀와 마귀가 심어놓은 하수인들이 어떻게 성경대로 믿는 지역 교회에 침투하는지 보면 매우 흥미롭다. 그들 중에는 구원받은 사람들도 끼어 있지만 대부분은 구원받지 않은 사람들이다. 주님께서는 하나님의 나라에 대한 비유를 들어 설명하시면서, 겨자씨와 누룩의 비유를 들고 계신다. 『그러므로 주께서 말씀하시기를 "하나님의 나라는 무엇과 같으며 내가 무엇에 그것을 비유할까? 그것은 겨자씨 한 알과 같아서 어떤 사람이 가져다가 자기 정원에 심었더니 자라서 큰 나무가 되어, 공중의 새들이 그 가지에 깃들었느니라."고 하시더라. 또다시 말씀하시기를 "하나님의 나라를 어디에 비유할까? 그것은 어떤 여인이 가져다가 가루 서 말에 숨겨 넣어 전체를 부풀게 한 누룩과 같으니라."고 하시더라』(눅 13:18-21).

마태복음에서는 여기 하나님의 나라가 천국으로 되어 있다(마 13:31,32). 대부분의 개신교 목사들은 하나님의 나라(Kingdom of God)와 천국(Kingdom of Heaven)을 동일시하는데, 그 이유는 그들이 성경에 무지하기 때문이다. 사복음서에서 천국은 유대인에게만 해당되는 용어이다. 이방인들이나 교회는 천국 백성이 될 수 없는 것이다. 예수님께서는 기본적으로 유대인들의 왕으로 오셨고, 그들을 회개시켜 구원하시려고 오신 것이다. 예수 그리스도는 마태복음에서는 왕으로, 마가복음에서는 종으로, 누가복음에서는 인자로, 요한복음에서는 하나님의 아들로 불리신다. 마태복음 10장에서 예수님께서는 12제자들을 내보내시면서 이방인들의 길로도 가지 말고 사마리아인의 성읍에도 들어가지 말고, 다만 이스라엘 집의 잃어버린 양에게로 가라고 하셨다. 『예수께서 이 열둘을 보내시면서 그들에게 명령하여 말씀하시기를 "이방인들의 길로도 가지 말고, 「한국 사람들에게 가서 병든 자를 고치고 죽은 자를 살리고 마귀들을 내쫓으며 돈까지 받아내지 말라고 하신다. 이것은 천국복음이다.」 또 사마리아인의 성읍에도 들어가지 말고, 다만 이스라엘 집의 잃어버린 양에게로 가라. 가서 전할 때, '천국이 가까이 왔다.'고 말하고, 병든 자들을 고쳐 주고, 문둥병자들을 깨끗게 하며, 죽은 자들을 살리고, 마귀들을 내어쫓으라. 너희가 값없이 받았으니 값없이 주라』(마 10:5-8).

주로 은사주의자들은 이 구절들을 보고 사도들에게 주신 표적들을 흉내내려고 한다. 다시 말하지만, 천국 백성이란 유대인에게만 해당된다. 그렇기 때문에 천국이란 용어가 복음서 중에서 마태복음에만 쓰였음을 알 수 있다. 다른 복음서에서는 하나님의 나라이다. 이 하나님의 나라에 대한 정의는 로마서 14:17이 내리고 있다. 『하나님의 나라는 먹고 마시는 것이 아니라 다만 성령 안에서 의와 화평과 기쁨이라』(롬 14:17).

이 하나님의 나라는 유대인이나 이방인이나 예수 그리스도를 개인의 구세주로 믿고 영접하면 들어갈 수 있는 나라이다. 교회는 그리스도의 몸이고, 이 몸은 조직체(Organization) 이전에 유기체(Organism)이다. 따라서 예수 그리스도를 구세주로 믿고 영접한 사람이 성경대로 바르게 믿었으면, 믿는 순간에 그리스도의 몸 된 유기체 안으로 들어가 그 구성 요소가 된 것이다. 이것은 보이지 않는 교회이다. 유대인이나 이방인의 구별도 없다. 빈부귀천, 남녀노소의 구별도 없다. 한 번 들어가면 다시 나올 수 없다. 설령 그 사람이 죄를 짓는 경우가 있다 해도 구원을 잃어버리지 않기에 영원히 보장되는 것이다. 여기에 칼빈주의와 알미니안주의를 가지고 뭐라고 왈가왈부하는 자들은 성경에 무지한 자들이다. 그들은 아마도 거듭나지 않았기에 성령님이 내주하시지 않는 자들일 것이다.

『그러나 진리의 영이신 그분이 오시면 너희를 모든 진리로 인도하시리라. 그분은 자신에 관하여 말씀하지 아니하시며, 무엇이나 들은 것을 말씀하실 것이요, 또 너희에게 다가올 일들을 알려 주시리라』(요 16:13).

성령님께서 그들을 일깨워 주실 수 없는 것은 그들이 거듭나지 않았기 때문이다. 그렇다면 마태복음에 하나님의 나라가 있는 것은 어떻게 설명할 것인가라고 의문을 지닌 사람들이 있을지 모른다. 예수님께서 공생애를 시작하셨을 때 처음 하신 말씀은『회개하라, 천국이 가까이 왔느니라.』였다(마 4:17). 예수 그리스도께서 십자가에서 피흘려 죽으시기 전까지는 그 누구도 거듭날 수 없었기에 하나님의 나라에 들어갈 수 없었다. 그러므로 이스라엘인들은 눈에 보이는 천국을 바라봐야 했다. 예수님께서는 유대인들에게 천국복음을 선포하시면서 마태복음 5,6,7장에서 천년왕국의 헌법을 선포하셨던 것이다. 다른 복음서에 천국헌법이 또 있는가 보라. 특히, 산상설교의 주제는 의인데 그리스도의 십자가 이전에 유대인들은 율법적으로 완전한 의를 이룰 수만 있다면 하나님의 나라에 들어갈 수가 있었던 것이다. 하나님의 나라는 도덕적으로나 영적으로 완벽한 나라이기 때문에, 천국이 임하기 전에 유대인들이 구해야 할 나라였다. 그래서 마태복음 6:33에 하나님의 나라가 처음으로 등장한다. 이 나라의 의는 완벽한 의이기에 유대인들은 산상설교대로 지키지 못했던 것이다. 따라서 하나님의 나라는 인간이 다 이루지 못한 다른 차원의 의라는 것을 알 수 있다. 그 의가 무엇인가? 하나님의 의이신 예수 그리스도의 죽음이다. 예수님께서는 유대인들이 지키지 못할 의를 완성하시고자 십자가에서 죽으셔야 했으며, 죽으시면서 (의를) 다 이루었다고 선언하셨던 것이다. 그때 산상설교를 들었던 유대인들은 거듭나는 것을 알지 못했다. 예수님께서는 산상설교를 들었던 유대인들에게『너희의 의가 서기관들과 바리새인들의 의보다 뛰어나지 못하면 결코 천국에 들어가지 못하리라.』고 말씀하셨다(마 5:20). 유대인들 중 그 누구도 하나님의 의이신 예수 그리스도를 거절하면 천국 백성이 될 수 없었다. 그들이 예수 그리스도를 거절했기에 천국은 뒤로 연기되었고, 예수 그리스도를 믿음으로써 들어가는 하나님의 나라, 즉 교회 시대의 도래는 필연적이었다. 교회는 신비이다(엡 5:32). 이 하나님의 나라는 예수 그리스도의 죽음과 부활을 믿는 사람들이 들어가는 영적인 나라이다. 여기에는 이방인이나 유대인이나 믿음으로 들어가기에 구별이 없다(롬 3:29,30). 이 시대에 어떤 선교사가 운동화 몇 켤레가 닳도록 세상을 누비며 천국복음을 전했다면 그는 선교를 한 것이 아니라 저주받을 짓을 한 것이다.

(1) 겨자씨와 누룩의 비유

겨자씨는 모든 씨보다 작지만 자라나면 푸성귀같이 되어야 정상인데, 마태복음 13:31,32과 누가복음 13:18-21의 비유에서는 나무가 된 것이다. 대부분의 개신 교회들은 겨자씨만큼 작은 복음이 전파되면서 하나님의 나라가 전 세계에 다다르게 되며 새들을 사람들로 비유하여 사회의 모든 구석구석까지 하나님의 통치가 미치게 되며, 개개인의 그리스도인들도 믿음이 장성한 분량에 이르게 된다고 해석한다. 그러나 이러한 해석은 성경적 근거가 없는 사사로운 해석에 불과하다. 더구나 성경에서 새들은 마귀의 세력들을 지칭한다(전 10:20, 계 18:2, 사 46:11). 겨자씨가 자라서 나무가 된다는 자체가 비정상적이며, 거기에 새들이 깃든다는 말은 기독교계에 사탄의 세력들도 함께 공존한다는 것을 의미한다. 그들은 누룩을 복음이라고 해석하여 누룩이 부푸는 것처럼 복음이 전 세계에 퍼진다고 해석하나, 전혀 성경적 근거가 없고, 역시 사사로운 해석에 불과하다. 누룩은 성경에서 한 번도 좋은 의미로 사용된 적이 없다. 구약에서의 누룩은 제사용 빵에는 들어가서는 안 될 불순물이요(출 34:25, 레 2:11; 10:12; 23:6), 신약에서는 예수님께서 거짓 교리를 누룩이라고 칭하셨다(마 16:6,12). 또 어떤 여인이 가루 서 말에 숨겨 넣어 전체를 부풀게 한 것과 같다는 것은 창녀교회인 로마카톨릭이 거짓 교리를 기독교계뿐만 아니라 거듭난 성도들로 구성된 참된 지역 교회에도 확산시켰음을 의미한다. 하나님의 교회는 순결한 처녀(단수, 고후 11:2)요 그리스도의 신부(계 21:2)이지 여인이 아니다. 요한계시록 17장에서 나오는 일곱 산 위에 앉은 그 창녀는 신약교회가 아니라 로마카톨릭 교회이다. 로마카톨릭은 성경적 교회가 아니라 하나의 국가(State)이다. 각국에 대사를 파견한 국가가 또 교회 행세를 하고 있는 것이다. 개신교 목사들이 얼마나 성경을 잘못 알고 있는지 보라.

(2) 독보리

인자이신 주님께서는 좋은 씨를 뿌리셨다. 『밭은 세상이며, 좋은 씨는 왕국의 자녀들이니라. 그러나 독보리들은 악한 자의 자녀들이요, 독보리들을 뿌린 그 원수는 마귀이며, 추수는 세상의 끝이요, 추수꾼들은 천사들이니라. 그러므로 독보리들을 거두어서 불에 태웠듯이 이 세상의 끝에도 그렇게 되리라』(마 13:38-40). 집 주인은 분명히 좋은 씨를 뿌렸는데, 이삭이 패일 때 보았더니 독보리가 나왔던 것이다(한글개역성경은 독보리를 가라지라고 번역했다. 독보리는 밀과 구별이 잘 안되지만, 가라지는 쉽게 구별될 수 있다. 한글개역성경은 독보리를 가리고 있다).

종들이 주인에게 "독보리는 어떻게 생겨난 것입니까?"라고 묻자 주인은 "사람들이 잠자는 동안 원수(마귀)가 와서 뿌리고 가 버렸다"고 대답하셨다(마 13:24,25). 교회 안에서 성도들이 경계심을 늦추고 있을 때 마귀가 들어와 자기 세력들을 심어놓고 가 버린 것이다. 종들이 주인께 "우리가 다시 그것들을 한데 모으기를 원하시나이까?"라고 건의한다. 그랬더니 주인은 독보리를 한데 모으다가 곡식까지 함께 뽑으면 안 되기 때문에 세상 끝까지 기다리라고 만류했다(마 13:28,29).

우리가 이상의 설명에서 알 수 있는 것은 첫째로, 교계는 물론이요 지역 교회 안에는 거듭난 하나님의 자녀들뿐만 아니라, 거듭나지 못한 마귀의 자녀들도 섞여 있으며, 거듭났어도 말씀대로 행하지 않을 뿐 아니라, 성령의 통제도 받지 않고 마귀의 영에 점유된 마귀의 자녀들이 섞여 있다는 점이다. 둘째로, 그들이 교묘히 위장하고, 모방하며, 상황에 따라 기회주의자로서 타협할 때면, 식별이 어렵다는 점이다. 특히 제도화된 교단 교회에서는 그들이 집사, 권사, 장로, 전도사, 강도사, 목사 등의 제직을 맡음으로써 자리를 굳히고 목소리를 내고 있기에 영적 분별 능력을 제대로 갖추지 못한 성도들이 그들을 식별해 낸다는 것은 여러모로 어려운 일인 것이다.

3

영적 권위 대 인간적 권위

하나님께서 그분의 섭리로 세우신 교회와 교단 교세 확장을 위해 사람들이 세운 교회와는 현저한 차이가 있다. 그것은 마치 유기체와 조직체만큼이나 차이가 있는 것이다. 하나님께서 지상에 그분의 교회를 세우셨을 때는 분명한 목적과 동기가 있으셨다. 그것은 예수 그리스도께서 이 땅에 오신 목적과 정확히 일치하는 것이다. 『자녀들이 피와 살에 참여하는 자인 것같이 그 역시 같은 모양으로 동일한 것에 참여하신 것은 자신의 죽음을 통하여 죽음의 세력을 가진 자, 곧 마귀를 멸망시키시며 또 죽음을 두려워하므로 평생을 노예로 속박되어 있는 자들을 놓아주시려 함이니라』(히 2:14,15).

『요한은 아시아에 있는 일곱 교회에 *편지하노니*, 지금도 계시고 전에도 계셨고 앞으로 오실 분과 그의 보좌 앞에 있는 일곱 영과, 신실한 증인이시며 죽은 자들 가운데서 첫째로 나시고, 땅의 왕들의 통치자이신 예수 그리스도로부터 은혜와 평강이 너희에게 있을지어다. 우리를 사랑하시어 자신의 피로 우리의 죄들에서 우리를 씻기시고 하나님 그의 아버지를 위하여 우리를 왕들과 제사장들로 삼으신 그분께 영광과 권세가 영원무궁토록 있을지어다. 아멘』(계 1:4-6).

예수 그리스도께서 이 교회를 사시기 위하여 그분의 피값을 지불하셨다는 사실이 놀랍지 않은가? 이 교회는 순결한 처녀이며 하나님의 피로 사신 하나님의 교회라고 불린다(행 20:28). 이 교회는 개별적으로는 세상으로부터 불러냄을 받은 구원받은 성도이며 집합적으로는 구원받은 성도들의 모임을 말한다. 당신은 이런 교회를 본 적이 있는가? 어떤 교단이 교회 건물을 지어 이런저런 사람들을 모아놓고 교단 교리로 가르치며, 인간의 전통을 성경보다 높이 세우며, 복음의 진리도 형식적으로 전하면서 교회라고 부를 때, 하나님께서 그런 것을 그리스도의 몸 된 교회라고 부르시며 그분의 영적 권위를 부여하시겠는가? 하물며 이교도의 철학과 종교사상까지 교회 안으로 끌어들여 써먹고 있다면 어찌 되겠는가?

하나님께서는 하나님의 교회를 세우기 위하여 부르신 목자에게 이 영적 권위를 부여하시며 그 목자는 영적 권위로 교회를 섬기는 것이다. 이 목자는 양무리를 지배하지 않고 섬기는 하나님의 종이다. 『너희 가운데 있는 하나님의 양무리를 치고 돌보되 마지못하여 하지 말고 자원함으로 하며 더러운 이익을 위하여 하지 말고 준비된 마음으로 하며 하나님께서 맡겨 주신 자들을 지배하려 하지 말고 오직 양무리의 본이 되라』(벧전 5:2,3).

예수님께서는 인자도 섬김을 받으러 온 것이 아니라 섬기러 왔고, 양들을 위하여 자기 생명을 내놓으려고 오셨다고 말씀하셨다(요 10:15). 또 사람이 사람들 가운데서 높임을 받는 것이 하나님께서 보시기에는 가증함이라고 말씀하셨다(눅 16:15). 성직자와 평신도란 용어는 성경에 없다. 예수님께서는 니콜라파를 미워하신다고 말씀하셨다(계 2:6,15). 성직자란 용어는 카톨릭의 성직자들이 회중을 지배하기 위하여 써먹은 것인데, 개신교의 목사들도 그대로 답습하고 있다.

하나님으로부터 영적 권위를 부여받았다는 증거들은 무엇인가?

(1) 그 사람이 행한 지혜와 영력으로 알 수 있다.

(2) 성경에서 벗어나지 않는 교리를 가르치고 실행한다.

(3) 더러운 이익을 탐내지 않는다(한글개역성경은 딤전 3:3, 목사의 자격에서 이 부분을 삭제했다).

(4) 세상에다 자기를 알려 인정받으려 하지 않는다. 하나님의 일꾼이 마귀가 신인 세상으로부터 인정받는다는 것이 얼마나 수치스러운 일인가!

(5) 주님을 두려워하고 첫째로 사랑한다는 간증을 유지한다.

(6) 그리스도의 복음과 진리의 지식을 전파하는 것과 무관하게 교회 헌금을 사용하지 않는다.

(7) 사람들을 교회로 끌어 오려고 인위적인 방법을 쓰지 않는다.

(8) 성도들에게 최상의 영적 양식을 공급하여 성장하게 한다.

(9) 이웃돕기 성금에 앞서 교회 안의 가난한 성도들을 돕는다.

(10) 구령할 줄 모르는 선교사를 해외에 파송하지 않는다.

『그러나 위로부터 오는 지혜는 첫째, 순수하고 그 다음은 화평하며, 친절하고, 양순하며, 자비와 선한 열매들로 가득하고, 편견이 없고, 위선이 없나니 의의 열매는 화평케 하는 자들의 화평 안에 뿌려진 것이니라』(약 3:17,18). 하나님으로부터 영적 권위를 받지 않은 종에게는 이런 지혜가 없다. 성경은 이런 지혜가 없으면, 『만일 너희 마음속에 독한 시기와 다툼이 있으면 자랑하지 말며 진리를 거슬러 거짓말하지 말라.』(약 3:14)고 했나. 그러한 것은 위로부터 온 지혜도 아니고 땅에 속한 것이요 정욕적이며 마귀적인 것이라고 했다(약 3:15).

위로부터 오는 영적 권위를 부여받았다는 증거가 없는 사람이 신학교

(성경도 제대로 못 배운)를 나오고 안수 받았다는 것을 근거로 해서 사역을 하려 했을 때, 그는 인간적인 권위를 행사할 수밖에 없게 된다. 인간적인 권위를 내세우려면 자신이 하나님께서 들어쓰시는 증거들이 없음에도 불구하고 하나님의 종이라는 면을 부각시켜야만 하는 것이다. 현실적으로 볼 때, 하나님의 일을 했더니 하나님께서 먹여 주신 것이 아니라 먹고살기 위해서 하나님의 일을 하는 것으로 바뀌는 것이다. 먹고살기 위해서 하나님의 사역자가 된 사람들의 98%는 사역의 열매가 없다. 이것이 널려 있는 모임(assembly)들인 것을 사람들은 교회라고 부르며 자기들이 다니기에 편리한 곳을 택하게 된다. 하나님께서는 어떤 사람을 그분의 사역자로 부르셨으면 그 사람의 생활을 책임지신다.

『누가 어느 때라도 자기 비용으로 전쟁에 나가겠느냐? 누가 포도원을 만들고 그 열매를 먹지 아니하겠느냐? 누가 양떼를 치고 그 양떼의 젖을 먹지 아니하겠느냐? 내가 이런 것들을 사람으로서 말하고 있느냐? 율법도 이것을 말하지 아니하더냐? 모세의 율법에 기록되기를 "곡식을 밟아 떠는 소의 입에 망을 씌우지 말지니라."고 하였으니 하나님께서 소들에게 관심을 두신 것이냐? 아니면 오직 우리를 위하여 말씀하신 것이냐? 실로 우리를 위하여 기록된 것이니라. 밭 가는 사람은 소망을 가지고 갈아야 하며 소망을 가지고 곡식 떠는 사람도 자기 소망의 참여자가 되어야 하리라. 만일 우리가 너희에게 영적인 것들을 뿌렸다면 우리가 너희의 물질적인 것을 거둔다 해서 그것이 대단한 일이겠느냐? 다른 사람들은 너희에 대한 이 권리에 참여하는데 하물며 우리들이랴? 그러나 우리가 이 권리를 사용하지 아니하고 모든 것을 참는 것은 우리가 그리스도의 복음을 방해하지 아니하려는 것이라. 성전의 일을 하는 사람들은 성전에서 나오는 것을 먹고 제단을 섬기는 사람들은 제단에 있는 것으로 나누어 가진다는 것을 너희가 알지 못하느냐? 이와 같이 주께서도 복음을 전하는 사람들은 복음으로 살아야 한다고 명령하셨느니라』(고전 9:7-14).

세상의 눈으로 보면 어떤 종류의 사람들이 그 안에 모였는지가 중요한 것이 아니라 십자가를 세우고 교회라는 간판만 달면 교회가 되는 줄 안다. 그들은 사람들로 어떤 모임만 만들면 교회인 줄 안다. 교회는 단순한 사람들의 모임이 아니라 세상으로부터 불러냄을 받은 사람들의 모임이다. 여기에 모인 사람들은 복음으로 거듭난 사람들이다. 따라서 그들은 이제 그리스도의 몸 된 유기체에 들어간 사람들을 모아야 세상으로부터 불러냄을 받은 모임인 교회라고 부를 수 있는 것이다.

하나님께서 세우신 목자와 거듭난 성도들이 모였으면 그곳이 천막이건, 가건물이건, 시장이었던 장소이건, 공장했던 장소이건 장소가 아니라 모임이 교회인 것이다. 이 모임은 하나님의 지혜와 영력으로 운영되기에 목사는 인간적인 권위를 행사하면 안 되고 오직 영적인 권위만을 행사해야 한다. 왜냐하면 거기에 모인 그리스도인 개개인은 성령이 내주하시는 성전, 곧 교회이기 때문이다.

1. 누구를 믿는가? 하나님인가 아니면 자기의 배인가?

먹고살기 위해서 사역을 붙드는 사람은 돈 있는 사람이 교회에 오면 올무가 될 수도 있다. 그는 하나님만을 의존하고 바라보기보다는 돈 있는 사람을 의존하고 바라보게 된다. 특히, 당장 지불해야 할 청구서는 쌓이는데, 기도의 응답은 안 되고, 집안에는 먹을 것도 없을 때, 그는 난감하게 될 것이 빤하다. 그러나 하나님을 신뢰하지 못하고 인간을 신뢰했다면 그는 하나님의 종이 아니라 인간의 종이 됨을 알아야 한다. 사역자뿐만 아니라 대부분의 그리스도인들까지도 재물과 질병과 사람들 간의 문제들 때문에 하나님을 찾는 경우가 많다. 하나님과의 온전한 교제 가운데 살고 말씀의 길에서 이탈하지 않는다면, 그 사람은 하나님의 계획 안에 들게 되며 보호받게 된다. 그런 사람들에게 재물, 질병 문제 등은 사소한 일일 수도 있다. 그래서 하나님께서는 우리에게 먼저 하나님의 나라와 그분의 의를 구하라고 말씀하셨고, 그리하면 이 모든 것을 더해 주시리라고 약속하셨다(마 6:33). 진리를 따라 믿음으로 하나님 아버지께 다가가서 온전한 관계를 맺지 않은 채, 잡다한 생활 문제들만을 해결 보려고 한다면 그것은 결코 성도의 믿음의 행보가 될 수 없다. 『그러나 믿음이 없이는 하나님을 기쁘시게 할 수 없나니, 하나님께 나아가는 자는 그분이 존재하시는 것과 그분이 자기를 열심히 찾는 자들에게 보상하는 분이심을 마땅히 믿어야 하느니라』(히 11:6).

말씀이신 하나님을 믿지 않는 사람이 생활의 필요와 더 많은 물질을 원하게 되면 그는 하나님을 섬기는 사람이 아니라 세상을 사랑하는 사람이 되는 것이다. 그 사람이 세상을 사랑하려 했을 때, 하나님께서 그의 기도에 응답하시며 그를 도와주시겠는가? 하나님과의 근원적인 문제도 해결보지 못한 상태에서 물질을 허락한다면 그가 하나님을 올바로 섬기겠는가?

재물이 많아도 하나님을 섬길 수 있다고 말한다면 그는 하나님을 정면으로 반박하는 사람이다. 이는 하나님께서 너희가 하나님과 재물을 동시에 섬길 수 없다고 말씀하셨기 때문이다(마 6:24). 구원을 빙자하여 사람들을 모으는 목사들도 있고, 특별한 은사들을 자랑하며 사람들을 모으는 목사들도 있고, 자기가 대단한 인물이라고 소개하여 사람을 모으는 목사들도 있다. 심지어 어떤 자는 거짓말과 행위로 사람들을 미혹하여 사람들을 모으기도 한다. 결국은 모두 재물과 연계된다. 그들은 집사, 여자집사,

안수집사, 권사, 장로 같은 제직까지도 돈으로 거래하고 있다. 그렇게 해서 거두어들인 돈을 가지고 하나님으로부터 받은 복이라고 거짓말하고 있다. 이것이 라오디케아 교회의 실상이다. 이런 목사들은 자기들의 믿음을 연단받기 위해 불 같은 시련을 겪지 않았다. 그들은 면류관만을 원할 뿐, 십자가를 지기 싫어한다. 성경은 말씀하신다. 『너희가 그리스도의 이름을 위하여 욕을 당하면 복이 있느니라』(벧전 4:14). 『우리가 그와 함께 고난을 받은 것은 함께 영광도 받게 하려 함이니라』(롬 8:17).

사람이 세상적인 것들, 즉 쾌락이나 재물이나 명예 등에 마음을 두게 되면 그런 사람에게는 하나님이 아예 필요 없는 존재가 되거나 아니면 그 순위가 뒤로 처지게 된다. 그래서 신약에서의 첫째 계명은 "하나님을 첫째로 사랑하라"이다(마 22:37,38).

2. 영적 권위에 대한 마귀의 공격

마귀는 성경대로 믿고 실천하는 교회를 공격한다. 이 교회가 지상에서 하나님의 일을 하고 그분의 뜻을 실행하기 때문이다. 반면에, 마귀는 성경대로 믿지 않고 실행하지 않는 교회이면 공격하지 않는다. 성경대로 믿는 교회는 그리스도의 군사들이 모인 집결지요 요새에 해당된다.

(1) 바른 성경을 최종권위로 믿고 실행한다.

(2) 거듭난 성도들만의 모임이다.

(3) 거리에서 설교하며 구령한다.

(4) 성경을 가르칠 수 있는 일꾼들이 있다.

(5) 선교에 열정을 가지고 기도하며 지원한다.

(6) 세상적인 일에 관여하지 않는다.

(7) 교단에 가입하지 않는 독립교회이다.

마귀는 목자를 치면 양무리가 흩어지는 것을 알기 때문에 목자를 공격하기 위해 다양한 방법을 쓴다. 목자를 비방하는 데 주로 헛소문을 퍼트린다. 돈을 좋아한다든지, 어떤 여자와 연관되어 있다든지, 성경에 어긋나게 가르친다든지 등등. 그러므로 목자는 언어, 가르침, 생활, 사역들의 모든 부면에서 『비난받을 일이 없어야』 한다(딤전 3:2). 비난받을 일이란 모두 죄와 연루된 일들이기에 비난받을 일을 해 놓고서 그것을 감추려고 한다면 그는 하나님 앞에 정직하지 못한 사람이 된다. 목자가 비난받을 일을 했다면 당연히 비방을 당해야 되겠지만, 마귀에게 점유되고 이용된 자들은 터무니없는 일을 날조하거나 아니면 사소한 일을 과장해서 공개함으로써 목자의 권위와 신뢰를 잃게 만든다.

목자의 권위와 신뢰를 실추시키는 데에는 목사가 실력이 없다거나 무능하다는 말을 날조하여 퍼트린다. 이 말을 들은 사람들은 앞에서와 마찬가지로 확인을 하려 드는 것이 아니라, 마귀에게 쓰임받은 자들의 말을 신뢰하면서 실족하게 된다. 목자의 가정문제에 헛된 소문을 날조하여 퍼트리기도 한다. 할 말이 없으면 목자와 사모가 사랑이 없다고도 말하며, 사치스럽다고도 말하며, 마치 호화스런 생활을 하는 것처럼 과장하기도 한다. 마귀는 이런 헛소문을 퍼뜨림으로써 목자의 권위와 신뢰를 실추시키려 한다. 이런 헛소문들을 듣게 되면 많은 사람들 가운데서 확인도 불가능하기 때문에 과연 그런가 의심하게 되며, 의심했다면 그때부터 목사의 설교나 가르침이 귀에 들어오지 않게 된다. 그러면 곧 쭉정이가 된다. 마귀는 성도가 이렇게 되기를 바라고 행한 일인데 그는 영락없이 걸려든 것이다. 그렇게 된 그는 곧 실족하게 된다.

3. 성경대로 믿는 교회 내의 싸움

교회를 상당 기간 다닌 사람들이라 할지라도 마귀에 의해 공격당하는 교회와 모임 안에서 어떤 이권 때문에 벌어지는 다툼을 구별하지 못하고 서로 마귀라고 욕하기도 한다. 앞서도 지적했지만 성경대로 실행하지 않는 모임들은 마귀에게 공격을 당하지 않으며 공격을 당해야 할 하등의 이유도 없다. 마귀는 하나님의 복음이 확산되고 바른 진리가 퍼져나가는 것을 싫어하고 두려워하여 방해하는 것이지, 마귀가 시키는 대로 행하고 있는 교회들을 공격해야 할 하등의 이유가 없는 것이다. 물론 성령의 열매가 아닌 것은 모두 마귀에게서 비롯되었다고 볼 수 있다. 하지만, 마귀는 진리와 관련 있는 사역을 공격하는 것이지, 진리와 무관한 일은 공격하지 않는다는 원칙을 알아야 한다.

교단 교회에서는 목사가 신임하는 사람들을 장로, 집사로 선임한다. 장로나 집사가 되면, 그때부터 목사를 견제하려고 하는 경향이 있다. 이 경우 목사가 진리와는 무관한 일을 한 사람일 경우, 그가 과다하게 사용한 경비 때문에 문제가 제기되었다면 그것은 마귀로부터 공격을 받은 것이 아니라 육신적인 일의 일부인 것이다. 육신의 일에는 간음, 음행, 더러운 것, 음욕, 우상 숭배, 마술 외에도 원수맺음, 다툼, 질투, 분노, 투쟁, 분열, 이단들, 시기 등이 있고 살인, 흥청거림, 또 그와 같은 것들도 있다.

여기에 중요한 점이 있다. 많은 목사들이 이 점을 간과하기 때문에 진리와 무관하게 목회를 하면서도 하나님의 종으로서 보호를 받고 있다고 착각하며 사는 것이다. 진리와 무관하게 살면서 교회를 세워 목사를 하고 있다는 것이 하나님 보시기에 무슨 의미가 있는가? 그는 실로 마귀의 종으로 마귀의 짓을 하고 있는 것이다. 그들은 대부분 로마카톨릭과 유사한

정서 속에서 카톨릭의 전통과 의식을 그대로 본받아 답습하고 있다. 로마는 우리 주님께 갖은 모욕을 주어 십자가에 처형하고 그들의 창으로 주님의 옆구리를 찔러 물과 피를 쏟게 했던 자들이다. 그 로마는 그리스도인들을 박해하여 굶은 사자들에게 던져놓고 잡아먹는 것을 구경하며 즐겼던 자들이며, 네로의 궁정에서는 십자가에 매달린 그리스도인들의 고통의 신음소리가 횃불과 더불어 처참하게 퍼져 나갔던 것이다.

콘스탄틴은 그리스도인들을 박해에서 풀어 준다고 선심을 쓰면서 성도들의 믿음을 세상에다 팔아 버렸으며, 변개된 성경을 세상에 확산시켰고 결국 기독교는 그에 의하여 허무맹랑한 종교로 바뀌어져서 나라들을 장악하고 지배하는 권력의 수단으로 변질되었던 것이다. 콘스탄틴의 기독교를 로마카톨릭이 교회라는 이름으로 세상에 박아 놓은 것이 소위 기독교가 되어 버렸다. 마틴 루터가 종교개혁을 했을 때, 그가 항거했던 대로 개혁된 기독교가 이 세상에서 복음의 진리를 전하고 있는가? 아니면, 로마카톨릭의 의식과 전통을 답습한 기독교가 십자가만 달고 교회 행세를 하고 있는가?

세상에 흩어져 있는 신학교들과 교회들은 99%가 친카톨릭 교회사를 기독교 교회사로 알고 있다. 단 1%의 반카톨릭 교회사를 인정하는 교회들만이 하나님 편에 서 있다는 사실을 알고 있는가? 다음 사항을 점검해 보면, 당신이 속한 교회가 그리스도께 속했는지 아니면 마귀에게 속했는지 구분할 수 있을 것이다. 얼마나 많은 교회들이 하나님의 뜻과 무관한 데서 시작하여 마치 하나님과 유관한 것처럼 흉내내고 있는 것을 아는가? 그들은 그들끼리 동류를 이루며 교회통합운동을 벌이면서 성별을 주장하시는 하나님을 대적하고 있는지 아는가? 실로 그들은 마귀의 사주를 받아 마귀의 교회들을 운영하고 있으며 갖가지 비리의 온상이 되어 있고, 썩은 악취가 스며나올 때면 손바닥, 발바닥, 돈, 사람들로 막아 보려 하지만, 새어 나오는 악취는 교인들의 코를 마비시키는 것도 모자라 세상을 기절시키고 있다. 그런 교회들은 세상의 복음화와는 아무런 관계도 없이 그저 교회놀이를 할 뿐이다. 그들은 빛의 자녀들이 아니라 어두움의 자녀들이다. 진리를 행하는 자는 빛으로 온다. 왜냐하면 하나님 안에서 행한 자기의 행위를 나타내어 인정받고자 하기 때문이다. 그러나 악을 행하는 자는 빛을 미워하기 때문에 빛으로 오지 않는다. 『이것이 정죄라. 즉 빛이 세상에 왔으나 사람들이 빛보다는 오히려 어두움을 더 사랑하니 이는 그들의 행위가 악하기 때문이라』(요 3:19).

하나님의 말씀을 무시하고 말씀대로 행하지 않는 자들은 누구라도 불법자들이다. 불법자란 자기 멋대로 행하는 적그리스도들(antichrists)을 말한다. 그러므로 그들은 사탄의 사주를 받은 적그리스도와 한패이며, 사실 그들이 하는 행위란 적그리스도가 오는 길을 닦고 있는 것이다. 『그 악한 자가 오는 것은 사탄의 역사에 따라 모든 능력과 표적들과 거짓 이적들과, 멸망하는 자들 안에 있는 모든 불의의 속임수로 오는 것이니, 이는 그들이 진리의 사랑을 받아들이지 아니하여 구원을 받지 못하였기 때문이라. 이로 인하여 하나님께서 그들에게 강력한 미혹을 보내시어 거짓말을 믿게 하심은 진리를 믿지 않고 불의를 좋아하는 모든 자로 심판을 받게 하려 하심이라』(살후 2:9-12).

(1) 교회 시대에 사도의 표적들을 자랑하며 사람들을 교회로 불러들이는 것은 불의의 속임수라고 하신다. 그들은 사탄의 사주를 받아 사탄이 역사하는 대로 모든 능력과 표적들과 거짓 이적들을 행하여 이름을 높이고 돈을 벌고 있는데, 왜 그들이 그런 것을 하면서 하나님 아버지, 예수 그리스도, 성령의 이름과 능력이라고 속여 써먹고 있는가? 이는 그들이 진리의 사랑을 받아들이지 아니하여 구원을 받지 못하였기 때문이라고 말씀하고 있다.

(2) 하나님께서 왜 그들로 그런 짓을 하도록 내버려 두시는가? 하나님께서는 강력한 미혹으로 그들에게 그런 짓을 하면서 하나님의 일을 하는 것인 양 거짓을 믿게 하시는데, 그 이유는 그들을 벌주시기 위함이다. 진리를 믿지 않고 불의를 좋아하는 자로 심판을 받게 하려 하심이다.

(3) 그들이 그런 괴상망측한 일을 하나님의 일로 가장하기 위해서 할 수 있는 일이란 ① 바른 성경을 덮어라. ② 바른 성경을 피하라. ③ 바른 성경을 감추라. 이 세 박자이다.

그들이 강력한 미혹을 받아 그런 짓을 하나님의 일이라고 믿게 하신 분이 마귀가 아니라 하나님 자신이라고 말씀하신다. 따라서 성경에 없는 것들을 성경에 있는 것인 양 행하며 자기를 높이고(높일 근거도 전혀 없으면서), 돈을 모으고, 돈을 주체할 수 없어 세상일에 관여하여 언론에 들락날락하고, 세상일들을 하면서도 선교라고 이름붙이고, 교회 건물을 더 크고 더 화려하게 지어 성경에 무지한 자들을 유혹하는 형광용으로 써먹고 있는 것이다. 그들은 자기들을 목자인 체 뽐내지만, 주님께서는 그들을 가리켜 이렇게 말씀하신다. 『위선자인 서기관들과 바리새인들아, 너희에게 화 있으리라! 이는 너희들이 과부들의 집을 삼키며 남들에게 보이고자 길게 기도하기 때문이라. 그러므로 너희는 더 큰 심판을 받으리라. 위선자인 서기관들과 바리새인들아, 너희에게 화 있으리라! 이는 너희가 한 사람의 개종자를 얻으려고 바다와 육지를 두루 다니다가 얻고 나면 그를 너희보다 두 배나 더 악한 지옥의 자식으로 만들기 때문이라』(마 23:14,15).

그들은 이 땅에 복음과 진리를 심는 자들이 아니라 오히려 파괴시키고, 있는 믿음까지도 깡그리 없애 버리며 영적 눈을 멀게 해야 사기극을 용이하게 벌일 수 있기 때문에 진리를 가리는 일에 매진하고 있다. 구원을 말하면서 행위를 요구하는 자들이 바로 그들이며, 복음을 말하면서 돈을 챙기는 자들이 바로 그들인 것이다.

이사야 선지자는 이런 상태를 진리가 길거리에 쓰러졌다고 표현했다(사 59:14,15). 거짓 시대에는 진리가 없다. 예레미야 선지자는 경이롭고 무서운 일이 그 땅에서 행해지고 있다고 썼다.『선지자들은 거짓되이 예언하고 제사장들은 그들의 권력으로 다스리며 내 백성은 그렇게 하는 것을 사랑하니 그 마지막에는 너희가 어찌하려느냐?』(렘 5:31)

죄의 사람이 고개를 들고 일어나자 세상에는 거짓이 횡행하게 되었으며 거짓이 모든 사람들의 마음을 점령하게 되었고, 그 결과 모두가 진리를 깨닫지 못하는 세대가 되고 말았다. 예수 그리스도께서는 진리를 깨닫지 못하는 자들을 향하여 이렇게 질타하셨다.『너희는 너희 아비의 일들을 행하는도다."라고 하시더라. 그때 그들이 주께 말하기를 "우리는 음행을 통하여 나지 아니하였으며, 우리에게는 한 분 아버지가 계시니, 곧 하나님이시라."고 하니... 너희는 너희 아비 마귀에게서 나와서 너희 아비의 정욕을 행하고자 하는도다. 그는 처음부터 살인자였으며 진리 가운데 거하지 아니하였으니, 이는 자기 안에 진리가 없음이라. 그가 거짓말을 할 때는 자신에게서 우러나와 한 것이니, 이는 그가 거짓말쟁이요 또 거짓말의 아비이기 때문이라』(요 8:41,44).

자기가 하고 있는 일이 전혀 성경적이지 못하다는 점을 알면서도 자기들이 모은 사람들의 수로 당위성을 입증하려는 것이야말로 가장 가증스런 죄인 것이다. 예수님도 그렇게 행하신 적이 없고, 사도 바울도 그렇게 행한 적이 없고 성경도 그렇게 가르친 적이 없는데, 그러면 그들은 그런 짓을 어디에서 배웠단 말인가? 두말할 것도 없이 마귀에게서 배운 것이다.

예수 그리스도는 진리이시고, 하나님을 아버지라고 부를 수 있는 사람들은 성령으로 거듭난 사람들로서 순결한 처녀라고 불린다. 이런 우리가 거룩하신 하나님 앞에 나오려면 예수 그리스도를 통해서만이 가능하다. 그분이 우리의 중보자시요 변호인이 되시기 때문이다. 뿐만 아니라 그분께 경배드리는 조건은 영과 진리이다. 성경에서 벗어나면 그 어떤 사람도 하나님께 인정받을 수 없음은 자명한 일이다. 그렇다면 어떤 사람들이 하나님의 말씀에서 벗어나서 제멋대로 행하면서 하나님을 섬긴다고 말하는가? 어떤 사람이 말씀에서 벗어나서 행하면서 하나님이 세우신 종이라고 말하는가? 그들은 처음부터 거짓말을 하려고 작정한 자들이다. 그들은 하나님을 속이고, 그들의 추종자들을 속이는 자들이다. 거짓말하고 속이는 자들은 마귀의 종들이지 하나님의 종은 아니다.

교계에 있는 사람들이 성경을 모르게 될 때, 그들은 어떤 영적 분별 능력도 갖출 수 없기 때문에, 소명을 속이고 믿음과 지식을 가장하는 자들에게 속임을 당할 수밖에 없다. 다음 장에서 열거한 일들을 냉정히 살펴서 이렇게 행한 자들이 참으로 하나님을 잘 섬기고 순종하는지 알아야 한다. 여기에 쓰는 내용은 특별한 것이 아니라 여러분이 다니는 많은 교단 교회들에서 자랑스럽게(?) 실행하고 있는 교리들이다. 성령 하나님께서 주님과 임무를 교대하신 것은 교회에 진리를 일깨워 주기 위해서였다(요 14:26; 16:13). 그러므로 성경에 기록된 대로 실행하지 않는 것은 성령님을 거역하는 죄를 짓는 행위이다. 누가, 왜 성령님을 거역하면서까지 자기 뜻을 실행하려고 하겠는가? 적그리스도의 특성이 무엇인가? 자기 뜻대로 행하는 것이다(단 11:3,16,36). 성경을 무시하고 자기 뜻대로 행하는 자들은 하나님의 자녀가 아니라 마귀의 자녀들임을 알아야 한다.

4

그들은 성경적 진리를 배격한다

1. 세례(Sprinkle)

침례(Baptism)란 물에 잠기는 것(Immersion)을 말한다. 누가 침례를 세례, 즉 물 뿌리는 것으로 바꿔 행하고 있는가? 왜 그렇게 행하게 되었는가? 로마카톨릭이었든, 마틴 루터였든, 존 칼빈이었든, 장로교, 감리교, 성결교, 그 누구였든 간에 성경에도 없는 세례를 행하고 있는 것은 성경에 위배된 행위이며 의식이다. 로마카톨릭 교황이 아니라 그 누구라도 성경에 없는 것을 행하는 것은 하나님의 말씀을 거역한 행위이며 그런 행위는 죄이며 이단이다. 예수 그리스도께서는 죄를 제거하시려고 십자가의 질고를 지셨는데, 그들은 죄를 지으면서 예수 그리스도를 믿는다고 말하는데, 그것이 거짓말이 아니고 무엇인가? 거짓말의 아비는 마귀가 아닌가!(요 8:44) 하나님의 말씀을 거역하고 거짓되이 행하면서 굳이 성경에도 없는 세례를 행해야 할 근거는 무엇이며, 또 이유는 무엇인가?

그들의 이런 의식은 콘스탄틴에게서 답습했다. 분별이 없는 행위를 소위 교회 안으로 가져와서 성령으로 거듭나지도 않은 사람들에게 물 뿌려 거듭난 그리스도인인 양 교회에 회원으로 등록해 주고 예배에 참예하게 했다. 하나님께서 영으로 거듭나지 않은 마귀의 자녀가 드리는 경배를 받으시겠는가? 그들은 침례를 세례로 바꾸어 성경을 만들어내어 목사뿐만 아니라 신학교 교수, 책을 쓰는 저자들까지도 하나님의 말씀을 고의로 바꿔 발음하고 있는 것이다. 그들은 어리석은 짓을 하면서 마치 하나님께서 그들의 행위를 용납하는 것인 양 1,600년 이상 그렇게 행하고 있다. 개신교회(Protestants)라고 하면서 로마카톨릭이 시행했던 세례를 그대로 답습하는 것은 수치스런 일이다. 거기다가 어린 아기들에게도 똑같이 물을 뿌려 죄를 사해 주는 방편으로 삼는 것은 성경의 교리를 정면으로 부인하는 행위이다. 『물은 예수 그리스도의 부활하심으로 인하여 이제 우리를 구원하는 모형이니, 곧 침례라. (이것은 육체의 더러움을 제거하는 것이 아니라 하나님을 향한 선한 양심의 응답이라.)』(벧전 3:21).

우리나라 남침례교(대전 침신)는 〈한글개역성경〉의 세례를 침례로만 바꿔 쓰고 있는 무능한 교단이다. 개신 교회들은 마태복음 28:19,20을 주님의 지상 명령이라고 말한다. 그들이 주님의 지상 명령을 잘 준수하는지 보라! 『그러므로 너희는 가서 모든 민족들을 가르치고, 아버지와 아들과 성령의 이름으로 침례를 주며 내가 너희에게 명령한 모든 것을 가르쳐 지키게 하라. 보라, 내가 세상 끝까지 너희와 항상 함께 있으리라."고 하시더라. 아멘』(마 28:19,20).

① 그들은 여기서 아버지와 아들과 성령의 이름으로 "<u>세례</u>"를 주면서 지상 명령을 준수한다고 거짓말하고 있다.

② 주님께서는 "내가 너희에게 명령한 모든 것을 가르쳐 지키게 하라"

고 하셨는데, 세례를 주기에 명령을 거역한 것이다.

③ 따라서 "보라, 내가 세상 끝까지 너희와 항상 함께 있으리라."는 약속과 보장을 저버린 자들이 된 것이다.

이렇게 간단한 명령을 지키지 못하는 자들이 다른 교리들을 지킬 수 있겠는가? 그들은 쉽게 말한다. 우리와 당신들과는 세례만 다르다고. 세례까지도 달라야 할 필요가 없는 것을 그들은 고의로 불순종하면서 그런 말을 하고 있다. 주님께서 성경대로 믿는 사람들을 적은 수라도 남겨 놓지 않으셨다면 누가 진리의 말씀을 지키겠는가? 『만군의 主께서 우리에게 아주 적은 수의 남은 자라도 남겨 두지 아니하셨더라면 우리는 소돔과 같았을 것이며, 우리는 고모라처럼 되었을 것이라』(사 1:9).

하나님의 가장 기본적인 명령도 지킬 줄 모르는 자들이 교회를 크게 짓고 예배하고 선교한다고 떠들어대고 있는 것을 당신은 어떻게 생각하는가? 콘스탄틴의 재위 24년 동안 그는 자신을 감독 중의 감독이라고 불렀다. 대주교(Archbishop)란 명칭은 거기에서 유래된 것이다. 그는 거듭나지도 않았고 영적인 사람도 아니며 성경적 지식도 없는 사람이 영적인 일들을 판단하려 했을 때, 거기서 나온 결과가 비성경적인 것은 너무나 뻔한 일이다. 로마 황제가 그때까지 그리스도인들을 과격하게 박해했던 태도에서 갑작스레 관용적인 태도로 돌변하자 교회들과 그리스도인들의 성격과 행동에 커다란 변화가 일어났다. 검투사들의 격전장이었던 로마의 원형경기장은 장터로 바뀌었고, 이교도의 신전들은 교회의 예배당으로 바뀌었다. 그런 곳들은 믿음 없는 사람들을 모아 교회라는 간판을 붙이고 비성경적인 일들을 지행하는 오늘날의 교회들과 다를 바가 없었다. 비너스, 아폴로, 주피터, 아프로디테 등의 동상들은 베드로, 야고보, 마리아, 요셉, 요한 등의 동상으로 대체되었으며 이교도 사제들의 희생제사의 연기는 기독교 제사장이 태우는 향으로 대체되었다. 이교도의 신비 세계로 입적시키는 유아세례는 어린아이에게 물을 뿌려 교회에 입적시키는 행사로 둔갑시켰던 것이다.

오늘날 제도화된 교단 교회들이 실행하고 있는 모든 의식과 제도는 모두 로마카톨릭에서 본딴 것들이다. 하늘 아래 새 것은 없다. 특히 종교의식은 새로운 창안이 있을 수 없다. 누군가가 전에 했던 일들을 본따서 실행할 수밖에 없는 것이다. 왜 그렇게 해야만 하는가? 그것은 그들이 성경을 최종권위로 여기지 않고 인간이 만든 전통을 의식과 교리로 삼기 때문이다. 그렇다면 로마카톨릭은 그들의 의식과 제도를 어디에서 배워왔는가? 바빌론의 신비종교에서 배워 온 것들이다. 그들이 했던 모든 의식과 제도는 성경적 믿음을 파괴시키고 형식을 권장하여 결국은 믿음 대신 행위를 강조하는 교리로 자리잡았던 것이다. 이교도의 촛대들은 기독교 촛대들로 대체되었으며, 에베소에서 불태웠던 이교도의 책들(행 19:19)은 오리겐과 유세비우스가 날조한 북아프리카의 위조성경으로 대체되었다. 이교도들이 교회로 들어왔을 때 그들은 크리스마스트리(렘 10:3-6)와 부활절 토끼(이스터, 행 12:4)까지 가지고 들어왔다. 뿐만 아니라, 베스타 여신에게 바쳐진 처녀들(Vestal Virgins)도 수녀로 바뀌었고, 제의 입은 제사장들은 제의 입은 사제들로 바뀌었으며 결혼반지, 종교적 행렬, 동상에 입힌 갑옷, 죽은 자들을 위한 기도 등도 교회 안으로 들어와서 교회의 전통으로 자리잡았다. 기독교에 대한 신앙고백(믿는다고 말만 하면 되는)에다 물 뿌림만 받으면 새 신자로 입적되고, 게다가 20개의 금화와 새 옷까지 주는데 어느 이교도가 카톨릭을 거부하겠는가? 왜 거부하겠는가? 더군다나 로마 황제가 그 교회라는데 나가지 않을 이유가 있었겠는가? 로마카톨릭이 만들어 쓰고 있는 모든 명칭이나 의식들은 성경에 없는 것들이다. 일곱 가지

성사 즉, 영세, 견진, 성체, 고해, 종부, 신품, 혼배를 위시하여 교황, 추기경, 대주교, 주교, 사제, 천주(하느님), 성당, 미사, 묵주, 수사, 수녀, 수도원, 수녀원, 호스피스 등 그 어떤 것도 성경에 없는 것들이다.

개신 교회는 어디에서 생겨난 것인가? 루터가 종교개혁을 시작한 이후 1530년에 루터파, 1541년에 장로교회, 1602년에 회중교회, 1785년 감리교회, 1810년 컴버랜드, 1812년 제자회 등이 생겨났다. 오리겐, 필로, 유세비우스, 어거스틴으로 이어지는 맥은 카톨릭의 피를 담아 개신교로 수혈되었고, 개신교의 교황 노릇을 하려 했던 존 칼빈에 의해서 성경에 근거하지 않은 교리로 정착되었던 것이다. 사실 종교개혁은 성경으로 돌아가서 성경적 교리를 실행했던 것이 아니라 어거스틴의 교리로 돌아갔으며 오히려 그것을 극대화시켰다. 벤자민 와필드도 말했다시피 종교개혁은 어거스틴의 교회들에 대한 어거스틴의 은혜 교리의 승리였던 것이다. 교단 교회의 사역자들이 오해하는 것들 중 가장 미진한 부분은 어거스틴을 비롯해서 루터, 칼빈 등 개혁주의자들이 성경을 많이, 그리고 깊이 알고 있을 것이라는 점이다. 칼빈의 기독교강요는 그의 철학이지 성경에 근거한 신약교리가 아니다. 성경적 교리는 하나님의 말씀을 믿고 공부하는 사람들에게 성령님께서 주시는 특별한 계시와 조명이다. 이 말은 아무 책이나 많이 썼다고 해서 계시나 조명을 받았다고 볼 수는 없다는 것이다. 바른 성경에 기초한 바른 교리이어야 한다. 주님은 다비, 벌링거, 라킨, 스코필드, 럭크만 등을 통해 하나님의 오묘한 것들을 성경을 사랑하고 읽으며 공부하는 사람들에게 알게 하셨고, 일하게 하셨던 것이다. 이들은 어떻게 해서 하나님의 오묘한 것들을 찾아낼 수 있었을까? 〈킹제임스성경〉을 열심히 읽고 공부했기 때문이다. 럭크만은 성경을 적어도 160회 이상 정독한 학자이고 150여 권의 깊이 있는 책을 쓴 학자이다. 세례가 로마카톨릭을 통해서 개신 교회에 그대로 흘러들어와 교리화된 데에는 역사적인 측면 외에도 성경을 잘못 해석한 데서 기인된 것도 있다.

『그때 너희 위에 깨끗한 물을 뿌리리라. 그리하면 너희가 깨끗게 되리니 너희 모든 더러움과 너희의 모든 우상들로부터 내가 너희를 깨끗게 하리라』(겔 36:25). 그들은 이 구절을 들어 유아세례의 정당성을 주장하려 한다. 또 신약에서는 요한복음 3:5의 『사람이 물과 성령으로 태어나지 아니하면』에서 물을 세례로 보는 것도 마찬가지이다. 에스겔 36:25은 이스라엘의 회복에 관한 구절이다. 그들이 회심하지 않은 채 팔레스타인 땅으로 돌아오겠지만 대환란을 겪은 후 그들을 우상으로부터 깨끗게 해주시고 새 마음과 새 영을 넣어 주시어 하나님의 백성이 되게 하신다는 약속이지 세례가 아니다. 더군다나 에스겔서는 신약 교회와는 무관한 교리이다. 성경은 어느 구절이나 역사적 적용이 가능하고, 영적인 적용도 가능하나 모두가 신약 교회의 교리가 되는 것은 아니다. 성경을 성경으로 해석하지 못하고 영적으로나 풍유적으로 해석하게 되면, 성경 구절에서 앞뒤도 구분하지 못한 채 자기가 편리한 대로 써먹게 되는데, 이것은 성경을 공부하지 않는 사람들의 무지에서 비롯된 것이다.

2. 전도와 구령(Preaching & Soul winning)

전도라는 말은 설교라는 말인데, 누군가에 의해 시작되어 교계에 확산되고, 특히 성경에 번역된 용어로 자리잡게 되면 쉬 고칠 수 없게 된다. 전도서의 영어 명칭은 "Ecclesiastes, or the Preacher"이다. 솔로몬은 자신을 전도자라고 했다(전 1:1,2). 전도서는 솔로몬이 이스라엘 백성을 향하여 인생이란 무엇인가에 대한 설교이고, 마지막 두 구절에서 인생의 결론을 내리고 있다. 『전체 일의 결론을 들을지니, 하나님을 두려워하고, 그의 계명들을 지키라. 이것이 사람의 모든 의무니, 이는 하나님께서 선이든 악이든 모든 행위와 모든 은밀한 것들을 심판하실 것임이라』(전 12:13,14).

개신교에서 전도라는 말은 세상 사람들을 교회로 데리고 와서 설교를 듣게 하는 것을 말한다. 물론 믿음은 들음에서 나오며 들음은 하나님의 말씀에 의해서이기 때문이다(롬 10:17). 그러나 누구나 하나님의 말씀을 듣는다고 해서 깨닫는 것이 아니다. 인간은 원래 몸, 혼, 영으로 구성되어 있었는데 아담이 하나님께 불순종함으로 인해 죄가 세상으로 들어왔고 그 죄에 의해서 사망이 온 것이다. 모든 사람이 죄를 지었으므로 사망이 모든 사람에게 전달된 것이다(롬 5:12). 여기서 우리는 두 단어를 살펴보아야 한다. 죄와 사망이다. 죄성이란 타락한 성품을 말한다. 사람이 타락한 성품을 지녔다는 것은 그의 영이 죽었다는 말이다. 아담 이후로 태어난 사람들은 모두 영이 죽어 태어난 것이다. 영이 죽어 태어난 사람은 모두 마귀의 자녀들이다. 이들은 영이 죽었기 때문에 영이신 하나님을 알 수 없을 뿐만 아니라, 하나님과 교제도 불가능하다. 이것이 세상 사람들의 실체이다. 그 사람이 무엇을 성취했고, 현재 각 분야에서 두각을 나타내며 일을 한다 해도, 아니 권세를 가진 최고 통치권자라 해도 그는 하나님을 알 수 없는 것이다. 하나님께서 사람을 이렇게 지으셨다.

『주 하나님께서 땅의 흙으로 사람을 지으시고 그의 콧구멍에다 생명의 호흡을 불어넣으시니, 사람이 살아 있는 혼이 되었더라』(창 2:7). 흙에다 생기, 즉 영을 불어넣으시니 사람이 살아 있는 혼이 된 것이니(한글개역성경은 산 영이 되었다고 했는데 그렇다면 사람이 괴물이 되었다는 말이다). 소위 유명하다는 개신교 목사들 옥한흠, 이동원, 김상복, 하용조, 조용기,

김홍도 등은 사람이 괴물이 되었다는 그 성경으로 전도한다며 설교하고 있다. 전도가 제대로 되겠는가? 성경도 제대로 갖추지 못한 사람들이 설교나 제대로 하겠는가? 그들이 성경을 믿지 않기 때문에 방언, 신유, 축사, 문화행사, 록카페, 프렌차이즈 교회 등을 해서 돈이나 벌고 있는 것이다. 참 머리 좋은 사람들이다.

『화평의 하나님 바로 그분께서 너희를 온전히 거룩하게 하시고 너희의 온 영과 혼과 몸이 우리 주 예수 그리스도께서 오실 때까지 책망할 것이 없게 보존되기를 하나님께 기도하노라』(살전 5:23). 『혼과 영, 그리고 관절과 골수를 찔러 가르고』(히 4:12). 『내 혼이 주를 드높이며 내 영이 하나님 내 구주 안에서 기뻐하였도다』(눅 1:46,47). 『이는 그 영과 내가 지은 혼들이 내 앞에서 곤비할까 함이라』(사 57:16).

그들은 이런 성경 구절을 읽고 있으면서도 혼과 영을 구분하지 않고 몸과 영혼이라고 주장하는 것은 또 하나의 이단 교리이다. 하나님을 섬기겠다고 자원하여 성경을 공부했을 사람들이 성경을 무시하고서야 어떻게 하나님을 섬길 수 있겠는가? 그들은 사람들에게 단순히 도만 전하여(전도) 그들을 자기네 교회로 데려와 교회놀이 하다가 그들이 죽으면 지옥으로 보내는 것인가? 전도가 설교라면 무슨 설교를 한단 말인가? 전도란 복음의 진리를 전하는 것이다. 왜 복음의 진리를 전하는가? 마귀에게 점유당한 사람의 혼을 복음을 전하여 믿게 함으로써 그리스도의 나라로 이겨오기 위해서이다. 이 일은 이 세상의 온갖 방법과 수단과 권력과 재산과 사랑과 종교와 교육으로도 불가능하기 때문이다.

『허물과 죄들 가운데서 죽었던 너희를 그가 살리셨으니, 전에는 너희가 그것들 가운데서 이 세상의 풍조를 따르고 공중 권세의 통치자, 곧 지금 불순종의 자녀들 안에서 역사하는 영을 따라 행하였으니 그들 가운데서 우리 모두가 이전에는 우리 육신의 정욕들 가운데서 행하였으며 육신과 마음의 욕망들을 이루어 다른 자들과 마찬가지로 본래 진노의 자녀였느니라. 그러나 자비가 풍성하신 하나님께서 우리를 사랑하신 그의 큰 사랑으로 인하여 죄들 가운데서 죽었던 우리를 그리스도와 함께 살리셨으니 (너희가 은혜로 구원을 받은 것이니라.)』(엡 2:1-5). 『네가 네 입으로 주 예수를 시인하고 또 하나님께서 그를 죽은 자들로부터 살리신 것을 네 마음에 믿으면 구원을 받으리라. 이는 사람이 마음으로 믿어 의에 이르고 입으로 고백하여 구원에 이르기 때문이라』(롬 10:9,10). 『그러나 누구든지 그를 영접한 사람들에게는 하나님의 아들들이 되는 권세를 주셨으니, 즉 그의 이름을 믿는 사람들에게니라』(요 1:12). 『그분께서 우리를 흑암의 권세로부터 구하여 내셔서 그분의 사랑하는 아들의 나라로 옮겨 주셨으니 그 안에서 우리가 그의 보혈을 통하여 구속, 곧 죄들의 용서함을 받았느니라』(골 1:13,14). (한글개역성경, 보혈 삭제. 그리스도의 피가 없이도 죄 사함을 받을 수 있다는 성경이다.)

혼을 이겨오는 일, 이 일은 아무나 하는 일이 아니기에 하나님께서 자기 일꾼들을 일으키시어 세상에 보내시어 잃어버려진 혼들(Lost Souls)을 그리스도께로 이겨오게 하시려고 교회를 허락하신 것이다. 혼들을 이겨오는 일, 즉 "Soul winning"(구령)을 하지 못하거나 하지 않는 그리스도인 개개인이나 그런 그리스도인들이 모인 모임으로서의 교회는 하나님의 교회가 아니다. 자신이 죄인으로 태어났음을 시인하고, 죄의 삯은 사망인 것을 알았다면 그가 죽으면 지옥으로 떨어지는 것이 인간의 운명이다. 그런데 하나님께서 죄인들을 사랑하시어 지옥에 가시 않게 하시려고 그분의 아들 예수 그리스도를 이 땅에 보내시어 십자가에 달려 피흘려 죽게 하심으로써 인간의 죄 문제를 해결해 놓으신 것이다. 예수 그리스도는 우리 인간을 죄의 형벌과 지옥의 심판으로부터 구원하시려고 죽으셨고, 다시 살리기 위하여 부활하심으로 우리도 그분과 같이 죽었다가 다시 살아날 수 있음을 알게 하셨다. 『만일 죽은 자들이 살아나지 못한다면 그리스도께서도 일으켜지지 못하셨으리라. 만일 그리스도께서 일으켜지지 못하셨다면 너희의 믿음도 헛되고 너희가 여전히 너희 죄들 가운데 있는 것이라. 그렇다면 그리스도 안에서 잠든 사람들도 멸망한 것이라. 만일 그리스도 안에서 우리가 바라는 것이 오직 이생뿐이라면 우리는 모든 사람 가운데서 가장 비참한 사람이라』(고전 15:16-19).

아담의 불순종으로 인해 인간은 모두 타락하게 되었다. 타락했다는 것은 영이 죽었다는 말이다. 영이 죽은 사람이 영을 살려 받는 유일한 길은 예수 그리스도를 자신의 구세주로 믿고 받아들일 때, 예수님의 영이신 성령님이 그 사람 안에 들어가 그 사람의 죽은 영을 살려내시는 것이다. 이것이 거듭남이다(Born Again, New Birth). 이 일이 없이 전도로 교회에 등록하고 수십 년 다니며 새벽기도를 포함해서 각종 집회에 빠짐 없이 참석한다 해도 그 사람은 거듭날 수 없는 것이다. 종교행위, 즉 하나님의 말씀을 믿지 않고 자기의 생각과 행동으로 하는 열성은 하나님께 인정받을 수 없다. 하나님께서는 일찍이 아벨의 제사와 카인의 제사로 이 점을 계시해 주셨다(창 4:3-8).

모든 종교행위는 마귀가 관장한다. 교회라고 해서 예외가 되지 않는다. 누구든지 그리스도의 영이 없으면 그리스도의 사람이 아니다(롬 8:9). 목사도 그리스도의 영이 없으면 그리스도의 사람이 아니다. 영이 거듭나지 못했으면 혼도 구원받지 못한다. 혼이 구원받지 못한 사람은 아직 마귀의 자식이다. 집사도 권사도 장로도 부흥사도 선교사도 교사도 그리스도의 영이 없으면 그리스도의 사람이 아니다. 하나님께서는 인간이 노력했다고 해서 그의 노고를 알아주시는 분이 아니시다. 『예수께서 그에게 말씀하시기를 "나는 길이요 진리요 생명이라. 나로 말미암지 않고는 아버지께로 올 사람이 아무도 없느니라』(요 14:6).

너무나 많은 목사들이 구령할 줄 모른다. 몸과 영혼으로 되어 있는 성경으로는 혼이 구원받는다는 중대한 일을 규명할 수 없으며 그것을 규명할 수 없다면 그런 목회는 쓸데없는 일에 불과한 것이다. 하나님의 일이란 하나님께서 보내신 예수 그리스도를 믿게 하는 일이다(요 6:29). 예수 그리스도를 믿어야 지옥에 가지 않고, 죽어도 다시 살아나기 때문이다. 믿고 죽은 사람을 다시 살리시는 것이 하나님의 뜻이시다(요 6:39). 이제 곧 예수님께서 통치하실 천년왕국이 이 땅에 실현될 것인데, 좋은 생활환경과 풍성한 농사, 수확, 각종 과일, 변화받은 인간의 성품, 야수성이 없어진 야생동물, 완벽한 기후조건, 살아 숨 쉬는 물, 살아난 토양으로 되었다 해도 그 나라에서 살 사람들이 몇 명 안 된다면 그 의미가 퇴색될 것 아닌가! 하나님께서 어디서 함께 살 사람들을 데려 오시겠는가? 이 점을 깊이 생각해 본 적이 있는가?(사 11:3-9; 65:17-25)

교회란 구원받은 사람들의 모임인데, 거듭나지도 않은 사람들을 데리고 교회놀이나 하는 것을 하나님께서 용인하시겠는가? 하나님의 뜻도 간파하지 못한 자들이 하나님의 일을 하겠다고 나선 것은 그 자체가 잘못된 것이다. 당신은 공중화장실에서 소변보면서 옆 사람에게 구원받았느냐고 확인한 적이 있는가? 체육관의 러닝머신 위를 달리면서 옆 사람에게 구원받았느냐고 물은 적이 있는가? 한증막에서 복음을 전해 그곳에서 영접기도를 한 적이 있는가? 때와 장소에 구애됨이 없이, 때를 얻든지 못 얻든지 복음을 전한 일이 없다면 당신은 하나님의 일을 하지 않은 것이며, 예수 그리스도의 십자가를 제대로 전하지 않은 사람이다. 하나님의 교회는 복음 전파와 관련된 일로 눈코 뜰 새 없이 바쁘다. 성경에 근거한 주석서와 교리서들을 펴내는 일, 월간 교리 평가지를 만드는 일, 신학생들을 가르치는 일, 크리스찬 중고등학생들을 가르치는 일, 인터넷 신문으로 산 지식을 제공하고 가르치는 일, 각종 자료들을 회원들에게 공급하는 일, 방학 때면 전국 순회설교, 주말이면 거리에 나가서 설교하고 구령하는 일, 각종 전도지 만드는 일 등등. 연세중앙교회에는 전도지는커녕, 헌금봉투 3가지와 영성훈련세미나 안내지만 있었다고 전했다. 이 나라 대형 교회들에는 전도지가 몇 가지나 있는가? 1994년에서 1996년까지 필자가 미국 주요 도시들의 한인 교회들에서 성경핵심강연회를 가졌는데, 그 교회들 역시 전도지는 없고 각종 헌금봉투들뿐이었다. 우리 성경침례교회에는 전도지가 17가지나 있다.

교회가 할 일이 없기 때문에, 각종 촛불집회, 북한인권, 월드컵 축구, 조찬 기도회, 사학법 반대, 뉴라이트 등 갖가지 세상일들에 교인들을 동원해서 쓸데없는 일들을 하는 것이다. 그런 일은 교회가 할 일이 아니다. 교회가 할 일은 일차적으로 복음을 전하는 것이다. 전도만하고 구령하지 않는 교회는 하나님의 교회가 아니다. 그런 그들에게는 그리스도의 심판석에서 받을 수 있는 면류관이 없다는 사실을 알아야 한다.

3. 기도와 기도의 응답

이 세상에서 다단계판매, 건강다이어트식품, 고액의 이자를 불려준다는 투자, 땅 투기, 주식투자, 노름 등은 자신들의 탐욕 때문에 자발적으로 이루어지는 것인지도 모른다. 돈을 떼이고 난 후에 억울해서 후회하겠지만 어디까지나 자신이 그런 일을 할 수 있을 만큼 똑똑하다고 생각해서 내린 판단이기에 낭패를 감수해야 할지도 모른다. 그러나 자기가 알지 못해서 당하는 사기가 있는데 그것이 바로 교회가 하는 거짓말로 사기 치는 일이다. 그것이 바로 기도에 관한 것이다. 거듭나지 않은 채 어떤 교회인지도 모르면서 발을 들여놓은 경우나 거듭났다 해도 아직 영적으로 어려서 분별 능력이 없는 사람들이 많다. 거듭나지 않은 사람은 아예 자연인(Natural man)이기에 그들은 하나님의 영적인 일들을 받아들이지 못한다. 그들의 눈에는 그리스도인들이 하는 일들이 모두 어리석게만 여겨지며 또 알 수도 없는 것은 영적인 일들이기 때문이다(고전 2:14). 한편, 영적으로 어린 사람은 혼이 구원만 받았지 그의 영적 상태는 거듭나지 않은 사람의 수준에서 그리 멀지 않다. 성경에는 기도만 오래하면 응답받는다든지, 누가 어떻게 믿든지 믿는다고만 말하면 하나님께서 모두 응답해 주신다는 기록은 없다. 기도가 응답받는 데에는 엄격한 규칙이 있다. 『율법을 듣는 데서 귀를 돌이키는 자는 그의 기도마저도 가증한 것이 되리라』(잠 28:9). 『내가 내 마음에 죄악을 생각하면 주께서 내게 듣지 아니하시리라』(시 66:18). 『겸손함과 **주**를 두려워함으로 말미암아 부와 명예와 생명이 있느니라』(잠 22:4).

말씀 앞에 겸손하고 하나님을 두려워하는 사람이 하나님을 신뢰함을 그치고, 목사의 말을 신뢰하는가? 『사람의 모든 행위가 자신의 눈에는 옳으나, **주**께서는 마음들을 감찰하시느니라. 정의와 공의를 행하는 것이 희생제보다 **주**께 더 기뻐 받아들여지느니라. 높은 눈과 교만한 마음과 악인의 쟁기질은 죄니라』(잠 21:2-4). 『**주**가 이같이 말하노라. 사람을 신뢰하는 사람과 육신을 그의 무기로 삼는 사람과 그의 마음이 **주**로부터 떠나는 사람은 저주를 받으리라』(렘 17:5).

구원받지도 못했고, 구원받았다 해도 아직 영적으로 성장되지 않은 사람이 하나님의 뜻을 행하기보다는 자신의 뜻을 이루어 보려고 기도하기로 작정하고 밥까지 굶어가며 기도하는 것은 마귀가 침투하기에 가장 좋은 조건을 형성한다는 사실을 알아야 한다. 교회에 다니다가 미쳐 버린 사람들이 많은 것은 바로 마귀가 침투할 조건을 갖췄기 때문이다. 많은 거짓 목사들이 기도하면 복 받는다는 말로 사람들을 끌어들여 기도를 시키고 있다. 그들은 내용도 없는 설교로 사람들을 세뇌시키어 그들로 말을 잘 듣게 만들어 기도가 응답이 안 되는 것은 믿음이 없기 때문이라고 발뺌하면 어리석은 교인들은 그런 줄로 알 뿐이다. 종교로 사기 치는 사기꾼들은 다른 사람들이 영적 세계를 잘 알지 못한다는 점을 이용하는 것이다. 예를 들어 조용기, 김기동, 윤석전 목사 같은 은사주의자들은 자기들의 기도가 응답받은 것이 아니다. 그들의 가짜 은사들이 하나님으로부터 비롯되었다는 소문을 들은 사람들이 몇만 명씩 모여 그 목사들에게 헌금을 주었기 때문이지 그들 자신들이 하나님으로부터 복을 받은 것이 아니다. 하나님께서는 그런 거짓 목사들에게 복을 내려 주실 만큼 어리석은 분이 아니시다. 은사주의자들은 한국뿐만 아니라 세계 도처에서 자기들만이 특별한 은사를 받은 것인 양 헛소문을 퍼트려 사람들을 현혹하고 있는데, 그들에게 속은 사람들이 몰려들면서 그들이 낸 각종 헌금으로 치부하여 교회 건물도 크게 짓고, 부동산도 늘리며 대학교도 세우고, 신문사도 만들고 한다. 거짓 은사를 스스로 자랑하는 자는 누구나 비 없는 구름과 바람 같다고 성경은 정확하게 지적해 주고 있다(잠 25:14). 우리나라도 은사주의 냄새를 풍기지 않으면 쉽게 사람들을 모을 수 없다. 미국도 마찬가지이다. 로드니 브라운, 베니 힌, 케네즈 코플란드, 딕 버날, 스티브 힐, 제이스 넬, 오랄 로버츠, 토니 펍톤, 드와이트 크라우츠, 케네즈 히긴스, T.D. 제이크스, 폴 크라우츠, 존 아반진, 죠이스 메이어, 젤리 샤빌, 제세 두플란티스,

드와이트 톰슨, 지미 스와거트 등등. 이들을 그리스도인이라거나 하나님이 들어쓰시는 종이라고 인정하는 얼간이들은 없다.

기도하는 사람들이 많이 있지만 기도란 응답하시는 하나님의 뜻에 따라 결정되는 문제이기 때문에 어떤 격식이나 열정으로만 되는 것이 아니요 응답하시는 분께서 정해 놓으신 원칙이 있는 것이다. 하나님께서 그리스도인들의 기도에 응답하시는 것은 기본적으로 이 세상에서 하나님의 일들을 하기 위해서이다. 하나님의 일에는 마귀의 방해가 극심하기에 우리는 주님으로부터 도움을 받아야 한다. 『주는 나의 반석이시요 나의 요새시며 나의 구원자시라, 나의 하나님이시며 내가 신뢰할 나의 힘이시요, 나의 방패시며 나의 구원의 뿔이시며 나의 높은 망대시니이다. 내가 찬양을 받으시기에 합당하신 주를 부르리니, 그리하여 내가 내 원수들로부터 구원을 받으리라』(시 18:2,3).

구령이나 선교의 본질에서 벗어난 일들, 예를 들면 교회성장이라든지 은사주의 집회나 교회 건물 짓는 일들, 또 교단들의 잔치 같은 것은 하나님의 일이라고 볼 수 없다. 하나님의 일은 그런 것들이 없어도 행해질 수 있기 때문이다. 아프리카나 남아메리카의 오지, 구소련지역에 가서 복음을 전하는 일은 교회성장, 교회 건축, 교단 행사 등이 없어도 이루어질 수 있는 것이다.

기도란 그리스도인의 특권이다. 기도란 성도가 성령의 능력 안에서 예수 그리스도의 이름으로 아버지께 드리는 경배이다(H.W. Forst). 기도란 성도가 주 예수 그리스도와 대화하는 것이다. 기도란 우리 주님이시며 구세주이신 예수 그리스도의 공로를 통해서 우리가 구하는 것을 얻으리라는 겸손한 확신을 가지고 합당하고 필요한 모든 것을 위해 하나님 아버지께 우리가 원하는 바를 알리는 것이다. 그러므로 기도하는 사람은 자기의 뜻을 앞세우지 않고 하나님의 뜻이 이 땅에서 이루어지는 것을 염원하고 기도해야 한다.

하나님께서는 어떤 사람의 기도를 들으시는가? 『이제 우리가 아는 것은 하나님께서는 죄인들을 듣지 않으시나, 누구든지 하나님을 경배하고 그분의 뜻을 행하면 하나님께서 그를 들으신다는 것이라』(요 9:31). 누구든지 하나님을 경배하고 그분의 뜻을 행하면 들으신다고 약속하셨다. 당신의 경배는 하나님께서 받으시는 경배라고 확신하는가? 당신이 출석하는 교회는 하나님의 뜻 가운데 세워진 교회인가? 바른 성경과 바른 성경적 지식이 선포되며 하나님의 교리가 실행되고 있는가? 그 교회는 영과 진리로 경배드리는가 아니면 방언하고 병 고치고 귀신 쫓는 그런 시시껄렁한 일들을 가져와 예배를 더럽히는가? 북 치고, 통기타 치며, 율동하며, 가스펠송, CCM이라는 것들로 감정을 고조시키며 헌금이나 강조하지 않던가? 『무엇이든지 구하는 것을 그에게서 받나니, 이는 우리가 그의 계명들을 지키고 그의 목전에 기쁨이 되는 일들을 행함이라』(요일 3:22).

당신은 당신의 기도가 합당하게 전해지면 하나님 아버지께서 응답하신다는 확신을 갖고 있는가? 당신이 지금 구하는 것들은 하나님의 사역과 관련이 있는 일들인가? 그렇다면 당신은 하나님의 말씀대로 믿고 따르며 생활하고 있는가? 당신이 생각하고 공언하고 행동하는 일들이 주님을 기쁘시게 하는 일인가? 당신의 기도가 지금까지 응답받았을 때, 적절하게 간증하여 다른 성도들에게 알렸는가? 주님은 성경으로 분명히 계시해 놓으셨다. 『진실로 진실로 내가 너희에게 말하노니, 양우리에 문으로 들어가지 아니하고 다른 길로 넘어 들어가는 자는 도둑이요 강도라. 그러나 문으로 들어가는 이는 양의 목자라』(요 10:1,2).

양우리(교회)의 문이요 말씀이신 예수 그리스도를 통하지 않고 다른 길,

즉 자칭 목사, 교단 교리와 전통, 거짓 은사 등을 내세우고 들어가면 그는 도둑이요 강도이지 하나님이 세우신 목자가 아닌 것이다. 하나님의 사역과 무관한 사람들, 하나님의 말씀도 존귀히 여기지 않는 자들, 심지어 영과 진리로 경배드리지도 않는 자들에게 기도만 하면 복 받는다고 가르치는 것은 속임수이며 마치 예수님이 그렇게 가르친 것처럼 입을 놀려대는 것은 큰 죄악이 아닐 수 없다. 하나님께서 죄인들의 기도, 거짓말쟁이, 사기꾼들의 기도도 들으시는가? 왜 들어 주시겠는가? 하나님도 그들과 한통속이란 말인가?

하나님의 말씀에 순종하지 않는 자들의 기도도 응답하시는가? 하나님의 말씀을 믿지 않는 자들의 기도도 응답하시는가? 왜 하시는가? 그런 자들의 기도에 응답하는 것은 하나님이 아니라 마귀인 것이다. 마귀의 종들은 마귀 짓을 하면서 하나님의 일을 한다고 속이며 마귀가 응답한 기도를 하나님이 하셨다고 역시 속이는 것이다. 하나님의 종들의 기도는 하나님께서 응답하시나, 마귀의 종들의 기도는 마귀가 응답한다. 성경을 변개시키는 일, 복음을 변질시키는 일, 하나님의 교회가 아닌 교회를 세우는 일, 하나님의 일이 아닌 것을 선교란 미명하에 행하는 일, 그리스도의 복음과 진리가 확산되는 것을 흉내내거나 방해하는 일 등은 모두 마귀가 하는 일인 것이다.

기도는 오래 한다고 해서 들으시는 것이 아니다. 『너희는 기도할 때에 이교도들이 하는 것처럼 헛된 반복을 하지 말라. 이는 그들이 말을 많이 하여야 들으리라 생각함이라. 그러므로 너희는 그들을 닮지 말라. 이는 너희가 구하기 전에 너희 아버지께서는 너희가 무엇을 필요로 하는지 아심이라』(마 6:7,8).

당신이 거듭났고, 헌신했으며(롬 12:1,2, 고전 6:19,20), 순종하고, 섬기는 종이라면 무엇을 위해 기도할 것인가를 아는 것이 좋다.

(1) 기도의 제목

① 그리스도의 재림을 위해 기도해야 한다. 성경의 맨 마지막 기도는 『그러하옵니다. 주 예수여 오시옵소서.』이다(계 22:20). 우리는 우리의 왕이 다시 오셔서 이 땅을 통치하시도록 기도해야 한다. 예루살렘의 화평을 위해서 기도하라(시 122:6)는 명령 역시 예수 그리스도의 재림을 위해 기도하라는 말씀이다. 왜냐하면 예수 그리스도가 오시지 않으면 이 땅에는 전쟁이 끊이지 않기 때문이다. 제2차 세계대전 이후에 세계는 98개의 전쟁을 겪었다. 그리스도 없이 평화를 부르짖는 자들은 성경에 무지한 자들이다.

② 우리의 생활을 위해 기도해야 한다. 매일의 양식과 우리의 죄들의 용서와 우리가 시험으로부터 승리하는 것과 우리의 생을 인도해 주시라고 기도해야 한다. 우리는 이 세상의 사람들과 다르다. 우리는 세상의 가치기준에 따르지 않으며 진리를 실행해야 하고 복음으로 다가서야 한다. 때로는 취직도 제한받고, 사업도 선별적이어야 하며, 양심에 어긋나지 않아야 된다. 그러므로 기도해야 한다.

③ 당신의 교회가 맡은 사역들과 그 일들이 효과적으로 이루어져서 많은 사람들이 구원받고 진리에 눈뜰 수 있도록 기도해야 한다. 목자와 일꾼들을 위해 기도해야 한다.

④ 당신이 이 땅에 살면서 더 유용하게 쓰임받아 더 많은 열매를 맺을 수 있도록 건강과 장수를 위해 기도해야 한다(사 38:1-3).

⑤ 개인적인 안전과 다른 성도들의 안전을 위해 기도해야 한다(단 6:22,23).

⑥ 성장하지 못한 그리스도인들의 영적 성장과 성도들의 필요, 질병으로 고통 받는 지체들을 위하여 기도해야 한다.

⑦ 지원하고 있는 선교사들의 사역과 가족들의 건강을 위해서 기도해야

한다.

⑧ 위정자들을 위해서 기도해야 한다(딤전 2:1-4). 이는 그들이 우리의 복음전파에 제재를 가하지 않게 하기 위함이다. 기도하는 사람은 성령의 인도함을 받아야 한다. 하나님의 말씀과 다르게 하는 기도나 알아듣지 못하는 방언으로 기도하는 것은 성령의 역사가 아니라 악령의 역사이다. 하나님은 혼란의 창시자가 아니라 화평의 창시자이심을 알아야 한다(고전 14:33).

(2) 기도하는 방법

① 우리는 끈질기게 기도해야 한다. 끈질기게 간청했기에 재판관은 과부의 원한을 갚아 주었다(눅 18:1-8). 또 끈질기게 문을 두드렸던 사람은 빵을 얻어냈다(눅 11:1-13).

② 우리는 예수 그리스도의 보혈에 의지하고 은혜의 보좌 앞으로 담대히 나아갈 수 있다(히 4:16). 어디까지나 겸손하게 나아가 구해야 한다. 기도는 하나님께 대하여 하는 명령이 아니고 필요를 원하는 자가 전능하신 분에게 호소하는 간구이다. 『내 이름으로 불리는 내 백성이 겸손해지고 기도하며 내 얼굴을 찾고 그들의 악한 길에서 돌이키면 내가 하늘에서 듣고 그들의 죄를 용서하며 그들의 땅을 치유하리라』(대하 7:14).

③ 고백하지 않은 죄를 지닌 채 하나님과 기도로 교제할 방법은 없다. 『우리가 우리 죄들을 자백하면 그는 신실하시고 의로우셔서 우리 죄들을 용서하시며, 모든 불의에서 우리를 깨끗하게 하시느니라』(요일 1:9).

(3) 기도의 조건

① 하나님의 뜻대로 기도해야 한다. 『말씀하시기를 "아버지시여, 원하시면 이 잔을 내게서 옮겨 주옵소서. 그러나 내 뜻대로 하지 마옵시고 아버

지의 뜻대로 하옵소서."라고 하시더라』(눅 22:42).

② 다른 사람에 대한 원망, 시기, 증오, 쓴뿌리를 제거하고 그를 용납해야 한다. 『너희가 서서 기도할 때에 만일 어떤 사람과 적대 관계에 있다면 그를 용서하라. 그러면 하늘에 계신 너희 아버지께서도 너희 허물을 용서하시리라』(막 11:25).

③ 믿음으로 기도해야 한다. 『그러므로 내가 너희에게 말하노니, 너희가 기도할 때에 바라는 것들은 무엇이나 받은 것으로 믿으라. 그리하면 너희 것이 되리라』(막 11:24). 『오직 믿음으로 구하고 아무것도 의심하지 말라. 의심하는 자는 마치 바람에 밀려 요동하는 바다 물결과 같으니 그 사람은 주께로부터 어떤 것이든 받으리라 생각하지 말라』(약 1:6,7).

④ 하나님의 계명들을 지켜야 한다. 『무엇이든지 구하는 것을 그에게서 받나니, 이는 우리가 그의 계명들을 지키고 그의 목전에 기쁨이 되는 일들을 행함이라』(요일 3:22).

(4) 기도에 대한 하나님의 약속들

① 『지금까지는 너희가 내 이름으로 아무것도 구하지 아니하였으나 구하라. 그러면 받을 것이니 너희 기쁨이 충만케 하려 함이라』(요 16:24).

② 빌 4:6,19

③ 요일 5:14,15

④ 히 4:16

그리스도인이 늘 기억해야 할 것은 우리의 기도가 마귀에 의하여 차단되거나 방해받는다는 사실이다. 따라서 죄에 연루된 사람은 아무것도 이룰 수 없다. 자만심이 강한 사람은 기도하지 않는 편이 더 낫다. 우리가 기도해도 응답받지 못한 경우들이 있는데 그 원인이 어디에 있는가? 『보라, 주의 손이 짧아서 구원하지 못하심도 아니요, 그의 귀가 둔하여 듣지 못하심도 아니라. 오직 너희 죄악들이 너희와 너희 하나님 사이를 나누었고 너희 죄들이 그의 얼굴을 너희로부터 가렸기에 그가 듣지 아니하심이라』(사 59:1,2).

(5) 응답받지 못하는 기도(15가지)

① 말씀을 듣는 것을 거부할 때(잠 28:9)

② 하나님을 버렸을 때

③ 하나님을 진노케 했을 때 – 하나님이 하시지 않은 것을 하셨다고 말하거나 하나님께서 부르시지 않으셨는데 부름을 받았다고 말하거나, 하나님께서 주시지 않은 것을 주셨다고 말했을 때, 하나님을 진노케 한다는 점을 알아야 한다.

④ 마음이 완고할 때(슥 7:12,13)

⑤ 잘못된 동기로 구할 때(약 4:3)

⑥ 믿지 않고 구할 때(마 17:19–21)

⑦ 고백하지 않은 죄가 있을 때(요 9:31, 약 4:1–5)

⑧ 죄지을 생각을 하고 있을 때(시 66:18–20)

⑨ 가식적인 기도와 헛된 반복(마 6:5–7)

⑩ 용서하지 않는 마음(막 11:25,26)

⑪ 겸손하지 않을 때(대하 7:14)

⑫ 의심하고 두 마음을 품을 때(약 1:5–8)

⑬ 아내를 귀히 여기지 않을 때(벧전 3:7)

⑭ 가난한 자의 처지를 알고서도 모른 척했을 때(잠 21:13)

⑮ 근심 걱정만 하고 하나님을 신뢰하지 않았을 때 등이다.

돈으로 살 수 없는 것들도 있지만 우리의 생활은 돈으로 대부분의 아쉬움은 해결된다. 따라서 물질이 풍부하면 진지하게 기도하지 않으려는 습성이 있다. 대부분의 그리스도인들은 물질을 얻으려고 기도하지만 먼저 하나님의 사역을 위해 구해야 한다. 하나님께서는 자기 자녀들이 생활의 파고를 헤쳐 나가려고 애쓰는 것을 아신다. 그러므로 진지하게 기도하는 성도들은 응답받은 기도에 대한 여러 가지 간증들을 지니고 있다. 한편, 교회 건물을 크게 지어 사람들을 모은 목사들은 교인들이 모아 준 돈을 하나님으로부터 받은 복이라고 말하고 있다. 그러나 엄격히 살펴보면 그가 얻은 물질은 인간적인 방법으로 얻은 것이지 하나님으로부터 받은 복이 아니다. 세상에서 장사하는 사람들도 그만한 술수와 머리 굴림이 있었다면 그만한 수익을 올릴 수 있지 않겠는가? 차이점이 있다면 이쪽은 하나님의 이름을 들먹거린다는 것이고 저쪽은 그렇지 않는다는 것이다.

무조건 기도만 하면 응답받는다는 것은 지성이면 감천이라는 이교도의 발상에서 기인된 것이다. 거듭난 성도가 전능하신 하나님께 성령의 보살핌으로 자기의 필요를 예수 그리스도의 이름으로 구하는 것이 참 기도이다. 우리는 우리의 뜻을 이루려 하지 않고 하나님의 뜻을 먼저 실현해 달라고 기도해야 한다.

4. 기도원을 찾는 사람들

구약에서는 성전을 기도하는 집이라고 불렀다(사 56:7). 그러면서도 그들은 갖가지 가증한 일들을 자행하였다. 도둑질하고 살인하며 간음하고 거짓 맹세하며 바알에게 분향하고서 알지 못하는 다른 신들이 행했다고 말했다. 그런 자들을 하나님께서 지적하시면서 말씀하시기를 『내 이름으로 일컬어지는 이 집에 와서, 내 앞에 서서 말하기를 "우리가 이 모든 가증한 것들을 행하도록 구원을 받았도다." 하느냐? 내 이름으로 일컬어지는 이 집이 너희 눈에는 도둑들의 소굴로 보이느냐? 보라, 심지어는 내가 그것을 보았도다. 주가 말하노라.』(렘 7:10,11)고 하셨다.

B.C. 600년에 유다에서 일어났던 배교의 모습이 오늘날 한국교계의 모습과 무엇이 다른가? 많은 목사들이 우리가 이 모든 가증한 것들을 행하도록 구원받았다고 말하고 있다. 예수님 당시에 성전에서 사고팔고 장사하는 자들에 의해 성전의 거룩함이 퇴색되고 있었을 때 예수님께서는 성전에 들어가서 그곳에서 사고파는 자들을 내어 쫓으시며 그들에게 말씀하시기를 『기록되었으되 '내 집은 기도하는 집이라.' 하였거늘 너희가 강도들의 소굴로 만들었도다.』라고 하셨던 것이다(눅 19:46, 마 21:13).

오늘날 한국 교회들은 돈버는 곳으로 전락해 버렸다. 하나님께 경배를 드리고 진리의 지식을 배우기 위해 교회에 가는 것이 아니라 많은 사람들이 모이기에 대부분은 예배를 빌미로 각자 자기의 상업적 유익을 위해 얽혀 있는 것이다. 목사는 교회에 헌금을 많이 한 사람이나 사회적 명성이 있는 사람들을 제직으로 임명하여 교회의 기둥으로 삼으려 하며, 그들은 그 제직들을 이용하여 투자한(?) 돈을 환수하려는 의도를 가지고 출석하고 있다. 그들은 또한 선교를 표방하여 돈거래를 하고 있는데 하나님의 사역은 인간의 방식으로 할 수 없다는 것을 그들은 모르고 있다. 한 사람의 혼을 그리스도께로 이겨오는 일은 인간의 권면, 협력으로 이룩되지 않는다. 그 일은 성령님의 도우심으로만 가능한 것이다. 육신이 난무하는 곳에는 성령님이 계실 수도 없으며(갈전 5:19), 그러한 행위는 성령님을 슬프게 하는 일 외에 아무것도 아니다(엡 4:30). 그들은 기도하면 복 받는다고 가르치고 나서 기도하러 오는 사람들로 장사치가 되게 하여 성경 말씀대로 강도들의 소굴로 만들고 있다. 그 사람의 구원의 상태야 어찌 되었든, 그 사람의 믿음이 어떤 상태이든 간에 기도만 오래 하면 응답받는다는 속임수 때문에 그들은 기도하는 집을 한적한 곳에다 짓고 그 이름을 기도원이라고 불렀다. 기도원은 수도원의 대명사가 되었다. 그들은 기도하는 집으로 기도원을 찾아간다. 누구든지 기도만 오래 하면 응답받는다는 속임수에 따른 것이다. 말씀을 듣고 준수할 의지도 없는 사람들이 무조건 기도만 하면 병도 낫고 소원도 이루며 심지어 마귀도 쫓아낸다고 소문냈기 때문이다. 기도원에서 기도하면 지혜와 영력을 얻는가? 누구나 금식만 하면 하나님께서 그를 인정해 주시는가?

거듭난 그리스도인이라 할지라도 성령을 따르지 아니하면 믿지 아니하는 자연인과 다를 바 없다. 성령을 따른다는 말이 무슨 말인가? 성령님은 성경에 위배되는 것은 절대로 가르치지 않으신다는 말이다. 구원받지 않은 사람은 물론이요 구원을 받았다 해도 하나님의 말씀을 준수할 의지가 없다면 그의 기도는 응답되지 않는 것이다. 율법을 듣는 데서 귀를 돌이키는 자는 그의 기도마저도 가증한 것이 되기 때문이다(잠 28:9). 하나님의 말씀에 순종하지도 않는 자들이 육신적인 뜻을 실현하려고 모였다면 그 자리는 하나님과 무관한 자리이다. 그들이 금식하며 혼을 달관시켰다면 절간의 중들의 기원과 하나도 다를 바가 없는 것이다. 그랬다면 그런 곳은 악령의 소굴이 될 수밖에 없다. 악령이 득실거리는 곳에서 금식하며 간구하면 그의 기도에 누가 경청하겠는가? 마귀가 응답하게 된다. 마귀는 하나님을 흉내내는 귀재이다. 이것은 놀랄 일이 아니니 이는 사탄도 자신을 빛의 천사로 가장하기 때문이다(고후 11:14).

기도가 성도들이 하나님과 교통하는 수단인 것을 알고 있는 마귀는 기도하는 사람과 그 방법을 오도함으로써 그 사람과 마귀와의 교통의 수단으로 바꿔 버린 것이다. 만일 당신과 아버지와의 통화를 아버지의 원수가 가로채 들음으로써 모든 것을 알고 당신에게 문제들을 조금씩 해결해 주면서 당신을 혼란케 했을 때 당신이 쉬 속게 되는 것과 같다. 『네 생각으로라도 결코 왕을 저주하지 말고 네 침실에서나마 부자를 저주하지 말라. 이는 공중의 새가 그 음성을 전하고 날짐승이 그 일을 퍼뜨릴 것임이라』(전 10:20). 여기서 공중의 새와 날짐승은 모두 악령을 말한다. 당신에게 기도만 하면 응답된다고 말하면서 새벽에 교회로, 또 기도원으로 인도한 목사가 있다면 그는 하나님의 종이 아니라 마귀의 종임을 알아야 한다. 그들은 멀쩡한 교회 건물을 기도하는 집이라고 부르면서도 또 다른 곳에 기도하는 집을 만들어 놓고 거기서 밥을 굶고 기도만 하면 목적을 이룰 수 있다고 했다면 그것은 성경에서 나온 교리가 아닌 것이다. 예수님께서는 『만일 누구든지 그분의 뜻을 행하려고 한다면, 그 교리가 하나님으로부터 온 것인지 아니면 내가 내 자신에 관하여 말하는 것인지 알게 되리라.』(요 7:17)고 말씀하셨다.

영적으로 깨우치지 못한 사람이 쉽게 범하는 오류는 악령의 역사를 성령의 역사로 오해하는 것이다. 어떤 종류의 능력이든지 능력 비슷한 것만 보면 그것을 하나님께서 응답하셨다고 속이는 것이 바로 은사주의자들의 특징이다. 여기에서 많은 사람들이 현혹된다. 베니 힌은 손으로 사람들의 이마를 밀어 뒤로 넘어지게 하며 이적을 행한 것처럼 흉내내고 성령의 능력을 받은 사람으로 자신을 소개했다. 많은 사람들이 그런 광경을 보거나 실제로 경험을 해보고 하나님의 능력인 양 놀란다. 그러나 그런 일은 성경에 없다. 그런 일을 해서 뭘 이루자는 것인가? 예수님이 그런 짓을 하셨는가 아니면 사도 바울이 했는가? 왜 예수 그리스도의 이름으로 그런 짓을 해야만 하는가? 베니 힌과 같은 은사주의자들은 때로는 목발 짚은 사람들을 돈으로 사서 신유의 대열에 섰다가 안수 받고 목발을 던지면서 할렐루야를 소리치는 것이라고 〈은사주의자들의 광란〉(피터 럭크만, 말씀보존학회)에서 폭로하고 있다. 예수님께서 지상에 계시는 동안 표적들을 행하셨던 것은 자신이 하나님이심을 드러내어 유대인들로 예수님을 왕으로 믿고 영접하게 하기 위함이었다. 그러나 그들은 표적들을 보고서도 믿지는 않고(그가 자기 백성에게 오셨으나 자기 백성이 그를 영접하지 아니하더라. 요 1:11) 계속 표적을 요구하자 예수님께서는 악하고 음란한 세대가 표적을 구하나 선지자 요나의 표적 밖에는 줄 표적이 없다(마 12:39)고 말씀하셨다.

기도란 새벽에 교회에 가서 하는 것도 아니요 기도원에 가서 하는 것도 아니다. 거듭난 그리스도인이 자기 하나님과 교제하려면 조용한 곳으로 가야 한다. 당신은 연인과 교제하려 할 때 사람들이 많이 모이는 곳을 선정하는가 아니면 조용한 곳으로 가는가? 십여 년 전, 우리 교회가 경기도 광주에 있는 충현교회 수양관을 빌려 여름수련회를 한 적이 있었는데, 마당 끝자락에 개집처럼 지어진 것들이 보여 저것이 무엇이냐고 물었더니 기도하는 움막이라고 했다. 나는 생전 처음 보는 것이었으며 그 안에 뱀이라도 들어올 것만 같았다. 기도란 주님과의 교제인데 조용한 곳이어야 되지 않겠는가? 『그러나 너는 기도할 때에 네 골방에 들어가 방문을 닫고 은밀히 계신 네 아버지께 기도하라. 그러면 은밀히 보시는 네 아버지께서 너에게 드러나게 갚아 주시리라. 너희는 기도할 때에 이교도들이 하는 것처럼 헛된 반복을 하지 말라. 이는 그들이 말을 많이 하여야 들으리라 생각함이라』(마 6:6,7). 그리스도인이라면 이처럼 성경대로 해야 되지 않겠는가?

기도의 장소로는 자기 집이 가장 좋은 곳이다. 집에서는 자기가 얼마든지 조용한 시간을 선택할 수 있지 않겠는가? 새벽에 왜 교회에 가야 하는가? 그런 것은 성경에 없다. 성경에 없는 일을 왜 하느라 생고생하는가? 왜 산속으로 기도하러 가야 하는가? 왜 쓰레기봉투 뒤집어쓰고 밤중에 북한산으로 들어가는가? 왜 은혜의 시대에 고생을 사서 하려 하는가? 은혜에 행위를 더하면 그것은 은혜가 아닌 것이다(롬 11:6). 필자는 필자의 서재가 기도하는 방이고 내 의자가 제단이다. 제단 위에 성경과 교회의 수요 기도제목을 펴 놓고 기도한다. 밤 10시에 잠자리에 들면 4시간 정도 자고 깬다. 1-2시간 동안 완전히 깨어 있다. 그 시간 동안 나는 주님과 기도로 교제한다. 우리 교회 성도들의 필요, 질병회복, 영적 전쟁을 겪고 있는 가정들, 우리가 지원하고 있는 해외 선교사들, 우리를 지원하고 있는 국내외 손길들, 교회들, 교회의 필요, 성경대로 믿는 지역 교회들, 금주의 행사들, 군대에 가 있는 형제들, 우리와 교제하는 교회들, 구령하고 거리에서 설교하는 설교자들, 〈한글킹제임스성경〉과 우리가 펴낸 책들의 보급, 말씀보존학회 출판사역, 월간 성경대로믿는사람들 확산, 킹제임스성경신학대학, 서울크리스찬중고등학교, 인터넷신문 바이블파워, 성경적 지식의 보고 바이블마스터 프로그램, 우리 성도들, 우리 동역자들, 이 민족의 복음화, 주님의 조속한 재림을 위해 이 땅의 가짜 교회들이 와해되도록 등등을 위해 기도한다. 그리고 다시 잠을 청한다. 얼마만큼 기도가 응답되는가? 살아계신 하나님께서는 믿음으로 구하는 기도에 잘 응답해 주신다. 그것들을 일일이 어떻게 여기에 다 기록할 수 있겠는가?

(1) 성경침례교회는 1992년 4월 12일 〈킹제임스성경〉 신약성경인 〈새성경〉 위에 세워졌다. 이 땅의 최초의 자생교회이다. 〈킹제임스성경〉을 보고 나를 찾아온 사람들 25명과 성경공부를 하다가 예배드리게 되었다. 의

자 한 개도 없이 남이 세 들어 있는 곳에서 월세로 빌려 창립예배를 드리고 시작했다. 무에서 유를 생성하시는 하나님만을 의지했다. 지금은 620여 평을 소유하고 있다. 이 많은 사역들을 하면서도 나는 한 번도 돈을 꾸러 다녀 본 적이 없다.

(2) 〈한글킹제임스성경〉은 1994년 4월 12일에 출간되었는데, 그때부터 지금까지 성경과 책들이 단 하루도 거르지 않고 보급되고 있다. 우리 교회는 매월 새로운 책들을 출간하여 보급하고 있다.

(3) 나는 목자로서 14년간 사역하는 동안 단 한 번도 성도들의 출석과 헌금에 대해 설교한 적이 없으며 암시를 준 적도 없다. 우리 교회 성도들은 대부분 넉넉하지 못한 삶을 꾸리고 있다. 나는 목자로서 성도들에게 재정적 부담을 주지 않기 위해서 교회의 필요에 대해, 선교에 대해, 어떤 낌새도 보이지 않는다. 성도들은 설, 추석, 목사의 생일 그런 것에 일체 관심을 갖지 않게 했다. 주님이 자신의 일들을 시켜 놓고 수수방관하시겠는가? 『그 날에는 너희가 아무것도 나에게 묻지 아니하리라. 진실로 진실로 내가 너희에게 말하노니, 너희가 아버지께 내 이름으로 구하는 것은 무엇이나 너희에게 주시리라. 지금까지는 너희가 내 이름으로 아무것도 구하지 아니하였으나 구하라. 그러면 받을 것이니 너희 기쁨이 충만케 하려 함이라』(요 16:23,24). 하나님께서 그분의 일꾼으로 부르셨고 그가 주님의 말씀대로 주님을 섬긴다면 그의 기도에 응답해 주시어 일하게 하신다. 새벽에 교회에 가지 않아도, 기도하러 산속이나 기도원에 가지 않아도 기도에 응답해 주신다. 그렇게 낭비할 시간이 있으면 성경을 읽으라.

5

성경과 성경을 다루는 사람들

성경이 하나님의 말씀인 것을 모르는 사람은 거의 없다. 다만, 믿지 않는 사람들이 있을 뿐이다. 과학, 진화론, 공산주의, 일본 군국주의, 독일의 제3제국, 로마카톨릭, 세상종교, 세상교육, 정치, 언론, 경제, 사회, 예술, 체육, 문화와 세상제도 모두가 성경을 대적하는 것만 봐도 거기에는 심상치 않은 뭔가가 있는 것이 분명하다. 이 세상의 신은 마귀이다. 이 세상의 제반 체계는 마귀에 의하여 창안되고 또 운영되고 있다. 이들 체계가 하나님을 대적하고 있는 것은 간단히 얻을 수 있는 답이다. 하나님께서는 이런 세상제도 아래 살고 있는 마귀의 자녀들을 지옥에 보내지 않기 위해서 인류를 위한 하나님의 구원 계획을 마련하셨던 것이다. 이것이 갈보리 십자가에서 피흘려 죽으신 하나님의 어린양이신 예수 그리스도시다.

이 세상에 타락한 죄성을 지니고 태어난 마귀의 자식은 세상에 사는 동안 죄의 생활을 하다가 죽으면 몸은 흙으로 돌아가지만 그의 혼은 지옥으로 떨어져 영원히 고통을 받게 되는 것이 하나님의 심판이다(히 9:27). 이런 인간이 길게 살아도 70-80년인데(시 90:10) 그 기간도 수고와 슬픔뿐이다. 불티가 위로 날아가는 것과 같이 사람은 고생하려고 태어났다고 규정해 놓으셨다(욥 5:7). 그야말로 인간은 소망 없이 태어나 소망 없이 살다가 소망 없이 죽게 된 존재이다. 자랑할 것도 없고, 잘났다고 목에 힘줄 일도 없다. 그 누구라도 나이를 먹게 되면 기력도 쇠약해지고, 눈도 흐리고 머리카락도 희어지고 빠지며, 이도 빠지고, 다리에 힘도 빠지며 피부도 쭈글쭈글해진다. 인간은 진화되는 것이 아니라 점점 퇴화한다. 그래도 멍청한 진화론자들은 만물이 진화한다고 떠들어대면서 어린 학생들을 교육으로 세뇌시키고 있다.

그리스도의 십자가의 죽으심과 삼 일 동안 무덤에 묻히심과 삼 일 후에 부활하심은 성경에 기록되어 있다. 자기가 마귀의 자녀로 태어난 죄인이란 사실을 시인하고 예수님께서 죄인의 죄를 위해 십자가에서 죽으셨기에 죄 문제를 다 해결해 주셨다는 사실을 믿고 그분을 구세주로 받아들이면 죽은 영이 거듭나고 혼이 구원을 받게 된다. 이것이 죄로 인해 죽고 지옥에 갈 수밖에 없는 죄인들을 위해서 예수 그리스도께서 마련해 놓으신 복음이다.

성경은 예언의 책이다. 성경에는 약 800여 가지의 예언들이 있는데, 약 450여 가지는 지금까지 문자적으로 성취되었고 나머지 약 350가지는 이제 곧 성취될 것이다. 주님이 공중에 재림하시면 구원받은 성도들이 휴거되고 하늘에서는 그리스도의 심판석과 어린양의 혼인식 등이 거행되나 땅에는 7년간 유사 이래 전무후무한 대환란이 시작된다. 로마카톨릭에서 나온 적그리스도가 예수 그리스도의 행세를 하며 극심한 고난을 주게 된다. 특히 유대인들은 사해 남부 페트라로 피난하여 출애굽 당시의 광야의 고난을 재현하게 될 것이다. 주기도문은 이때에 해당되는 기도이다. 살려면 적그리스도가 제시한 짐승의 표를 받아야 식량과 생필품의 배급을 받게 되지만 거부하면 목베임을 당하게 된다. 그러나 살기 위해 짐승의 표를 받으면 지옥의 형벌을 받게 된다. 이 기간 동안 세계 인구의 4분의 1이 죽게 된다. 유대인은 다 죽고 144,000명만 남게 된다. 로마카톨릭의 지휘 아래 러시아와 아랍 국가들과 UN의 군대가 조그만 땅 이스라엘을 진멸시키려고 공격해 올 때, 하늘에서 갑자기 예수 그리스도와 그의 군대들이 내려와서 단 하루 동안에 이스라엘의 적들을 진멸시키고 유대인들을 도왔던 민족과 대적했던 민족을 심판하게 될 것이다(마 25장). 이것이 아마겟돈 전쟁이다. 그리고 주님은 이 땅에 천년왕국을 수립하시어 이스라엘 땅 예루살렘에다 본부를 정하시고 의와 화평의 통치를 시작하시게 된다. 이 때, 은혜 시대에 구원받은 성도들은 왕과 제사장으로서 주님과 함께 통치하게 된다.

성경에서 이런 엄청난 사실을 말씀하고 있는데 누가 감히 부인할 수 있는가? 지난 2천 년 동안 로마카톨릭, 모슬렘, 다른 종교들, 과학자들과 진화론자들, 세계 전쟁 영웅들, 정복자들, 왕들, UN 등 그 누구도 이 사실을 부인하지 못했다. 설령, 어떤 자가 나와서 성경을 부인하노라고 외쳤다 해도 성경은 부인될 수 없는 것이다. 예수 그리스도의 탄생을 기점으로 해서 세계인들은 달력을 쓰고 있다. 영국의 왕, 미국의 대통령이 선서할 때나 각국 법원에서 증인들이 거짓말하지 않겠다고 선서할 때는 성경에다 손을 얹고 한다. 왜 그런가? 성경이 하나님의 권위이기 때문이다. 이 세상에서 성경은 절대권위(Absolute Authority)로 확고하게 서 있는 것이다. 이 성경은 그 기록된 대로 믿어야만 하는 책이다. 그 안에는 인간의 심성으로는 이해하고 수용할 수 없는 사실들이 너무나 많이 있다. 이 책을 믿을 수 있으려면 한 가지 조건이 있는데, 그것이 성령으로 거듭나야만 하는 일이다. 거듭나지 않은 사람이 이 책을 믿으려고 읽고 공부하고 신학교를 나오고 신학박사 학위를 받았다 해도 알 수 있는 것은 그 안의 피상적인 사건들 정도에 불과하다. 예를 들면, 고래가 요나를 삼켰다가 삼 일 만에 토해냈다는 마치 우화 같은 일에 한정될 뿐이다. 왜 고래가 요나를 삼켰는지, 왜 삼 일 밤낮을 요나가 고래 뱃속에 있다가 삼 일이 지나서야 토해내게 되었는지 영적인 심도를 모르는 것은 물론이요, 다른 성경과 연계된 사실도 모르며 더 나아가 예수 그리스도의 죽음과 장사, 부활과 연계된 영적 사실들도 모르게 된다. 뿐만 아니라, 그런 사실도 믿지 못하는 사람에게 만약 성경 어디에 고래가 요나를 삼킨 것이 아니라 요나가 고래를 삼켰다고 기록되어 있다는 것이 발견되면 믿지 못할 것은 뻔하다. 성경에는 요나가 고래를 삼켰다는 기록은 없지만 성경 독자가 임의로 부인하며 옆으로 제쳐놓아서는 안 된다는 말이다. 믿음이 없이는 하나님을 기쁘시게 할 수 없다(히 11:6).

그렇다면 성경을 믿을 수 있는 사람들을 만들어내려면 우선 그리스도의 복음을 전하여 죄인들로 예수 그리스도를 마음에 믿고 입으로 고백하여 영이 거듭나게 해야 한다. 그러면 그의 혼이 구원받게 된다. 하나님께서는 이 일을 하겠다고 자원하는 사람들에게 하나님의 말씀을 체계적으로 공부할 수 있는 계기를 허락하셨고, 그들이 낸 증거들을 보고 하나님의 교회를 세우게 하시어 그 위대한 과업을 위탁하시는데, 이러한 하나님의 섭리를 무시한 자들이 기독교계에 등장하여 하나님의 권위(영적 권위)를 무시해 버리고 인간적 권위로 그 일을 대신하겠다고 나선 것이다. 이것은 하나님의 일에 인간의 힘과 술수로 밀어붙이는 폭력인 것이다. 이것은 마치 침례인 요한이 예수 그리스도의 선두주자로 와서 "회개하라 천국이 가까웠느니라."고 외쳤으나 하나님의 선지자의 말은 외면한 채 메시아를 거절하고 자기들의 힘과 술수로 지상에 그리스도 없는 왕국을 수립하려 했던 대제사장, 서기관, 율법사, 바리새인들과 흡사한 것이다. 『침례인 요한의 때로부터 지금까지 천국은 폭력을 겪고, 폭력을 쓰는 자들이 힘으로 그것을 차지하느니라』(마 11:12).

하나님을 대적했던 자들이 로마 바티칸 국가(State)를 세워 그리스도의 복음은 치워 버리고 바빌론의 신비종교에서 하늘의 여왕인 세미라미스를 가져와 성모 마리아라고 이름붙이고 갖가지 비성경적 만행을 저질러 온 것이다. 그들 중에 거듭난 사람이 있는가 보라! 그들의 비성경적 비리에 염증을 느껴 참을 수 없게 되자, 로마카톨릭 사제였던 독일인 마틴 루터가 1517년 10월에 독일의 비텐베르크 성당 문에 95개 조항의 반박문을 공고함으로써 카톨릭이 저질러 놓은 반성경적 작태들을 공개하여 종교개혁의 기치를 들어올렸다. 그러나 개혁이 되는가 했는데, 거듭나지 않은 다른 무리들이 개신교도(Protestants)라는 이름을 내걸고 전에 로마카톨릭이 했던 것과 동일한 길을 가면서 예수 그리스도를 믿는다고 거짓말해 온 것이다. 이들도 영이 거듭나지 않은 사람들이었음이 판명되었다. 영이 거듭나지 않은 사람들은 하나님의 자녀도 백성도 아니다. 영이 거듭나지 않은 사람들의 특징은 성경을 거부한다. 그들은,

(1) 하나님을 두려워하지 않는다.

(2) 성경대로 믿지 않는다.

(3) 복음을 형식적으로 전하며 사람들의 혼을 그리스도께로 이겨오지 않고 전도로 사람들을 교회로 데려와 물 뿌려 교인명부에 올려놓고 새벽기도부터 권장한다.

(4) 그들은 예수 그리스도 없이 이 땅에 천년왕국을 수립하려 한다.

(5) 교단을 만들어 교세를 확장하고 갖가지 정치적인 일들에 관여하며

교회통합운동을 벌이며 로마카톨릭과 공조한다.

(6) 성경적 교리를 거부하고 교단 교리로 세뇌시킴으로써 믿음이 자라지 못하게 한다.

(7) 그들은 성경적 교회상을 무시하고 인간적 발상으로 교회 건물들을 세워 주로 교단적 관심사만 처리한다.

(8) 목자라는 자들은 복음 전파와 진리의 지식으로 양무리들을 양육하지 않고 세상에서 인정을 받음으로써 또는 거짓 은사들을 자랑함으로써 사람들을 모아 대형화를 이루며 부를 축적하고 그 숫자와 부로 자기들의 거짓 교리들을 가리기도 하고, 자기들의 비성경적 교리를 정당화시키려 한다. 그들 안에 거룩하신 하나님께서 계시겠는가? 이것이 라오디케아 교회의 실상이다. 라오디케아 교회의 특징은 배교이다.『아무도 어떤 모양으로든지 너희를 미혹하지 못하게 하라. 이는 먼저 배교하는 일이 이르지 않고, 또 그 죄의 사람 곧 멸망의 아들이 나타나지 않고서는 그 날이 오지 아니함이라』(살후 2:3). 배교한 교회 안에는 그리스도께서 계실 수가 없기 때문에 교회 밖에 계시는 것이다.『보라, 내가 문 앞에 서서 두드리노라. 누구든지 내 음성을 듣고 그 문을 열면 내가 그에게로 들어가서 그와 함께 먹으며 그도 나와 함께 먹으리라』(계 3:20).

성령으로 거듭나지 않은 사람들은 성경을 믿으려고 애를 써도 믿을 수 없게 되며, 그런 자들이 신학교를 나와 목사안수를 받아 교회를 세웠다 해도 성경을 믿을 수 없는 것이다. 왜냐하면 영적인 일은 영적인 사람만이 할 수 있기 때문이다. 설령 어떤 사람이 거듭나지 않고서도 흉내를 내려면 낼 수 있지만, 사람의 속마음을 살피시는 하나님의 눈에는 가증할 뿐이다.

이 거듭나지 않은 사람들이 하나님의 일을 하려고 할 때, 인간적인 권위를 행사하며 영적인 권위를 대신하게 되는데, 이때에 교회는 철저하게 변질되고 황폐화된다. 그의 안에는 하나님의 말씀을 믿을 수도 없고, 실행할 의지도 없기 때문이다. 오늘날 한국 교회들이 복음을 형식적으로 전하면서 세상일들에 연루되고 돈벌이 하는 곳으로 변질된 원인은 그들이 말씀대로 실행할 수 없는 데서 기인된 것이다. 그들 목사들이 거짓말로 변명하지 않는다면 이것은 정확한 지적일 것이다. 하나님으로부터 영적 권위를 받지 않은 자들이 하나님의 일을 하려고 나섰을 때, 그들은 성경을 수용할 수 없게 된 것이다. 그러므로 마귀는 그들을 시켜 하나님의 말씀을 고치기 시작했다. A.D. 60년경에 사도 바울은 이 점을 지적했다. 일단의 마귀의 종들이 성경필사본을 변개시켰고, 그 목적은 이기적인 것이라고 지적했다. 『우리는 하나님의 말씀을 변개시킴으로써 *이익을 취하는* 여러 사람들과 같지 않고 오직 성실함으로써 또 하나님께로부터 난 자로서 하나님 앞에서와 그리스도 안에서 말하노라』(고후 2:17). 이것은 사람들이 잠자는 동안 그의 원수가 와서 몰래 곡식 사이에 독보리를 뿌리고 가 버린 것과 같은 일이었다(마 13:25).

하나님께서는 영감으로 기록하시고 섭리로 보존하신 성경을 그리스도인들에게 주셨다. 구약은 히브리어 맛소라 원문으로, 신약은 헬라어 표준원문(Textus Receptus)으로 주셨다. 복음이 예루살렘과 유대와 사마리아와 땅끝까지 확산되면서 이 성경은 자국의 언어들로 번역되었다. 마틴 루터는 독일어 성경을 번역하였다(1536). 영국 왕 제임스 1세는 대영제국에서 신실한 학자들을 42명이나 모아 영어 〈킹제임스성경〉을 번역케 하였다. 〈킹제임스성경〉이 영국에서 번역된 후 그 성경에서 무려 800여 개의 언어로 번역되었으며, 〈한글킹제임스성경〉도 성경침례교회의 문서선교를 맡고 있는 말씀보존학회에서 1994년 4월 12일(히브리서 4:12) 번역 출간되었다. 하나님께서는 〈킹제임스성경〉을 출간한 대영제국을 해가 지지 않도록 번영케 하셨으며, 세계 각국의 위치(위도와 경도), 시간, 단위 등은 영국의 그리니치(Greenich)가 기점이 되게 하셨다. 하나님께서는 영국의 언어를 세계 언어로 만들어 주셨다. 만일 윈스턴 처칠이 밸푸어 선언(1917.11.2) 이후 유대인들을 배반하지 않고 약속을 지켜 그들에게 팔레스타인 땅을 주어 안주하게 했더라면 영국은 빅토리아 여왕 시대(1819-1901)의 번영을 지속적으로 누렸을 것이다. 그러나 처칠은 유대인들을 배척한 인물로 큰 실수를 범했던 것이다. 그때부터 영국은 몰락의 길을 걸어오고 있다.

한편, 마귀는 하나님의 말씀이 확산되면서 그리스도의 복음이 전파되고, 사람들은 〈킹제임스성경〉으로 진리의 계시들이 조명을 얻고, 미국과 영국에서는 부흥의 불길이 일어나자 급하게 된 것이다. D.L. 무디, 찰스 피니, 빌리 선데이, 요한 웨슬리, 조지 휫필드, 조나단 에드워드 등이 대서양을 오고가며 복음을 전하여 수백만 명이 구원받고 윌리암 캐리, 헨리 마틴, 아도니람 저드슨, 허드슨 테일러, 존 페이튼, 데이비드 리빙스턴 등을 통하여 아프리카, 이란, 인도, 중국, 버마, 남태평양의 식인종들에게까지 선교의 열기가 미쳤다. 마귀는 이 복음의 열기를 끌 수 있는 방안을 강구하게 되었고, 그것이 곧 거짓 성경을 만들어내는 일이었다. 로마카톨릭은 북아프리카 알렉산드리아에서 오리겐, 유세비우스, 제롬 등을 거쳐 1582년 〈림즈 듀웨이 성경〉(Rheims-Douay)을 만들어냈다(자세한 것은 〈한글킹제임스성경〉 서문 참조).

〈한글개역성경〉은 족보가 없는 성경이다. 〈영어개역성경, RV, 1881)이 웨스트코트와 홀트가 만든 헬라어 신약성경에서 번역되어 나오면서 그들은 〈킹제임스성경〉을 개역했다고 헛소문을 퍼트렸지만, 그것은 〈킹제임스성경〉을 개역한 것이 아니고 예수 그리스도의 신성을 포함해서 무려 36,000

군데 이상을 변개시켰던 것이다. 〈한글개역성경〉은 〈영어개역성경〉을 중국어로 번역해 놓은 것에서 한글로 그대로 옮긴 중국어 성경의 한글판이다(1938). 족보도 없고, 번역자도 없는 것을 대한성서공회가 주워다가 자기들의 판권으로 써먹은 것은 또 하나의 부정인데, 한국 교계는 원래 영적 눈이 멀어 있기 때문에 대한성서공회가 속이는 대로 따라 속고 있다. 한국 교회 역사 120년 동안 바른 성경에 대한 열정을 지녔던 사람은 단 한 명도 없었다. 그들은 바른 성경이 없이도 하나님을 믿고 섬길 수 있다고 여겼던 것같다. 〈한글개역성경〉은 번역의 미비함은 두말 할 것도 없고 중국어를 그대로 한글로 옮겨오다 보니, 우리의 사전에도 없는 말들이 자주 등장하며 신약에서만도 2,200단어 이상이 삭제되었다. 대한성서공회에는 원문비평학을 공부한 전문가도 없었다. 그들은 이 성경의 미비함을 진작 알고 이를 탈피해 보려고 〈공동번역성서〉(1978)를 카톨릭과 개신교 합작으로 펴냈으나 아무도 쳐다보지도 않았고, 그 뒤로 〈표준새번역〉(1992)을 만들어 백방으로 홍보하고 로비했으나 역시 소외당하고 말았다. 그들은 하는 수 없이 〈한글개역성경〉을 70,000군데나 개정하여 〈개역개정판〉을 내놓았으나 사람들은 그것을 신뢰하지 못하기에 여의도 순복음교회와 몇몇 교회 외에는 서로 눈치만 살피고 있다. 한국 교회는 대한성서공회가 버린 〈한글개역성경〉을 여전히 울며 겨자 먹기 식으로 움켜쥐고 있는 것이다. 앞으로 정략적인 목적으로 〈개역개정판〉을 쓰는 교회들이 나오겠지만 이것은 교인들을 두 번 속이는 일이 될 것이다. 〈개역개정판〉이란 잘못된 〈한글개역성경〉을 다시 고친 것인데 기준이 없이 고친 것이기에 오류를 감당할 수 없음은 뻔한 인이다.

열매를 보면 나무를 알 수 있듯이, 그 사람이 쓰는 성경을 보면 그 사람이 하나님의 종인지 마귀에게 쓰임받는 종인지 쉬 알 수 있다. 마귀는 복음을 가리고 진리의 지식을 확산시키지 못하게 하려고 변개된 성경을 던져 놓았는데, 어리석은 마귀의 종들은 그것을 하나님의 말씀으로 알고 붙들고 있는 것이다(① 〈하나님께서는 한 가지 성경만을 쓰셨다〉, ② 〈현저한 차이〉, ③ 〈영원히 세워진 주의 말씀〉, 이송오 저, 말씀보존학회 참조).

성령 하나님께서는 마귀가 펴낸 성경을 쓰는 사람에게는 어떤 조명도 주지 않으시며, 복음의 능력도 주지 않으신다. 하나님께 쓰임받은 필라델피아 교회 시대(1500-1930)의 목사, 선교사, 부흥사, 성경교사 등은 모두 〈킹제임스성경〉을 하나님의 말씀으로 믿었던 사람들이었다. 로저 윌리엄스(침례교), 토마스 웹, 윌리엄 스트로브릿지, 필립 엠므리, 피터 카트라잇, 로렌 조다우, 샘 존스, 쉘든 잭슨, 빌리 브레이, 찰스 구드리 등은 감리교 설교자들이었다. C.T. 스터드, 고든, A.J. 크로닌, 얼 등은 장로교 설교자들이었다. 테일러, 모간, 고포드, 피스크, 구세군의 부스 장군, 블리스 선장, 위대한 찬송가 작가 패니 크로스비, 윌버 채프맨, 게벌라인, 패팅걸, C.I. 스코필드, 밥존스대학 설립자인 밥 존스 시니어, 프랭크 노리스 등은 모두 〈킹제임스성경〉을 썼던 사람들이었다. 오늘날 그들의 이름을 회자하면서도 그들과 다른 성경, 다른 교리, 다른 신앙체계를 가진 한국의 목사들은 하나님의 쓰시는 종들인가? 아니면 마귀의 꼬임에 놀아난 자들인가? 그들은 성경도 제대로 갖추지 못하고 믿을 성경도 없는 무신론자들인 것이다. 성경은 그들을 이렇게 지적하고 있다. 『그러한 자들은 거짓 사도들이요, 기만하는 일꾼들이요, 자신들을 그리스도의 사도들로 가장하는 자들이라. 이것은 놀랄 일이 아니니 이는 사탄도 자신을 빛의 천사로 가장하기 때문이라. 그러므로 사탄의 종들이 의의 종으로 가장한다 하더라도 큰 일이 아니니라. 그들의 종말은 그들의 행위대로 될 것이니라』(고후 11:13-15). 『그들은 불의의 대가를 받게 되리니 대낮에 흥청거리는 것을 낙으로 여기며, 너희와 더불어 잔치를 즐기는 동안에도 자신들의 속임수로 방탕하니 그들은 점과 흠이요』(벧후 2:13).

하나님께서는 마귀가 성경을 변개시킬 것을 미리 아시고 성경에 3군데 파수를 세워 두셨다. 성경 앞쪽에, 중간에, 그리고 맨 마지막에 세우셨다. 『너희는 내가 너희에게 명령한 그 말씀에 더하지도 말고, 거기에서 빼지도 말고, 내가 너희에게 명령하는 주 너희 하나님의 계명들을 지킬지니라』(신명기 4:2). 『너는 그분의 말씀들에 더하지 말라. 그분이 너를 책망하실까 함이며, 네가 거짓말쟁이가 될까 함이라』(잠 30:6). 『이는 내가 이 책의 예언의 말씀들을 듣는 각 사람에게 증거함이니 누구든지 이것들에 더하면 하나님께서 이 책에 기록된 재앙들을 그에게 더하실 것이요 또 누구든지 이 예언의 책의 말씀들에서 삭제하면 하나님께서 생명의 책과 거룩한 도성과 이 책에 기록된 것들에서 그의 부분을 제하여 버리시리라』(계 22:18,19).

마귀는 파괴자이다. 사람의 인성을 파괴시키며, 가정을 파괴시키고, 하나님의 교회를 파괴시킨다. 마귀가 믿음을 파괴시키는 가장 용이한 방법은 틀린 성경을 교회 안에 뿌리고 가 버리는 것이다. 이때, 하나님의 종들은 독보리를 인지하고 경계하지만, 마귀의 종들은 그 일도 하지 못한 채, 거짓 성경으로 거짓 교리를 가르치며 계속 품고 있는 것이다. 그 결과, 한국 교회들은 성경이 필요 없는 모임들로 전락해 버렸다. 그런 교회 목사들은 복음도 전하지 않고 진리의 지식도 가르치지 않으며 돈이나 벌고 있는 것이다. 그런 교회의 교인들은 목사가 뭐라고 해도 아멘 한다. 그들은 예수 그리스도의 재림을 기다리지 않는다. 그들은 영원한 안식을 바라시않고, 부활의 소망도 없이 교회의 묘지에 묻힐 것이나 기대하고 산다. 혼이 구원받지 않고 새벽기도만 하다가 죽으면 지옥으로 떨어진다는 것을 알고 사는 것이 좋다. 지옥은 인간의 언어로는 묘사할 수 없을 만큼 무서운 곳이다. 예수님께서 말씀하시기를 지옥은 사람을 보내기 위해 만든 곳이 아니라 마귀와 마귀의 종들을 보내기 위해서 만들었다고 하셨다(마 25:41). 따라서 교회 다니면서 하나님을 믿는다고 고백한 사람이라면 절대로 지옥에 떨어지면 안 되는 것이다.

거짓 성경을 쓰는 목사들의 믿음, 지식, 교리는 바른 성경을 쓰는 목사들의 그것들과 비교할 때 현저한 차이가 있다. 필자가 담임하고 있는 성경침례교회에서는 월간지 〈성경대로믿는사람들〉을 펴낸 지 14년이 넘었다(168호, 2006년 2월 현재). 우리는 이 월간지를 통해 이 땅의 교회들이 자행하고 있는 극히 비성경적인 교리들을 성경으로 판단하고 있다. 『영적인 사람은 모든 것들을 판단하나 자신은 아무에게도 판단을 받지 아니하느니라』(고전 2:15). 지적을 당한 목사들 중에는 정중하게 시인하는 사람들도 있지만, 대부분 꿀 먹은 벙어리다. 그 이유는 첫째, 그들의 양심은 많이 오염되어 있어 진리에 반응하지 못하기 때문이요, 둘째, 그들은 우리가 지적한 그들의 행보에 대하여 성경으로 대응할 수 있는 성경적 지식이 결여되어 있기 때문이요, 셋째, 그들은 실로 두렵기 때문에 피하고 보자는 심산 때문이다. 그러나 그들이 분명히 알아야 할 것은 그들은 하나님을 바르게 섬길 의지가 없으면서 그들의 배를 위하여 하나님 앞에 거짓된 일들을 하고 있다는 것이다. 교단 교리는 성경적 교리가 아니다. 필자는 침례교 목사이지만, 성경적 교리를 가르쳤지 침례교 교리를 가르친 적이 없다. 필자의 침례교는 한국이나 미국의 남침례교가 아니라 로마카톨릭을 반대한다는 독립침례교회이다.

거짓 성경을 쓰고 있는 자들은 하나님 아버지께서 세우신 종이 아님을 드러내고 있다. 하나님이 세우신 종들의 특징은 아버지께서 주신 말씀을 지킨다는 것이다. 『나는 아버지께서 이 세상으로부터 나에게 주신 그 사람들에게 아버지의 이름을 나타내 보였나이다. 그들은 아버지의 사람들이었는데 아버지께서 나에게 주셨으며, 그들은 아버지의 말씀을 지켰나이다. 이제 그들은 아버지께서 내게 주신 모든 것들이 다 아버지께로부터 온 것임을 알았나이다. 아버지께서 내게 주신 그 말씀들을 그들에게 전하였으니, 그들은 그 말씀들을 영접하여 내가 아버지께로부터 온 것을 분명히 알았으며, 또 아버지께서 나를 보내신 것을 믿었나이다』(요 17:6-8). 『내가 그들에게 아버지의 말씀을 주었더니 세상이 그들을 미워하였나이다. 이는 내가 세상에 속하지 아니한 것같이 그들도 세상에 속하지 아니하기 때문이옵니다』(요 17:14). 아버지께서 세우신 종들은 하나님의 말씀을 전하면 받아들였다. 그들은 세상을 사랑하지 않았다. 그랬더니 세상이 그들을 미워하였다.

예수 그리스도께서 세상에 오신 목적은 진리를 증거하시려는 것이다(요 18:37). 진리가 무엇인가? 사람이 영원히 사는 이치를 터득하는 것이다. 어떻게 해야 진리를 알 수 있는가? 예수 그리스도를 믿고 소유하는 것이다(요일 5:12). 하나님께서 세우신 종이라면 진리를 외면하고서야 무슨 일을 하겠는가? 아버지의 말씀만이 진리이다(요 17:17). 아버지의 말씀이 무엇인가? 예수 그리스도시다(요 1:1, 요일 1:1). 그렇다면 예수 그리스도가 손상된 성경도 하나님의 말씀인가? 당신은 손상된 예수 그리스도를 전하는 하나님의 종인가? 그런 종도 있는가? 그런 자들은 하나님의 종을 가장한 마귀의 종들이다.

6

당신은 왜 교회에 다니는가?

하나님을 믿기 위해서 교회에 다닐 것이다. 하나님을 믿는다는 말은 구체적으로 무엇을 의미하는가? 그것은 하나님의 말씀인 성경을 믿는다는 말이다. 『태초에 말씀이 계셨고, 그 말씀이 하나님과 함께 계셨으니, 그 말씀은 하나님이셨느니라』(요 1:1). 그 말씀은 하나님이셨느니라. 세상에는 별별 종교들이 있지만 하나님이 영감으로 기록하시고 성령께서 선지자들을 통해서 발설하게 하신 말씀과 예수 그리스도께서 하신 말씀이 하나님이시라는 종교가 기독교신앙 외에 또 있던가? 그런데 교회를 다니면서도 그 말씀을 믿지 않는다면 그 사람은 하나님을 잘 믿는 것이 아니다. 그것도 온전한 성경이 아닌 사탄이 삭제시키고 오역하고 변개시킨 성경을 내놓고 그것이 하나님의 말씀이라고 제시하는 목사가 있다면 어떻게 되겠는가? 그런 자가 정상인가? 말씀이신 예수 그리스도께서는 바리새인들에게 말씀하시기를 『나는 세상의 빛이라. 나를 따라오는 사람은 결코 어두움 속에 다니지 아니하고 생명의 빛을 얻으리라.』고 하셨다(요 8:12). 그 말씀은 생명을 낳으며 영생을 주며, 죽음을 이기고 부활의 소망을 갖게 한다. 『하나님의 아들을 믿는 자는 자기 안에 그 증거가 있고, 하나님을 믿지 아니하는 자는 하나님을 거짓말쟁이로 만드나니 이는 하나님께서 그 아들에 관하여 주신 증거를 믿지 아니하기 때문이라. 또 증거는 이것이니, 하나님께서 우리에게 영생을 주신 것과, 이 생명이 그의 아들 안에 있다는 것이라. 그 아들이 있는 자는 생명이 있고 하나님의 아들이 없는 자는 생명이 없느니라』(요일 5:10-12).

말씀이신 예수 그리스도를 믿지 않고 교회에만 다니면 어떻게 되는가? 그는 정죄를 받게 된다(요 3:18-21). 여기에서 우리는 누가 하나님의 자녀이고 누가 마귀의 자녀인지를 확실히 알게 된다. 교회만 다니면 하나님의 자녀가 되는 것이 아니라, 하나님의 말씀을 믿는 사람이 자녀가 된다. 교회를 다니고, 목사를 하면서도 하나님의 말씀을 믿지도 않고, 바른 성경도 필요 없고, 성경대로 가르치지도 않는다면 그는 빛보다 어두움을 사랑하는 어두움의 자식인 것이다. 자신이 목사노릇을 하겠다고 나선 사람은 자신의 뜻을 접고 하나님의 뜻을 행하겠다며 나선 사람이다. 그는 자신을 부인하고 매일 자기 십자가를 지고 그리스도를 따르겠다고 서원한 사람이다(눅 9:23). 예수님께서는 그런 사람이 헛소리로 사람들을 현혹하지 못하도록 못박아 놓으셨다. 『만일 누구든지 그분의 뜻을 행하려고 한다면, 그 교리가 하나님으로부터 온 것인지 아니면 내가 내 자신에 관하여 말하는 것인지 알게 되리라. 자기 자신에 관하여 말하는 사람은 자신의 영광을 구하지만 보내신 분의 영광을 구하는 사람은 참되며 그 안에 아무 불의도 없느니라』(요 7:17,18).

그러나 그런 자들에게는 하나님의 말씀이 있을 곳이 없다. 왜냐하면 그런 자들은 하나님의 말씀이 들리지도 않기 때문이다(요 8:37,43). 예수님이 진리를 말씀하셔도 그들은 믿을 수도 없는 것이다(요 8:45). 그들이 누구인가? 〈한글개역성경〉을 가지고 하나님의 말씀이라고 매주 설교해서 돈 벌고 성경적 교리에도 어긋난 설교집을 만들어서 자기 교인들에게 팔아 오염시키는 자들이다. 하나님을 섬기겠다고 말하고, 말씀대로 섬기겠다고 서원한 자들이 말씀을 치워 버리고 자기들의 생각이나 성경적 검증도 없는 외국신학자들의 책을 가져와 아무렇게나 떠들면서 사역을 했을 때, 아직 영적으로 이도 안 난 교인들이 그런 것을 음식이라고 먹을 수 있으며 그들의 약한 위장으로 그런 잡초를 소화시킬 수 있겠는가? 따라서 그들이 성장할 수 없었음은 너무 자명한 이치이다.

우리 하나님은 공의의 하나님이시기에 자신이 정하신 법을 위반하지 않으시며 집행하실 때도 전혀 착오가 없으시다. 주님은 늘 의로 심판하시는 분이시기 때문이다. 대한성서공회가 여러 번 버리려 했으나 무지한 목사들이 계속 붙들고 있으므로 인해 애간장을 태우다 못해 7만 군데나 고친 사실을 알면서도 그들은 여전히 〈한글개역성경〉으로 그들의 교인들을 속이며 써먹고 있다. 그들은 목자가 아니요 삯꾼이기에 자기들의 이익 때문에 하나님을 버린 자들이다. 그들은 분명히 진리를 선포하고 삯을 받는 하나님의 종들이 아닌 것이다. 그런 일을 하는 자들을 하나님께서는 "미친 짓"이라고 규정하셨다(벧후 2:15,16). 뿐만 아니라, 하나님을 섬기겠다고 서원한 사람이 하나님이신 말씀을 치워 버리고 탐심을 가지고 헛된 짓을 하게 되면, 그것은 우상 숭배인 것이다(골 3:5). 하나님께서는 그런 자들을 가리켜 "창녀짓"이라고 규정하셨다(렘 2:20; 3:8).

자신을 목사라고 부르면서도 성경과 복음의 진리에는 관심이 없고 사람들만 많이 모아서 치부를 하고 있으면서 대형 교회, 교인 수, 헌금 액수만 자랑하고 있다면 하나님의 안목에는 개로 보이는 것이다. 『그의 파수꾼들은 눈멀었고, 그들은 모두 무지하며, 그들은 모두 말 못하는 개들이니 그들이 짖지를 못하며 잠자고 눕고 졸기를 좋아하느니라. 정녕, 그들은 만족할 줄 모르는 욕심 많은 개들이며, 깨닫지 못하는 목자들이라. 그들 모두가 그들 자신의 길만을 보나니 모두가 자기 자리에서 자기의 이익만 도모하고』(사 56:10,11). 그들은 짖지 못하는 개들이다. 그들은 잘 먹고 잘 살기 위해 교회를 세운 것이 분명하며, 하나님께서 정해 주신 경계를 인간적 교활함으로 넓혀 더 많이 모으려고 애를 쓰며 하나님의 조언과 경고를 헌신짝처럼 내버리고 있는 것이다. 하나님께서는 신실한 목회를 기대하시는 반면 그들은 성공적인 목회를 자랑하고 있다.

『돈을 사랑하는 것이 모든 악의 뿌리니, 이것을 욕심내는 어떤 사람들이 믿음에서 떠나 방황하다가 많은 슬픔으로 자신들을 찔렀도다』(딤전 6:10). 이 말씀은 사도 바울이 자식 같은 디모데에게 어떻게 에베소 교회에서 목회해야 되는지 가르쳐 주는 대목이요, 신약 교회를 담당하겠다고 나선 모든 목자들이 지켜야 할 제1호 준수 사항인 것이다. 자신을 그리스도인이라고 자처하면서 세상 사람처럼 살려고 했다면 그가 왜 그리스도인이라고 말해야 하며 더 나아가 왜 하나님의 종으로 행세하려 했는가? 영적인 사람이 자연인처럼 살면서 어떻게 영적인 사람이라고 불리고 인정받기를 원하는가? 그들은 믿음에 대한 선한 양심을 내던짐으로써 파선한 자들이다(딤전 1:19). 믿음이 없는 자들이 믿음으로만 할 수 있는 일을 하려고 한다는 것이 얼마나 가증한 일인가!

그들은 신약 교회가 무엇인지, 그 운영은 어떻게 하는지 전혀 모른다. 성경을 믿지 않기 때문에 성경적 원칙을 적용할 필요가 없는 것이다. 어떤 자들은 자기 교회 로고를 살려 가맹점처럼 운영하고 있다. 순복음 의정부 성전, 성락 무슨 성전, 지구촌 분당 성전, 온누리, 소망 등등. 그들은 교회를 마치 연쇄점(Franchise)처럼 운영하고 있다. 교회 짓는 데 투자했으니 너는 매주 수금한 돈에서 얼마를 제하고 올려 보내라는 것인가? 그들은 교회로 투자하고 이익금을 환수하는 한국식 개발형 교회기업을 운영하고 있는가? 뿐만 아니라 직할분점을 운영하기도 한다. 본점의 주일설교를 녹화해서 보내면, 사람들은 그것을 쳐다보는 것으로 영상예배를 드리는 것이다. 구원파는 세모 스쿠알렌 장사를 시킨다. 그들은 죄인들에게 지옥의 위험과 마귀의 위험을 깨우쳐 주지도 않을 뿐 아니라, 그들 스스로도 양심이 마비되어 하나님의 진노에 대한 두려움도 없다. 신실한 그리스도인들은 진리로 인하여 마귀를 대항하여 치열한 영적 전쟁을 벌이고 있는데도 그들은 잔뜩 먹고 졸고만 있는 개들과 같다. 그들은 하나님의 나라에서 하나님의 일에는 관심이 없고 침묵의 대가로 얻은 사악한 선물들로 자기들의 배를 채우기에 여념이 없는 것이다. 그들은 기도할 일이 없다. 물질적으로 부자이고 부요하며 아무것도 부족한 것이 없기에 기도하지 않는다. 그러나 하나님의 안목에 비추인 그들은 비참하고 가련하며 가난하고, 눈멀고 헐벗은 것을 알지 못할 뿐이다(계 3:17).

그들은 졸린 눈이기에 하나님의 말씀에서 어떤 아름답고 오묘한 진리도 찾아낼 수 없는 것이다. 그들의 영은 피폐할 수밖에 없다. 그들은 성도들의 필요를 전혀 이해하지 못할 뿐 아니라, 성도들이 얼마만큼 생명의 양식을 원하는지도 모른다. 그들은 자신의 울타리 안에서 자신들의 유익만을 추구하고 자신들에게 즐거운 삶만을 살기 원하는 것이다. 그런 자들은 이 세상이 전부인 것처럼 알고 살기에 그리스도의 재림을 전혀 기다리지 않는 무천년주의나 후천년주의 거짓 교리를 붙들고 있는 것이다.

성경에는 “개조심”이라는 문구가 있다(빌 3:2). 이 말은 분명히 집에서 기르는 개를 조심하라는 말이 아니라 거짓 목사들을 조심하라는 말이다. 얼마나 수치스런 말인가! 그런데도 그들은 "나는 개가 아니기 때문에 나를 가리켜 부르는 말이 아니야!"라고 하며 시치미를 떼려 한다. 그러나 하나님께서는 그를 향하여 개조심이라는 표식을 거신다. 그 개들은 복음을 전하지도 않고 성경을 가르치지도 않는다. 하나님을 두려워하지도 않으며 말씀에 갈급함도 없다. 그들은 교인들에게 지옥의 무서움을 설교하지 않고, 대환란의 비참함도 숨기며, 휴거의 희열, 천년왕국의 안식, 새 예루살렘의 축복을 가리고 현 세상을 복 받고 잘 살아야 한다고 가르친다. 그들은 교인들을 진리의 지식이 필요 없는 허수아비들로 만들어, 데리고 교회놀이하기에 용이한 어린애들로 만들고 있다. 마치 로마카톨릭이 2,000년 된 예수 그리스도를 아기 예수라 하듯이 그들은 십자가에서 죽은 나약한 예수 그리스도만을 가끔 말하고 있을 뿐이다. 사도 바울이 개조심 하라고 한 것은 잔인한 사람들, 비진리로 오염시킨 사람들, 성경이 제시한 길이 아닌 은사주의 교리를 실행하는 자들, 이기적인 사람들, 교인들의 믿음을 파괴시키는 사람들에 대한 경고를 주는 것이다. 개들은 자기가 토해 낸 것을 도로 먹는 동물이다. 그러나 성도들은 생명의 빵을 먹고 생수를 마시는 사람들이다. 자신을 구원받은 하나님의 자녀라고 여기는 사람이고, 더구나 자신이 하나님이 부르시고 들어 쓰시는 종이라고 확신한다면 성경을 믿지 않고 성경대로 실행하지 않을 이유가 없다. 성경은 말씀이신 하나님을 거역하는 자를 개라고 부른다.

GOD를 거꾸로 읽으면 DOG가 된다. 하나님과 함께 걷지 않는 사람은 개와 함께 걷는 것을 좋아한다. 하나님께 영광을 돌리지 않는 사람일수록 개에게는 더 많이 준다. 예수 그리스도께서는 한 번도 개를 그분의 품에 안아주신 적이 없으셨다. 주님께서는 아침 시간에 공원에서 개를 훈련시키느라고 시간을 허비하신 적이 없으셨다. 주님이 십자가에 처형되실 무렵, 그들 군중들은 주님을 에워싸고 개들처럼 으르렁거렸다. 주먹으로 주님의 얼굴을 쳤고, 얼굴에 침을 뱉기도 했으며, 그들의 죄를 용서해 주시려고 십자가를 지시러 오신 하나님의 아들에게 그들은 그들이 할 수 있는 모든 포악한 짓들을 개처럼 해댔던 것이다. 『개들이 나를 에워싸고 악인의 무리들이 나를 둘러쌌으며 그들이 내 손과 내 발을 찔렀나이다』(시 22:16).

하나님께서는 개로 번 돈은 받지 않으신다. 『너는 창녀의 몸값이나 개로 번 돈을 **주** 너의 하나님의 집에 어떤 서원하는 일로도 가져오지 말라. 이는 이 두 가지 모두가 **주** 너의 하나님께 가증함이니라』(신 23:18). 그들은 개로 번 돈까지도 마다하지 않고 복음의 진리와는 무관한 일들을 선교라는 이름으로 바꾸고 있다. 악에 대한 징벌이 속히 집행되지 않으므로 개들이 악을 계속해서 행하고 있지만(전 8:11) 개들은 새 예루살렘 도성 바깥에 있게 된다는 사실을 알아야 한다. 『그러나 개들과 마술사들과 음행자들과 살인자들과 우상 숭배자들과 누구든지 거짓말을 즐겨 행하는 자는 모두 다 바깥에 있으리라』(계 22:15).

한국 교계에는 이런 잡종 개들이 너무 많이 번식했다. 여의도, 신길동, 성남, 용인, 서빙고, 분당, 서초, 망우 등등. 그들은 정작 짖어서 파수꾼의 역할을 해야 할 경우에는 입을 다물고, 짖지 않을 일에는 시끄럽게 짖어대는 것이 특징이다. 하나님은 어떤 경우에도 개들을 자기의 종으로 쓰시지 않는다는 점을 알아야 한다.

1. 정상과 비정상

거듭난 그리스도인의 삶과 거듭나지 않은 사람들의 삶과의 차이는 생의 낙이 다르다. 그리스도인들은 성령으로 충만하여 기쁨을 누리지만, 세상 사람들은 술로 기분을 전환시킨다. 혼인식, 장례식, 회갑, 생일 등 각종 행사와 명절에 술이 빠지면 안 되게 되어 있다. 그 외에도 집에 손님이 찾아오거나 밖에서 사람들을 만날 때도 으레 술을 마셔 기분을 돋운다. 직장인들이 퇴근하면 술집을 찾는다. 요즘은 여성들도 술을 많이 마신다고 들었다. 심지어 중학교 여학생들도 술을 마신다고 한다. 로마카톨릭의 사제들은 술을 마시며 알코올중독자들도 상당히 있는 것으로 안다. 우리나라가 세계에서 두 번째로 술을 많이 마시는 나라라는 기사를 본 적이 있다. 술이 인간들의 흥을 돋우고 고달픈 삶의 애환을 달래며 궂은 기억들을 잠재우려고 마음들을 마비시키고 있다. 이렇게 즐겨 찾는 것이 술인데, 거듭난 그리스도인들은 술을 마시지 않는다. 개신교 목사들도 상당수가 술을 마신다고 들었다. 그들 역시 거듭나지 않은 자연인들이 인간의 지혜로 하나님의 일을 하려다보니, 힘들고 즐거움이 없나보다.

술이 사람을 즐겁게 해 주는 것 같지만, 잠시 마음을 마취시킬 뿐이다. 술은 간을 많이 해친다. 간이 독소를 품게 되면 내장지방이 생겨 비만의 원인이 되기도 하며, 화를 많이 내는 원인이 되기도 한다. 간을 영어로 Liver라고 부른다. 그 사람의 생명이 간에 달려 있다는 말이다. 성경은 술을 쳐다보지도 말라고 말씀하고 있다. 『화가 누구에게 있느냐? 슬픔이 누구에게 있느냐? 다툼이 누구에게 있느냐? 불평이 누구에게 있느냐? 까닭없는 상처가 누구에게 있느냐? 충혈된 눈이 누구에게 있느냐? 술에 빠진 자들에게 있으며, 혼합된 술을 찾아다니는 자들에게라. 술은 붉고 잔에서 빛을 내며 매끄럽게 내려가나니, 너는 술을 쳐다보지도 말라』(잠 23:29-31). 그리스도인들이 세상 사람들처럼 술을 마시지 않는 것은 첫째, 하나님께서 금하신 것이요 둘째, 성령으로 충만하여 성령의 열매를 낸 사람들은(사랑, 기쁨, 화평, 오래 참음, 친절, 선함, 믿음, 온

유, 절제) 술취함이 주는 기쁨보다 훨씬 고상한 기쁨을 지닐 수 있기 때문이다. 사람을 취하게 만드는 술이 세상 사람들의 일상적인 기호품이 되다보니, 한 가지 공통점이 있는데 어지간히 취해서 하는 언행들에는 서로 관용을 베푸는 경향이다. 아무리 소박한 사람도 술이 들어가면 본래의 성품이 발동된다. 말이 거칠고, 도전적이며 때론 폭력적이고, 자신을 한없이 추켜세우기도 하며, 소유물을 자랑하고, 업적을 자랑하고, 체면이 없어지고, 거짓말을 잘하며, 만용을 부리기도 한다. 정상인이 술을 마시면 비정상인이 된다. 비정상인이 된다는 말을 좀 더 구체적으로 하면 미친 사람이 된다는 말이다. 사람들이 술로 인해 인사불성이 된 상태를 100% 취한 것으로 볼 때, 50%, 40%, 30%, 20%, 10% 정도 취한 것은 비정상으로 보지 않으려는 경향이 있는데, 그 이유는 이를 관망하는 사람 자신도 술을 마시면 그 정도로 비정상이 되기 때문이다. 술만 입에 들어가면 주사(酒邪)가 있는 사람이 있다. 이 주사상태란 술 마신 사람이 미쳐 있다는 말이다. 술을 많이 마시면 인사불성이 되고 인사불성이 되면 동서남북을 구별하지 못하게 된다. 마찬가지로 악령이 그 사람 안에 들어가서 그 사람이 악령에게 점유당하면 역시 체면도 없고 권위도 인정하지 않게 되는 것과 같다.

술은 마귀가 인간에게 접근하기 위해 퍼트려 놓은 독약과 같다. 사람이 독가스를 마시면 정신을 잃듯이, 또한 화재가 나면 자재가 타면서 나온 유독가스 때문에 사람들이 정신을 잃고 죽듯이 술에 취하면 제정신을 혼미하게 만들어 마귀가 침투하여 관장하기 용이하게 만드는 특효약인 것이다. 그보다 심한 것이 마약이다. 자기가 술을 마시면 실수를 하는 것을 알기에 다른 사람이 술을 마시고 비정상적인 일을 하는 것을 용인해 주는 습성이 인간사회의 공통점이 되었다. 그래서 비정상이 사회의 저변에 깔려 있고 그러한 저변에서 인간들끼리의 갖가지 약속과 계약이 이루어지기에 잘 지켜지지 못하고 파탄에 이르게 되는 사례가 많은 것이다. 혼인이 그렇고, 친한 사람들끼리의 돈 거래가 그렇고, 사업상의 거래가 그렇다. 밤에 술을 마시면서 신붓감을 불빛 아래서 봤다면 취기가 돈 마음과 눈에 그 여자의 어디에 흠이 보이겠는가? 비정상을 정상으로 그 사람을 유도했던 것은 술의 힘이었던 것이다. 술이 거나하게 들어갔는데, 사업계획의 설명을 들어보니 뭐가 문제가 되겠는가? 사업의 전 과정을 일차적으로 부정적으로 봐야 문제점이 파악될 터인데, 술은 매사를 긍정적으로 보이게 하기 때문에 술 취한 그에게는 모든 것이 잘될 것 같고 자신감이 넘쳐 문제점도 해결할 수 있을 것 같아 보이기에 수용하는 쪽으로 가닥을 잡고 추진하게 된다. 그러나 그것은 어디까지나 술의 힘이었기에 비정상인 것이다. 그런 사업이 온전히 성사되겠는가? 거의 모든 범죄들은 술 취한 상태에서 계획되고 실행된다.

마귀가 술 좋아하는 사람, 술 취한 사람 다루는 것을 문제 삼겠는가? 마귀가 고안한 독극물을 퍼트려 놓고 그들이 흐물흐물할 때 거짓말, 도둑질, 성범죄, 폭력, 유괴, 살인 등을 사주하기가 얼마나 편리하겠는가? 거리에서 교통법규를 위반하는 운전자들은 거의 다 술을 마시고 담배를 피우는 사람들인 것을 아는가? 이는 그들의 심성이 비정상으로 기울어져 있음을 의미한다. 위반자가 경찰에게 붙잡히면 거짓말을 하지 않고 정직하게 답변할 것 같은가? 비정상적인 사람들이 또 있다. 성경을 왜곡하고 진리를 거짓되이 실행하는 자들이다. 그들이 하나님을 믿는다고 공언한 이상, 길이요 진리요 생명이신 예수 그리스도를 변조하고 밍가뜨리면서도 하나님을 섬긴다고 거짓말해서는 안 되는 일이며, 또 그렇게 해야 할 이유도 없는 것이다.

2. 조용기 목사의 4차원 영성의 허구

여의도순복음교회 조용기 목사가 이 나라에 방언, 신유, 축사, 긍정적 사고방식, 4차원의 영성 등 순복음교리(은사주의)란 독소를 뿜어댔을 때, 이 나라의 자칭 보수와 정통이란 장로교통합과 합동은 일제히 그를 이단이라고 지목했다. 조용기 목사는 잠시 움찔했으나, 장로교에서 쏘아대는 후속탄은 불발탄에 불과한 것을 알았다. 장로교 통합, 합동교단 안에는 조용기 목사의 은사주의를 성경으로 비평할 수 있는 인물이 전무했던 것이다. 여러분은 알아야 한다. 썩은 성경으로 아무리 많이 공부를 해도 거기서 낳은 열매는 역시 썩은 것밖에 없다는 사실이다. 〈한글개역성경〉을 가지고 100독을 했다고 자랑해도 제대로 된 책 한 권을 쓸 수 없다는 점이 이를 증명하고도 남는다. 특히, 조목사가 교회의 돈으로 세상 신문인 국민일보를 만들어내자, 장로교에서 내로라하는 목사들은 모두 그의 밑에 가서 줄을 서고 말았다. 어지간히 취한 줄 알았던 자들이 완전히 취한 사람과 손에 손을 잡았던 것이다(잠 11:21). 장로교 교단은 보수도 정통도 복음주의도 아닌 허수아비들로 대한예수교장로회만 자랑하는 엉터리들이었음이 드러나고 말았다. 다른 교단들도 이 점에 있어서는 마찬가지였다. 조목사는 국민일보를 앞세워 이 나라를 순복음화 하려고 하는데 그의 이단 교리를 막아 낼 사람들이 전무한 것이다. 오히려 그들 교단에서 최성규 목사가 교회협의회(KNCC) 회장까지 했으며, 한국 교계의 종교회의에서 순복음교회 목사가 주역을 하고 있는 현실이다. 침례교 목사인 김장환 씨는 조용기 목사를 옹호하는 피리 부는 사나이의 역할을 함으로써 많은 사람들을 오류로 이끄는데 직·간접적인 공헌(?)을 했다. 한국 교계의 목사들은 너무 취해서 인사불성이 되다보니 그렇게 된 것이다. 자신들이 비정상이기 때문에 다른 비정상인 사람들도 용인하고 손에 손을 잡고(잠 16:5) 오히려 그 많은 사람들을 모으고 그 많은 헌금을 걷는 노하우를 가르쳐 달라며 침을 흘렸던 것이다. 이것이 한국식 기독교의 현실이며 이런 기독교는 전혀 성경적이지 않다. 그렇다면 조목사는 성경을 믿고 실행하는 하나님의 종인가 아니면 성경을 믿지 않고 은사를 자랑하는 하나님의 성회의 종인가?[〈마지막 때의 미혹 은사주의〉(이송오 저, 말씀보존학회) 〈은사주의자들의 광란〉(피터 럭크만 저, 말씀보존학회) 참조.] 여기에 그가 범한 성경적 오류 몇 가지를 지적하면 다음과 같다.

(1) 모든 은사주의자들이 그러하듯이 자기들만 특별히 사도들의 은사를 받았다는 것은 근거 없는 거짓말이다. 조목사도 사람들을 모을 때, 방언해야 성령세례를 받은 증거라고 한 점, 모든 병을 기도하고 안수하면 낫는다고 하는 점, 하나님을 믿으면 세상에서 잘 산다는 것과 가난하면 저주라고 하는 점은 비성경적이다. 또 그가 노먼 빈센트 필(Norman Vincent Peale)에게서 전수한 긍정적 사고방식을 기독교 교리에 포함시켜 돈을 벌려고 하는 것은 이단 교리이다. 빈센트 필은 동정녀탄생도 믿지 않은 위인이었다. 성경은 이렇게 말씀하신다. 『예수 그리스도께서 육신으로 오신 것을 시인하지 아니하는 모든 영은 하나님께 속한 것이 아니니, 이것이 곧 적그리스도의 영이니라』(요일 4:3). 그의 영은 성령이 아니라는 것임을 드러내 보여주고 있다. 성경대로 믿는 침례교인들은 조목사와 로버트 슐러를 그리스도인으로 인정하지 않는다.

(2) 복을 받고 잘살아보자고 찾아온 사람들이 낸 돈을 가지고 하나님으로부터 받은 복이라며 세상 신문인 국민일보사까지 차리고, 아들에게도 스포츠신문사를 차려 주고 선교 운운하는 것은 이치에 맞지 않으며 심지어 기독교정당까지 만들어 정치세력화를 꾀했던 것은 목사인 그의 근본을

들추게 했다.

(3) 2004년 5월 12일 그가 동국대 불교대학원 최고위과정 학생들에게 했던 강의는 그가 구원받은 그리스도인이 아님을 분명하게 드러내었다(월간 〈성경대로 믿는 사람들〉 제148호, 말씀보존학회 참조).

(4) 그의 저서 〈4차원의 영성〉이라는 책은 무속신앙을 교회 안으로 들여와 교인들을 세뇌시키는 매우 저속하고 위험한 책이다. 그 책에 인용된 성경 구절이 있는지 보라. 목사라는 사람이 성경적 교리를 가르치지 않고 샤머니즘을 가르쳐야 할 이유가 있는가? 그것이 하나님께서 시키신 일인가?

술꾼으로 치면 그는 만취되어 인사불성인데도 한국의 또 다른 술꾼들은 그를 용인해 주고 있다. 『그러나 내가 말하노니 이방인들이 제사하는 것은 마귀들에게 하는 것이지 하나님께 하는 것이 아니니라. 나는 너희가 마귀들과 교제하는 자들이 되는 것을 바라지 아니하노라. 너희는 주의 잔과 마귀들의 잔을 함께 마실 수 없으며 너희는 주의 식탁과 마귀들의 식탁에 함께 참여할 수 없느니라』(고전 10:20,21). 이방인들의 종교의 이면에는 마귀의 영과 마귀의 숭배가 있다. 교회라고 간판만 달면 마귀가 무서워하는 것이 아니다. 오히려 비성경적 교리를 실행하는 교회들은 마귀가 관장하는 교회인 것을 알아야 한다. 성경은 『이제 성령께서 분명히 말씀하시나니, 마지막 때에 어떤 자들이 믿음에서 떠나 미혹하는 영들과 마귀들의 교리들을 따르리라. 그들 자신의 양심이 화인을 맞아 위선으로 거짓을 말하리라.』고 예언하셨다(딤전 4:1,2).

「하나님은 3차원 안에 들어가 계십니다. 그래서 영원함과 무궁함을 우리에게 전달하십니다. 우리는 하나님을 통해 3차원을 지배할 수 있는 능력을 얻습니다. 그 힘은 바로 꿈입니다. 하나님은 우리가 꿈꾸기 원하고 그것을 키워 이루시길 원하십니다. 그래서 하나님은 이미 허락하신 복된 삶을 누리며 아버지께 영광돌리기를 원하십니다. 우리의 생각과 마음과 행동을 하나님의 4차원으로 채우십시오. 당신은 이전에 경험하지 못한 새로운 삶을 누리게 될 것입니다」(〈4차원의 영성〉, 조용기, p.33).

(1) 종교가 술이나 마약보다 더 빨리 인간을 망친다(마 23장, 렘 44장, 빌 3:4-8, 눅 18:9-23).

조목사는 성경에도 없는 것을 가지고서 그의 교인들을 속이고 있다. 잠언 18:1에서는 이런 자를 두고『욕망으로 말미암아 스스로 분리된 사람은 모든 지혜를 찾아 혼잡케 하느니라.』고 말씀하고 있다. 이 구절은 정확히 4차원의 영성을 들고 나와 성경적 교리인 양 떠들어대는 조목사에게 해당된다.

(2) 인간이 꿈을 갖기만 하면 모든 것이 성취된다면 "아, 이 허풍쟁이여, 세계에서 유일한 분단국가인 이 나라의 통일을 위해 꿈을 키우지 않고 뭘 하고 있는가? 당신의 알량한 꿈으로 이 민족이 덕 좀 보도록 계속 잠이나 자야 되지 않겠는가? 그리하여 남북 분단 문제, 세계 평화 문제, 기아 문제, 자살 문제를 해결해야 되지 않겠는가? 왜 그런 능력으로 민족 복음화를 이루지 못하고 여의도에서 방언이나 가르치고 있는가? 꿈을 가진 사람이 왜 교인들에게 헌금이나 거두어 교회 재벌이란 수치스런 칭호를 달고 있는가?" 조목사가 가장 좋아하는 성경 구절은 요한삼서 2절이다.『사랑하는 자여, 무엇보다도 네 혼이 잘됨같이 네가 번성하고 강건하기를 바라노라.』조목사와 빈센트 필은 긍정적인 반면 하나님은 부정적이시다. 하나님께서 아담과 이브에게 하신 말씀은『선과 악의 지식의 나무에서 나는 것은 먹지 말라. 네가 거기서 나는 것을 먹는 날에는 반드시 죽으리라』(창 2:17). 사탄은 하나님의 부정적인 말씀을 긍정적인 것으로 바꾸었다. 사탄이 이브에게『참으로

하나님께서 말씀하시기를 '너희는 동산의 모든 나무에서 나는 것을 먹지 말라.' 하시더냐?』(창 3:1)라고 말한 반면 3:4에서는 『그 뱀이 여자에게 말하기를 "너희는 반드시 죽지는 아니하리라.』 이처럼 사탄은 긍정적이다. 그러나 하나님은 부정적이시다. 『누구든지 나를 따라 오려거든 자기를 부인하고 날마다 자기 십자가를 지고 나를 따르라』(눅 9:23). 예수님의 제자가 되려면 매일 죽어야 한다. 부정적이다. 『나는 매일 죽노라』(고전 15:31). 사도 바울은 부정적이다. 조목사의 영과 필자의 영이 같은 성령이라면 왜 다르게 가르치실까? 우리가 천년왕국에서 받을 영광이 너무 크므로 이 시대에는 고난도 받아야 한다(롬 8:17). 이것이 그리스도인의 신앙이다. 그리스도인은 이 시대에 잘 사는 사람이 아니다.

『그러나 우리뿐만 아니라 하늘에서 온 천사라도 우리가 너희에게 전한 것 외에 어떤 다른 복음을 전한다면 그는 저주를 받으리라. 우리가 전에도 말한 것같이 지금도 내가 다시 말하노니 누구든지 너희가 받은 것 외에 어떤 다른 복음을 전한다면 그는 저주를 받으리라』(갈 1:8,9). 하나님께서는 순복음을 전하면 저주를 받는다고 말씀하셨다. 하나님은 부정적이시다.

(3) 긍정적 사고방식을 가진 조목사 같은 인물이 있었다. 그가 독일의 아돌프 히틀러(1889-1945)였다. 그는 "오늘은 독일을, 내일은 세계를!"이라고 외친 꿈을 담은 긍정적 사고방식을 가지고 "모든 것은 가능하니 오직 믿기만 하라!"고 외쳤다. (조목사와 같지 않은가!) 그는 그의 꿈을 믿고 동시에 다섯 개의 전선을 구축했다. 발칸, 스칸디나비아, 러시아, 프랑스와 영국, 북아프리카와 이태리였다. 수많은 사람들을 죽게 하고 고통을 주었던 것이다. 650만 명의 유대인들을 죽였다. 그의 빗나간 꿈 때문이었다. 그는 소망도 없고 하나님도 없이(엡 2:12) 자살해 버렸던 것이다. 꿈을 가진 자들은 히틀러 외에도 더 있었다. 알렉산더, 마호메트가 그랬고, 살메

인, 나폴레옹 모두가 꿈을 가졌으나 소망도 하나님도 없이 죽어 지옥으로 보내졌다. 조목사가 하나님의 사역자로 부름을 받았다면 그런 쓸데없는 짓을 접고 거리에 나가서 복음을 전하고 전도지를 나눠줘서 사람들로 지옥에 가지 않게 해야 한다. 여의도순복음교회 교인들도 마찬가지이다. 혼이 구원을 받고 땅에서 부자가 되기보다는 예수 그리스도의 다시 오심을 기다리는 소망을 지니게 해야 한다.

(4) 조목사만큼 꿈을 지니지 못했던 까닭에 예수 그리스도의 사도들은 비참하게 죽었고 복음의 진리를 위해 순교당한 많은 순교자들은 안타깝게도 여의도 조목사가 깨달은 것을 깨닫지 못하여 죽고 말았는가? 예수 그리스도께서도 인생을 긍정적으로 생각하지 못한 까닭에 십자가에 처형되시어 죽어야 했던가? 예수 그리스도는 꿈이 없어서 죽으셨는가?

(5) 데이브 헌트는 이렇게 썼다. 「조목사는 기본적인 무속신앙 이론이나 자연종교에 대한 옹호나 마법을 펼쳐 놓았다. 하나님께서 전 우주를 수용하시기 때문에 자신 밖에서 물질을 창조하실 수 있다고 조목사는 주장하는 것이다. 어떻게 그렇게 하실 수 있겠는가? 조목사가 쓰는 용어도 꿈을 지니는 것이다. 「창세기에서 주의 영이 마치 암탉이 알 위에 앉았듯이 부화를 하셨던 것이다.」 성경은 결코 그렇게 제안하거나 가르치지 않았다. 하나님께서는 어떤 기술이나 꿈을 지녔거나 아니면 다른 방법을 통해서 창조하지 않으셨다. 하나님의 창조의 능력을 어떤 특별한 방법론에다 한정시킬 수 있는가? 하나님께서 어떤 방법으로 제한을 받는단 말인가? 그런 제안은 분명히 부적절한 것이다. 이것이 우리에게 주는 미혹은 우리가 어쨌든 그와 동일한 기술을 사용한다면 우리도 하나님께서 하시는 일을 할 수 있다는 것이다. 이와 같이 조목사가 추론하는 과정에서 보인 그 다음 오류는, 인간 역시 "4차원" 영적 존재이기 때문에 "인간인 우리도" 하나님께서 하시는

것과 똑같이 시각화하고(마음속에 떠올리고), 알을 품고(생각을 구체화하고), 현실을 창조할 수 있다는 것인데, 이것은 인간을 창조주 하나님과 동일선상에 올려놓는 아주 극악한 죄가 아닐 수 없는 것이다.」(Dave Hunt & T.A. McMahon, The Seduction of Christianity. p.113.)

노먼 빈센트 필도 이렇게 썼다. 「당신이 살고 있는 세상은 정신세계이지 물질세계가 아니다. 그러므로 당신의 생각을 바꾸면 모든 것을 바꿀 수 있다.」(Ibid., p.153.) 빈센트 필, 로버트 슐러, 조용기 목사 등은 불교와 힌두교의 명상사상을 교회 안으로 가져와 어울리지 않는 성경 구절들을 인용하면서 그것을 마치 성령님의 역사인 것처럼 가장하여 교인들을 속이고 있다. 전 예수회 신부였던 알베르토 리베라 박사는 폭로했다. 「조용기 목사는 예수회의 7단계 영성개발과 불교의 5단계 영성훈련에서 4차원 세계 사상을 도입하여 성령운동에 사용하고 있다.」(Pied Piper of The Pentacostal Movement, p.34.) 모든 것이 가능하니 믿기만 하라는 구호는 인간이 하나님을 배제하면서도 얼마든지 원하는 것을 할 수 있다는 말이다. 이것이 뉴에이지(New Age)요, 인간이 신이 되는 사상이다. 조목사는 교회 안으로 샤머니즘을 가져와 〈개역성경〉 구절로 포장하여 하나님의 이름으로 내놓은 사람이다. 그는 진짜 이단인 것이다. 이 나라에는 그가 성경적으로 무엇을 잘못했는지 성경으로 판단할 수 있는 사람이 전무하다. 그의 〈4차원의 영성〉이 불교와 힌두교에서 가져 온 명상사상이란 것도 모르는 이 나라의 소위 유명하다는 목사들이 추천하는 글을 보라. 그들이 진리에 눈 뜬 하나님의 사역자들인가 아니면 이단 교리를 추종하는 마귀의 종들인가? 그들의 성경 실력을 가늠해 볼 수 있는 대목이다.

김삼환 목사, "희망 목회 47주년을 기념하여 세계 최대 교회를 일구신 조용기 목사님의 사역을 보다 쉽게 이해할 양질의 책이 발간되어 기쁘게 생각합니다."(목사이면 성경적 근거를 제시하라.)

김장환 목사, "3차원의 인간 세계와 4차원의 영적 세계의 관계를 이 책만큼 실제적으로 다루는 책은 없을 것입니다."(목사이면 성경적 근거를 제시하라.)

옥한흠 목사, "4차원의 영적 세계로 우리에게 알려진 조목사님의 성령 사역이 어떻게 교회 성장과 직결될 수 있었는지를 보다 구체적으로 현장감 있게 들려주는 자료를 한 권 책으로 만날 수 있게 되어 기쁘게 생각합니다."(목사이면 성경적 근거를 제시하라.)

하용조 목사, "조용기 목사님의 사역은 영적인 삶의 나침반과 같습니다... 말씀 사역과 성령 사역의 절묘한 조화라고 보여집니다. 대부분의 사람들은 신앙생활의 원리와 실제를 혼동하고 있습니다. 이 책을 통하여 명쾌하게 해답을 찾게 됩니다."(목사이면 성경적 근거를 제시하라.)

무식한 추천사를 쓴 사람들에는 이경숙(숙대 총장), 김영길(한동대 총장), 정근모(국가조찬기도회장)도 있다. 조목사와 그에게 동조하는 모든 사람의 오류는 모든 이적과 능력을 성령님의 것으로 오해하는 데 있다. 이는 마귀가 이 우주에서 하나님 다음으로 전지전능한 존재임을 모르기 때문이다. 『우리가 진리를 거슬러서는 아무것도 할 수 없고 오직 진리를 위해서만 할 수 있느니라』(고후 13:8).

이런 추천사를 쓴 위인들은 오류를 확산시키도록 부채질하는 무책임하고 비겁한 삯꾼들임이 드러났다. 그런 자들이 자기들의 양무리들에게 진리의 양식을 먹였겠는가? 성경으로 검증되지 않은 독소를 품어 내도록 악인의 편에 선 자들이 하나님을 한 번이라도 두려워해 본 적이 있었겠는가? 조목사는 하나님께 인정받지 못한 이단 교리를 사람들에게 인정받아 자기를 추종한 교인들을 영적으로 병들게 하려 했는가? 47년 동안 이런 짓이나 하면서 세계 제1의 교회니, 70만 교인이니 자랑하는 것이 무슨 의미가 있는가? 하나님을 바로 섬기려면 성령으로 다시 태어나서 말씀대로 섬겨야 한다. 모두 회개하고 구원받고 나야 성령의 인도함을 받을 수 있지 않겠는가?

제도화된 교회들, 은사주의 교회들, 로마카톨릭은 마귀를 다루는 설교나 교리를 가르친 적이 없다. 이상하지 않는가? 예수 믿는 것이 이 세상을 잘 살게 하는 것이라고 가르친다면, 교인들로 어떻게 예수 그리스도의 재림을 기다리게 하겠는가? 순복음교회에서 주님을 잘 섬기면 만병통치, 만사형통하는데 어떻게 지옥의 무서움을 설교하겠는가? 은사주의자들은 사소한 기적 비슷한 일이라도 생기면 모두가 성령의 능력으로 오해하는 데 문제가 있다. 마귀도 능력을 행한다는 사실을 알아야 한다. 마귀도 하늘에서 불을 내리게 하며, 심지어 짐승의 형상에게 생명을 주기까지 하고 죽은 사람도 살린다(계 13:13,14). 성경도 믿지 않는 교회에서 성령님이 함께 거하시겠는가?

대환란 때 나타나게 될 적그리스도는 대단한 이적을 행하여 자신이 예수 그리스도라고 속이고 경배를 받을 것이다(단 8:23,24). 그때 얼마나 많은 교인들이 그를 예수 그리스도로 오인하고 따를 것인지 상상이 가는가? 이는 오늘날 은사주의 목사가 신이나 되는 것처럼 그가 하는 말은 무엇이나 "아멘"하며 방석 가지고 가서 밤을 지새우며 이상한 소리 내며 성령을 체험하려 할 때, 마귀가 얼마나 신이 나겠는가? 이런 은사주의 집회가 대환란 때 적그리스도를 좇아가는 예행연습이라고 생각해 보지 않았는가?

은사주의자들의 집회가 세계 그 어느 도시에서 누구에 의해서 여러 수천 수만 명이 모여 광란의 도가니가 된다 해도 그 안에 성경대로 믿는 그리스도인들은 한 명도 가지 않는다는 사실을 아는가? 그리스도인 안에 계신 성령과 그들 안에 있는 악령은 이렇듯 선명하게 드러나는 것이다. 은사주의자들은 그들의 거짓 은사들로 사람들을 현혹한다. 그리고 모여드는 사람 수로 그들의 인기(?)를 자랑한다. 그들은 하나님을 신뢰하지 않고 사람들을 신뢰한다. 그러나 그들을 향한 하나님의 말씀은 단호하시다. 『주가 이같이 말하노라. 사람을 신뢰하는 사람과 육신을 그의 무기로 삼는 사람과 그의 마음이 주로부터 떠나는 사람은 저주를 받으리라』(렘 17:5).

그들은 쭉정이를 자랑하며 세계에서 제일 큰 교회를 운운하나 하나님께서는 "쭉정이가 밀에게 무엇이겠느냐?"(렘 23:28)고 핀잔을 주신다. 쭉정이는 아무리 많아도 열매를 낼 수 없다. 밀알은 땅에 묻히면 새싹이 돋고 열매를 내지만, 쭉정이는 땅에 묻히면 썩게 되고 땅에 쌓이면 날아가게 되며(욥 21:18, 시 1:4; 35:5, 사 17:13, 단 2:35) 그들의 종말은 불에 태워지는 것이다(사 5:24, 마 3:12). 하나님께서 택하신 자들의 증거는 열매를 맺는 것이다(요 15:16).

3. 비정상적인 사람들이 교회 강단에 서다

술 취한 사람이 길을 걷게 되면 갈지자(之)로 걷든지 아니면 넘어질 듯이 걷는다. 왜냐하면 발이 허공에 뜬 것 같기 때문이다. 음주운전에 걸리면 경찰관이 술 마신 사람으로 똑바로 걷게 하며 그 취한 상태를 점검한다. 목사가 하나님의 말씀에서 벗어나서 거짓 교리를 가르치고 설교한다면 그는 술 취한 사람이 비틀거리는 모습과 흡사한 것이다. 예수 그리스도는 길이시다. 사도 바울이 펠릭스 앞에서 자신을 변호할 때 이렇게 말했다. 『그러나 이것을 당신께 고백하오니 주 그들이 이단이라고 하는 그 도를 따라서 내가 내 조상들의 하나님을 섬기고 율법과 선지서들에 기록된 모든 것을 믿으며』(행 24:14). 당시에 유대인들은 사도들이 길이요 진리요 생명이신 예수 그리스도를 전파했을 때 이단이라고 했다. 오늘날 성경에 무지하고 거듭나지도 않은 장로교회의 앞잡이인 무식한「현대종교」,「교회와 이단」등이 성경침례교회의 사역을 이단이라고 하는 것과 같다.

정상적인 교회의 사역은,

(1) 그리스도의 복음으로 교인들을 거듭나게 해야 한다.

(2) 거듭난 사람들에게 마귀의 실체와 그들의 계략을 알려주고, 경계심을 가지고 살게 해야 한다.

(3) 자신의 몸을 주님께 드리고 말씀대로 실행하는 삶을 살게 해야 한다.

(4) 세상으로부터 성별하고 세상에서의 소유와 성취에 가치기준을 두지 않고 하나님 안에 두게 해야 하며 하나님의 뜻을 실현해야 한다.

(5) 그들을 말씀으로 양육시켜 그리스도의 강력한 군사가 되게 하고 그들로 다른 사람들에게 성경을 가르치게 해야 한다(이때 교단 교리를 가르치면 안 된다).

(6) 성도들로 예수 그리스도의 재림을 사모하게 하며, 부활의 소망을 가지고 살게 해야 한다.

(7) 성도들에게 구령의 열정을 지니게 하여 때를 얻든지 못 얻든지 마귀에게 속한 사람들을 복음으로 그리스도께로 이겨와야 한다(이때 단순히 전도한다며 교회로 데리고 와서 돈이나 내게 하면 안 된다).

대부분의 개신 교회들은 이렇게 사역하지 않는다. 왜냐하면 그들은 이렇게 사역하는 것이 어렵다고 여겨지기 때문이요 또 이렇게 할 줄 모르기 때문이다. 그들은 왜 이렇게 되어 버렸는가? 그들은 성경을 이렇게 배우지도 않았고 성경대로 교회를 운영할 줄도 모른다. 그들에게는 성경대로 행하며 살기가 불가능한 것처럼 보이고 새삼스러운 일처럼 보이기에 이를 포기하고 자기들 멋대로 하면서 입으로는 하나님께 영광을 돌린다고 거짓말한다.

그들의 믿음과 행보를 통해 하나님께서 영광을 받으실 수 있겠는가? 그리스도인이 자기의 몸과 영으로 하나님께 영광을 돌리려면(고전 6:19,20) 순종과 섬김으로 해야 한다. 최상의 순종은 영과 진리로 드리는 예배이며 섬김은 우선적으로 복음을 전하여 잃어버린 혼들을 그리스도께로 이겨와야 한다. 이를 위하여 예수 그리스도께서 죽으시고 부활하셨기 때문이다. 거룩하시고 공의로우신 하나님께서는 말씀에 복종하는 것이 희생제물보다 낫고 말씀에 경청하는 것이 숫양의 기름보다도 낫다고 말씀하신 분이시다(삼상 15:22). 그분은 말씀을 거역함은 마법하는 죄와 같고 말씀을 따르지 않는 완고함은 행악과 우상 숭배와 같다고 말씀하셨다(삼상 15:23). 그분은 내가 거룩하니 너희도 거룩하라고 말씀하셨다(레 11:44, 벧전 1:15).

어떤 경로를 겪었는지 모르지만 스스로 목사가 되었고, 어떤 경로를 통해서인지는 몰라도 교회장소(건물)가 마련되었다고 해서 하나님께서 세우신 목자이고 교회라고 생각했다면 그것은 그 사람의 오해이다. 만일 하나님께서 처음부터 그 사람의 생애에 개입하셨고 그에게 하나님의 교회를 세워 운영하게 하셨다면 그 사람에게는 한 권의 책, 그분의 성경이 주어졌을 것이다. 하나님께서는 에발 산과 그리심 산에서 모세와 이스라엘 백성에게 축복과 저주받는 원칙을 제시하셨다. 『너는 내가 오늘 네게 명한 어떤 말씀들에서도 좌로나 우로나 빗나가지 말며 다른 신들을 따라가서 그들을 섬기지 말지니라』(신 28:14).

자신이 하나님의 사람이라는 증거들을 가진 사람이 해야 할 일은 하나님의 말씀에서 좌로나 우로 빗나가지 말아야 한다. 장로교, 감리교, 침례교, 성결교, 나사렛, 루터교, 심지어 순복음이라 할지라도 교단헌법을 쓰레기통에 던져 버리고 성경대로 실행하면 하나님으로부터 인정을 받지만 교단 교리를 따르게 되면 스스로 교단의 종으로 전락하게 된다는 점을 알아야 한다. 왜 그들은 성경대로 실행하는 것이 불가능한 것처럼 보이는가? 이는 그리스도인의 삶이나 주님을 섬기는 사역은 성령의 능력과 지혜로만이 가능하기 때문이다. 하나님께서는 그분의 말씀대로 행하지 않는 자에게 지혜와 영력을 주시지 않으신다. 『그러나 성령께서 너희에게 임하시면 너희가 능력을 받으리니 그러면 예루살렘과 온 유대와 사마리아와 땅 끝까지 이르러 내게 증인이 되리라』(행 1:8).

갈릴리 호수의 직업어부가 성령으로 충만했을 때 헛소리를 냈던가?(행 4:8,12,31을 읽어보라.) 그렇다면 그 목사가 하나님을 잘 믿는다는 증거는 어떻게 알 수 있는가? 다시 말하면, 그가 그의 교회를 통해 주님을 위해 일을 잘 했다는 증거가 무엇인가? 두 가지 열매를 낸 것으로 알 수 있다. 첫째는 성령의 열매이다(갈 5:22,23). 또 한 가지는 구령의 열매이다. 이것은 교회로 모은 사람의 숫자가 아니라, 그리스도의 복음으로 몇 사람의 혼이나 그리스도의 나라로 이겨왔는가이다.

군대의 기구는 G-1 인사, G-2 정보, G-3 작전, G-4 군수이다. 군수 안에는 병참, 병기, 수송, 화학 등 작전을 지원하기 위한 물자와 기구 등이 있고 또 공병, 기갑, 항공, 공수 등 특수병과들도 있다. 이들 모두는 작전(전투)을 용이하게 하기 위해 있는 것이다. 교회에도 목사, 부목사, 장로(목사), 집사 등의 제직이 있고 운영위원, 남선교회, 여선교회, 노년부, 장년부, 청장년부, 청년부, 대학부, 중고등부, 초등부, 유치부가 있고 교사들이 있다. 차량들이 있고 찬양대가 있다. 이들이 왜 존재해야 하는가? 구령(작전)하기 위한 것들이다. 거대한 건물, 수천, 수만 명의 교인, 목사 가족이 다 들고 가지 못할 만큼의 주일 헌금, 수백 명의 제직들, 많은 차량, 수십 명의 찬양대와 악기들을 자랑한다 해도 잃어버린 혼을 이겨온 열매가 없다면 그것은 하나님이 세우신 교회라고 볼 수 없다. 열매가 없이 잎

사귀만 무성한 무화과나무를 주님은 저주하셨다. 열매가 없이 잎사귀만 무성하면 믿음이 없이 종교심만 무성하다는 뜻이다. 자기 교회에 모아놓은 사람들로 하나님 앞에서 자랑하려는 자는 어리석은 자이다. 그것도 거짓 은사나 세상에서 인정받은 인기 같은 것으로 모았다면 더더욱 어리석은 자이다. 한 번 냉정히 생각해 보라. 예수 그리스도께서 왜 십자가에서 피흘려 죽으셔야만 했는가? 『너희가 나무에 매달아 죽인 예수를 우리 조상의 하나님께서 살리셨느니라. 이분을 하나님께서 오른손으로 높이셔서 통치자와 구주가 되게 하셨으니 이는 이스라엘에 회개와 죄사함을 주시기 위함이라』(행 5:30,31). 회개와 죄사함을 주시기 위해서였다. 일차적으로 이스라엘을 구원하시려고 천국의 왕으로(Kingdom of Heaven) 오셨으나 자기 백성이 그분을 영접하지 아니하였다(요 1:11). 그러므로 예수 그리스도는 하나님의 나라(Kingdom of God)의 구세주와 왕이 되신 것이다. 『그러나 누구든지 그를 영접한 사람들에게는 하나님의 아들들이 되는 권세를 주셨으니, 즉 그의 이름을 믿는 사람들에게니라』(요 1:12).

이제는 누구든지 예수 그리스도의 이름을 믿으면 하나님의 아들들로 다시 태어나게 된다. 여자도 영접하면 하나님의 아들이 되는 것이다. 구원받으면 여자도 휴거되기 직전에 예수 그리스도의 모습인 33세 반의 남자로 변하기 때문이다(빌 3:21, 요일 3:2을 읽어 보고 믿으라). 이것은 셋째 하늘에서 있을 어린양의 혼인식에서 남자들도 그리스도의 신부가 되는 것과 같은 맥락이다(계 19:9). 주님은 인류를 구원하시기 위해서 십자가에서 죽으시고 삼 일 만에 부활하시어 승천하셨고 이제 곧 다시 이 땅으로 내려오시어 천년왕국을 수립할 것이다. 예수 그리스도가 인류의 죄를 위하여 죽었다가 다시 살아나신 것을 믿으면 죄로부터 구원을 받고 영생을 얻게 된다. 세상은 이 일을 알 수도 없고, 할 수도 없기 때문에 하나님께서 거듭난 성도들로 구성된 지역 교회(Local Church)에 복음을 전파하라는 소임을 위탁하신 것이다. 이 일을 신실하게 수행한 증거가 바로 구령인 것이다. 얼마나 많은 교회들이 구령하지 않고(잃어버린 혼을 주님께로 이겨오지 않고) 쓸데없는 일을 하면서 사역이니 선교니 하며 시간, 노력, 헌금을 낭비하는가 보라. 잃어버린 혼을 이겨오는 일에는 보상이 있다. 금과 은과 보석에 해당된다. 이것은 자랑의 면류관이다. 『우리의 소망이나, 기쁨이나, 자랑의 면류관이 무엇이냐? 그가 오실 때 우리 주 예수 그리스도 앞에 있을 너희가 아니겠느냐? 이는 너희가 우리의 영광과 기쁨이기 때문이라』(살전 2:19,20). 그러나 구령하지 않으면서 교회 성장이니, 교회 통합운동이니, 각종 교단총회 같은 것들은 나무나 지푸라기나, 그루터기에 해당되어 불로 시험할 때 다 타서 없어져 버릴 것들이다(고전 3:13). 그런 일에 참여한 자들이 구원받아 장차 그리스도의 심판석에 선다 해도 받을 것이 없음을 알아야 한다. 그들은 쓸데없는 짓을 하면서 하나님을 섬기는 체했기 때문이다.

당신의 교회는 1년에 몇 명의 혼이나 그리스도께로 이겨오는가? 그 교회의 목사는 십자가에서 죽으신 예수 그리스도를 세상에 어떤 방법으로 전하던가? 주님은 그에게 세상으로 나가서 때를 얻든지 못 얻든지 전하라고 명령하셨는데 그가 그 명령대로 나가서 대로나 산간이나 마을 어귀에서 목소리 높여 외치던가? 아니면 사무실에서 여름에는 콜라나 마시고, 겨울에는 커피나 마시면서 딴 짓 하던가? 교인들의 십일조와 헌금으로 먹고 살면서 무엇을 하든 그것은 그의 자유일는지 모른다. 이것은 비단 목사에 국한된 일만은 아니다. 모든 그리스도인은 왕 같은 제사장들이기에 모든 그리스도인들에게 해당된 일이다. 그 중에서도 목사가 혼을 이겨오는 데 소홀히 하면서 다른 일들에 시간과 노력과 돈을 쓰고 있다면, 그는 목사의 자격이 없는 사람이다. 다시 말하면 하나님께서 그를 들어 쓰시지 않고 계시다는 증거이다. 구령하지 않는 교회는 하나님의 교회가 아니다. 왜냐하면 그들은 그리스도의 복음을 부끄러워하는 자들이기 때문이다. 『내가 그리스도의 복음을 부끄러워하지 아니하노니 이는 이 복음이 믿는 모든 사람을 구원에 이르게 하는 하나님의 능력이 됨이라. 첫째는 유대인에게요, 또한 헬라인에게로다』(롬 1:16). 예수 그리스도께서 그런 교회와 교제하시겠는가? 우리 성경침례교회는 2005년 한 달에 최소 2,000명에서 최대 4,000명까지 구령했다. 필자는 지난 4년 동안 여름방학이면 전국 182개 도시를 순회하면서 버스터미널, 기차역, 재래시장, 번화가, 극장 앞, 어시장, 선착장 등에서 설교했다. 매주 목요일 오후 3시에는 신촌 연세대학교 앞에서 설교한 지 4년이 되었다. 나는 우리 교회 성도들에게 거리에 나가서 설교해야 된다고 말하지 않았다, 그들 스스로 스피커와 화판을 들고 종로, 광화문, 고속버스 터미널, 서울역, 영등포역, 보라매공원, 강북 롯데백화점 앞, 목동 전철역, 구리 돌다리네거리, 분당 서현역 광장, 일산 호수공원, 월드컵공원, 수원역, 안양역 등지에서 주말이면 설교하고 구령한다. 모두가 자발적으로 하는 것이지 목사의 지시에 의해서 하지 않는다. 강제성이 있는 섬김은 그리스도인의 신앙이 아니다. 그리스도인의 신앙은 바치는 일부터 모두가 자원함으로 이루어져야 한다(고후 9:7,8,12). 이는 그들 안에 생명이 있고 주님을 사랑하는 열정이 있기 때문이며 혼들을 사랑함이 있다는 증거이다.

미국의 근본주의 침례교회들이 가장 역점을 두고 있는 사역이 바로 구령이다. 미국의 그리스도인들이 가장 많이 구독하는 신문 〈The Sword of the Lord〉와 〈The Revival Fires〉에 나오는 설교의 95%는 구원에 관한 설교이다. 구령하지 않는 교회는 그리스도의 교회가 아니다. 구령할 줄 모르기에 그들은 교회가 돈 버는 곳인 줄로 알고 그런 짓이나 하는 것이다.

지역 교회를 왜 세우는가? 죄인들을 구령하고 구원받은 성도들을 양육시켜 그들로 또 구령하고 마귀의 공격으로부터 피해를 당하지 않게 하기 위해서이다. 지역 교회가 왜 선교사들을 오지로 파송하고 지원하는가? 자신들이 갈 수 없는 곳에 선교사들을 보내서 그 나라 사람들을 구령하기 위함이다. 복음전도자들이 왜 복음전도집회를 여는가? 역시 잃어버린 혼들에게 복음을 전하여 예수 그리스도를 믿게 하기 위해서이다. 지역 교회는 왜 신학교를 세워 운영하는가? 구령할 수 있고, 설교할 수 있고, 성경을 가르칠 수 있는 일꾼들을 양성하기 위해서이다. 알겠는가? 작전(전투)을 하지 않는 군대가 어디 있는가? 『의로운 자의 열매는 생명의 나무니, 혼들을 이겨오는 자는 현명하니라』(잠 11:30). 『눈물로 씨를 뿌리는 자들은 기쁨으로 거두리로다. 귀한 씨를 가지고 나가서 우는 자는 정녕 기쁨으로 그의 단들을 가지고 돌아오리로다』(시 126:5,6).

전투가 치열한데 군화 끈 풀고, 모자는 비스듬히 쓰고, 주머니에 손 넣고 딴 짓 하며 지낸다면 그가 정상이며 그를 군인이라고 부를 수 있는가? 마귀가 가짜 성경으로 영적 눈을 가리고, 기독교출판사들은 너나할 것 없이 돈 벌기 위해 오염된 책들을 계속 출간하여 영적으로 어린 사람들을 혼란시키고, 교회들은 서로 경쟁하듯이 건물을 확장하고 극장보다 화려하게 짓고, 복음은 스쳐가듯이 지나치고, 진리의 지식은 사라진 지 오래되었다. 주일이면 긴 옷 입은 자들이 강단에 서서 자기 자랑이나 늘어놓고, 어떤 자들은 전에 먹던 음식을 다시 꺼내 놓고 냄새를 풍기며, 교인들은 영적 양식을 먹든 말든 관계없이 떠들어댄다. 교회에 오는 사람들이 돈 내는 액수에 따라 장로, 집사를 팔고, 여자들에게도 팔고, 성경에도 없는 권사까지 만들어 팔아먹고, 성경 순서도 모르는 사람들이 사도신경, 주기도

문만 외우면 자격있는 것으로 간주한다. 뿐만 아니라 교리는 사라지고 교단 전통만이 중시되고 있는 현실에서 많은 사람들이 그러한 곳을 교회라고 다니고 있는 것이다.

4. 진리를 따라 섬기지 않으면 마귀의 종이다

마귀들은 진리를 찾아 나서려고 결심한 사람들을, 예수 그리스도를 성경대로 믿고 따르려는 사람들을 방언이니, 신유니, 축사니, 은사니 하며 실족시켜 진리의 지식을 맛도 보지 못한 채 새벽기도로, 금요 철야 금식기도로, 기도원으로 구역모임으로 각종 집회에 동원하고 있으며, 모이는 데는 예외 없이 돈을 거둬가고 있는 것이다. 모든 교단 교회들의 주보를 보면 돈 걷는 것들로 채워져 있다. 초등학생들도 하지 않을 일들을 소위 교회라는 곳들이 부끄러움도 모르는 체하고 있다. 이런 일을 하는 자들이 정상인가? 아니면 성경대로 행하면서 하나님을 섬기는 자들이 정상인가? 예수 그리스도의 복음도 소홀히 하고 구령도 하지 않고 구원도 받지 않은 사람들을 회중으로 삼고 교회놀이를 하는 자들은 정녕 비정상인들이다. 그들은 술 마신 자들로 보면 아직 곤드레만드레만 안 되었을 뿐, 정상 상태를 벗어난 자들이다. 왜 그들이 비정상인 줄 알겠는가? 그들은 하나님을 전혀 두려워하지 않기 때문이다. 왜 그들이 하나님을 두려워하지 않는가? 그들은 하나님이 어떤 분이신 것을 모르기 때문이다. 우상을 섬기는 자들은 자기들의 기분으로 우상을 섬긴다. "이렇게 천 배를 하면 부처가 나의 지성에 감복할 것이다."라고 기분으로 여기는 것이다. 내가 재물을 이렇게 많이 갖다 바쳤으니까 나에게 복을 내려 주실 것이다. 우상은 헛것이기 때문에 섬기는 자 맘대로 된다. 어떤 우상 숭배자는 불상이 웃는다고 필자에게 말한 적이 있었다. 부처상이 웃는다고 여기면 그 사람에게 그렇게 보일 뿐이다. 『그들의 우상들은 은과 금이며 사람의 수공물이라. 그것들은 입이 있어도 말하지 못하며 눈이 있어도 보지 못하고 귀가 있어도 듣지 못하며 코가 있어도 냄새 맡지 못하고 손이 있어도 만지지 못하며 발이 있어도 걷지 못하고 목구멍을 통하여 말하지도 못하는도다. 그것들을 만드는 자들은 그것들과 같으며 그것들을 신뢰하는 모든 자들도 그러하도다』(시 115:4-8).

왜 그들이 비정상인 줄 아는가? 그들은 마귀를 전혀 두려워하지 않기 때문이다. 마귀가 하나님을 두려워하지 못하게 만들었다는 사실 조차도 알지 못하며 주님의 일을 한다고 여기고 있는 것이다. 성경을 치워버리고 성경에 없는 일들을 행하며 교단 교리를 따르게 만든 것이 마귀의 역사라는 점을 모르는 것이다. 그러면서도 자기는 예수 그리스도를 믿는 목사이기에 마귀 정도는 자기와 자기 가정과 자기가 섬기는 교회에 얼씬거리지도 못한다고 터무니없는 생각을 하게 된 것이다. 그러나 마귀들도 믿는다는 사실을 아는가? 마귀도 믿고 떨기까지 한다(약 2:19). 그런 교단 교회만 세우면 마귀의 공격을 피할 수 있는 피난처라고 착각하지 말라. 『그러므로 하나님께 복종하라. 마귀를 대적하라. 그리하면 그가 너희로부터 도망하리라』(약 4:7). 『정신을 차리고 깨어 있으라. 이는 너희의 대적 마귀가 울부짖는 사자처럼 삼킬 자를 찾아 두루 다니기 때문이니라』(벧전 5:8).

그들은 이런 성경 구절이 자기에게 해당되지 않는 말씀으로 여기는 것이다. 왜 그런지 아는가? 그들은 지금 예수 그리스도의 진영에서 마귀와 싸우는 것이 아니라 마귀의 진영에서 진리를 대적하고 있기 때문이다. 그럼에도 불구하고 그들은 다만 이 사실을 모르고 있을 뿐이다. 왜 모르는가? 그들의 양심은 이미 죄에 찌들다 못해 달군 인두로 지져져 무감각하게 되어버렸기 때문이다. 그래서 그들의 양심은 하나님의 말씀에 반응할 수 없게 된 것이다. 『하나님의 말씀은 살아 있고 능력이 있어 양날이 있는 어떤 칼보다도 예리하여 혼과 영, 그리고 관절과 골수를 찔러 가르고 마음의 생각들과 의도들을 판별하느니라』(히 4:12). 또 그들의 성경은 양날 가진 칼이 아니라 애호박조차도 썰지 못하는 플라스틱 칼이기 때문이다.

우리가 어떤 사람이 주의 종이라고 했을 때, 어떻게 그 사람을 알 수 있는가? 먼저, 구원받은 사람인가를 보고 그 다음 그가 쓰는 성경을 보면 알 수 있다. 그러고 나서 그에게 구령 많이 하느냐고 물어 보라. 긍정적으로 대답하면 최근에 구령한 것이 언제였는지 물어 보라. 열매를 보면 나무를 알 수 있다. 말씀에서 떠난 사람이 어떻게 바른 사역을 할 수 있겠는가? 그것은 불가능한 것이다. 교단에 속해 있는 사람이 무엇을 독자적으로 할 수 있겠는가? 그가 아무리 똑똑한 사람이라 할지라도 그는 성경대로 자기를 위해서 죽었다가 살아나신 예수 그리스도를 위해 선한 일을 할 수 없게 되는 것이다. 그는 진리대로 주님을 섬길 수 없게 된다. 주님은 그에게 성별하라고 명령하셨는데도(롬 16:18, 딤전 6:3-5), 그가 이를 거절하고 자기 배를 하나님과 바꿔 버렸기 때문이다. 하나님께서 그런 자를 자기 종으로 삼아 쓰시겠는가?

비정상이 되었다는 말은 마귀에게 점유당했다는 말이다. 마귀에게 점유당한 방법과 정도는 다양하다. 마귀는 속임수, 세뇌, 위장, 흉내냄, 일꾼 등으로 가장하는 모방과 타협의 귀재이다. 믿음도 허술하고 성경적 지식도 엉성하고, 주님과 교제도 하지 않고, 하나님의 뜻과 무관한 기도만 하는 사람을 다루는 데 무엇이 문제이겠는가? 마귀는 성경을 믿지 않는 사람이 목사가 되었을 때, 그를 그의 수하에 두고 하나님을 대적하도록 이용하는 데 아무런 힘도 들이지 않는다는 점을 알아야 한다. 당신이 성경대로 하나님을 섬기지 않고 진리를 따라 실행하지 않았던 것은 마귀의 사주를 받은 것임을 알아야 한다. 사마리아에서 예루살렘교회 빌립 집사가 행하는 기적들과 표적 등을 본 마술사 시몬은 그 일에 완전히 매료되었었다(행 8:13). 마술을 하는 사람으로서 자기는 속임수를 쓰는 데 반해, 빌립은 하나님으로부터 오는 능력으로 행하는 것을 본 것이다. 시몬도 믿는다고 고백하고 침례를 받았다. 그가 베드로와 요한이 사람들에게 안수하자 성령을 받는 것을 보고 시몬이 두 사도에게 돈을 주며 말하기를 "나에게도 이 능력을 주어 누구에게든지 내가 안수하는 사람은 성령을 받게 해달라."고 하자 베드로가 뭐라고 했는가? "너는 네 돈과 더불어 망하라. 이는 네가 하나님의 선물을 돈으로 살 수 있다고 생각하였기 때문이라."고 저주했었다(행 8:20). 이 광경은 오늘날 한국의 은사주의자들이 안수기도를 해주고 돈 받는 것과 흡사하지 않는가?

사도행전은 사도들의 행적을 기록한 것이지 교리서가 아니다. 사도행전은 유대인과 교회 사이에 있는 과도기적인 책이다. 과도기에 있는 책 마태복음, 사도행전, 히브리서를 아무렇게나 갖다가 교리로 적용하려 하면 큰 혼란을 야기시킬 수 있다. 대부분의 성경적 오류는 과도기의 책들을 교리로 삼아 실행하므로 발생된 것들이다. 레닌의 공산주의는 사도행전 4:34-37을 토대로 만든 것이다. 얼마나 무서운 일인가! 교회 건축을 하면서 교인들에게 아나니아와 삽피라(행 5:1-11) 사건을 적용해서 돈을 뜯어내는 명수들이 누구인가? 신약 교리는 서신서에 있다. 특히 바울이 쓴 서신서들은 신약 교회의 교리들을 정확히 정립시켜 놓았다. 주님께서는 사도 바울에게 이 계시를 깨닫게 하셨다. 『이것은 그분이 계시로 내게 신비를 알게 하신 것이며 (내가 전에 간략하게 쓴 것과 같으니 너희가 읽을 때 거기서 그리스도의 신비 안에 있는 나의 지식을 이해하게 되리라.) 그것이 성령으로 그의 거룩한 사도들과 선지자들에게 지금 계시된 것처럼 다른 시대들에서는 사람들의 아들들에게 알려지지 아니하였으니 이는 이방인들이 복음을 통하여 그리스도 안에서 공동 상속자가 되고 한 몸이 되며 그의 약속에 동참자가 된다는 것이니라』(엡 3:3-6). 구약성경의 부분들이 신약에서 언급된 부분들이라면 그것은 더욱 틀림없는 교리인 것이다.

사람들이 세상을 살아가노라면 갖가지 고난과 시련과 역경에 봉착하게 된다. 우리 나라는 1년에 1만 명 이상의 자살자들이 나온다. 오죽하면 산 목숨을 끊겠는가? 마귀의 자식들이 이 악한 세상을 살아가는 데 속임을 당하기도 하고 속이기도 하며 남에게 피해를 주기도 하고 당하기도 한다. 매일 아침 조간신문으로부터 밤 11시 뉴스까지 죄와 악으로 넘쳐난다. 이것이 마귀가 관장하는 세상이다. 주님께서는 그리스도인들에게 세상도 세상에 있는 것들도 사랑하지 말라고 명하셨다. 누구든지 세상을 사랑하면 아버지를 사랑함이 그 안에 없다고 말씀하셨다(요일 2:15). 그러나 그들이 진리를 실행하려다가 고난을 당하고 박해를 받고 마귀의 공격을 받는 것은 아니다. 마귀는 구원받은 그리스도인들을 공격하는 것이지 구원받지 않은 자들을 공격하지 않는다.

그리스도인들이 마귀의 공격을 받으면 얼마든지 고난을 당하고 역경과 시련을 겪어야 한다. 그리스도인이 잘 사는 것은 이 땅이 아니라 영원한 세계에서이다. 우리가 받아야 할 영광이 너무 크기 때문에 이 땅에서는 고난도 감수하라는 것이 성경의 권면이다(롬 8:17, 빌 1:29, 딤후 2:12을 읽어 보라). 예수 믿으면 복 받는다는 것은 순복음 날라리들의 사기극이다. 『다른 복음은 없나니 다만 너희를 교란시키는 어떤 사람들이 있어서 그들이 그리스도의 복음을 변개시키려는 것이라』(갈 1:7). 그리스도의 복음

외에 어떤 다른 복음을 전한다면 그는 저주를 받으리라고 두 번이나 경고하셨다(갈 1:8,9). 순두부는 있어도 순복음이란 것은 없다. 어떤 자들이 자기들만이 순수한 복음을 전한다며 불순한 의도로 지어낸 것이다. 그들은 진리와 무관한 일들을 하고 마귀들을 기쁘게 하는 일을 하기 때문에 마귀에게서 공격을 받는 일이 없다는 것을 증명하고 있는 셈이다.

그리스도인들은 복음의 진리를 전파하고, 말씀을 보존하고, 진리를 수호하며, 믿음을 지키려다 수많은 사람들이 마귀의 종들에게 죽임을 당했고, 지금도 고난과 박해를 받고 있다. 주님을 따랐던 제자들은 모두 순교당했다. 왜 주님은 자기 제자들도 원수들의 손에서 지켜주지 못했는가? 암흑시대 로마카톨릭으로부터 공산주의, 군국주의자들로부터 보호하지 않으셨는가? 그분이 말씀하셨다. 『주의 성도들의 죽음은 주께서 보시기에 값진 것이로다』(시 116:15). 예수 믿으면 복 받는다는 사기꾼들에 속아 모여드는 무리들에게 예수 그리스도와 진리를 위해 박해를 당하고 목숨을 내놓으라고 해 보라. 그들이 그렇게 하겠는가? 그리스도인들과 교인들은 이 점에도 다른 것이다.

이 땅에 있는 동안 그리스도인들은 갖가지 고난을 당하게 되어 있다. 만일 당신의 가족 중에 믿지 않는 사람들이 있다면, 그들이 당신을 대적하여 발꿈치를 들게 되어 있다(마 10:34-39). 예수님께서는 사람의 원수들은 그의 가족 중에 있다고 말씀하셨다. 비진리 속에 진리가 들어가면 화학반응이 일어나는 것은 필연적인 일이다. 당신의 교회 안에 진리가 들어갔는데 아무런 반응도 일어나지 않았다면 그것은 모두 죽은 시체들뿐이기 때문이다. 영이 죽어 있는 사람은 하나님께서 보시기에 시체에 불과하다. 그리스도인도 전쟁 중에 폭격을 당할 수 있으며, 암이나 다른 불치의 병에 걸릴 수도 있다. 진리 때문에 혹독한 고문을 당할 수도 있고, 예기치 못한 재난을 당할 수도 있고, 교통사고도 당할 수 있으며 화재를 겪을 수도 있다. 포크랜드섬 주민을 위해 선교하러 갔던 가드너(Allen Francis Gardner, 1794-1851)는 카리브해, 픽튼 섬에서 굶어죽었다. 인도에 갔던 윌리엄 캐리는 자기 아내와 가족도 동행하지 않았다. 미얀마에 갔던 아도니람 저드슨은 아내를 두 번이나 장사지내야 했고, 자식도 그곳에 묻어야 했으며, 자신도 해안에 수장되었다. 페르시아에 갔던 헨리 마틴은 페르시아어를 배워 성경을 번역했으나 열병에 시달리다 죽었다. 미국 인디언들에게 복음을 전했던 데이비드 브레이너드는 폐렴에 걸려 29세의 젊은 나이에 죽었다. 리처드 웜브란트는 루마니아의 감옥에서 7년의 옥고를 치러야 했다. 우리 나라 은사주의 목사들의 눈에 그들은 하나님을 잘못 믿은 사람들이 된다. 누가 잘못된 것인가? 은사주의 목사들인가, 고난당한 그리스도인들인가? 시베리아의 강제수용소, 북한의 강제수용소에 갇힌 그리스도인들은 굶주림과 혹독한 추위에 지쳐 쓰러져 죽은 사람들이 부지기수이다. 그렇다면 구원받은 그리스도인의 유익은 무엇인가?

(1) 당신이 어떠한 처지에 있더라도 주님께서 함께하신다는 사실이다.

(2) 당신의 혼은 절대로 지옥에 가지 않으며 주님의 음성을 듣는 날에 부활하게 된다.

(3) 당신이 죄를 짓는다 해도 고백하면 주 예수 그리스도의 피로 깨끗하게 씻음받을 수 있다.

(4) 고난에 처해도 믿음으로 이겨낼 수 있으며, 그분의 도우심으로 그 고난에서 벗어날 수 있다는 사실이다.

그러나 구원받지 못한 사람은 절대로 이런 특권들을 가질 수 없다. 설교가 문제가 되고, 가르치는 것이 문제가 되거나 아니면 자신이 몸소 육신적인 죄들을 짓거나, 아니면 가족들이 지탄받을 일들에 연루되거나 갖가지 명목으로 교회헌금을 더 차지하고 더 좋은 집, 더 좋은 차, 더 좋은 별장, 골프회원권 등으로 교인들로부터 지탄을 받고 교회를 떠나라든지 안 떠나겠다 하면서 패가 나뉘어 싸움질하는 것을 박해라고 이름붙이지 말라. 그런 것은 마귀의 사주에 의하여 놀아난 마귀의 짓일 뿐이다.

5. 인간의 권위로 교회를 운영하는 사람들의 특징

『하나님께로부터 나온 사람은 하나님의 말씀들을 듣느니라』(요 8:47). 반대로 하나님의 말씀을 듣지 않는 사람은 하나님으로부터 나온 사람이 아님을 드러낸 것이다.

(1) 섬김을 받으려는 목사들

성직자(니콜라파)와 평신도를 구분하여 자신을 성직자의 위상에 놓으려 한다. 예수님께서는 말씀하시기를 『그러나 너희는 랍비라 불림을 받지 말라. 이는 너희 선생은 한 분, 곧 그리스도요, 너희는 모두 형제이기 때문이라.』(마 23:8)고 하셨다. 하나님의 말씀에 순종하지 않는 사람은 하나님의 말씀을 준행할 의지가 없는 사람이다. 대부분의 종교의식들은 인간이 권위 있음을 보여 주려는 데서 시작된 것이다. 로마카톨릭의 소위 성직자들은 가운과 모자를 착용한다. 이것은 바빌론 신비종교의 제사장들과 바알의 제사장들이 입은 검은 제의에 해당된다. 그들은 그들이 성직자라는 점을 과시하기 위함이다. 감리교 감독들의 가운과 교단 교회 목사들이 입는 가운은 모두 인간적 권위를 표명하기 위한 것이다. 성경에 없는 것을 행하는 자들은 하나님의 종이 아니다.

(2) 교단 교회의 법을 성경 우위에 둔 목사들

하나님이 세우신 교회는 하나님께 속한다. 이 교회는 말씀에서 벗어나지 않고 말씀에 따라 교회를 운영하나 인간이 인간적 목적과 의도를 가지고 세웠다면 그것은 하나님의 피로 사신 하나님의 교회가 아니라(행 20:28) 인간의 교회(모임)일 뿐이다. 인간적 목적과 의도를 가진 교회들이 교단을 이루어야 할 이유가 무엇인가? 교회란 예수 그리스도의 몸이고 그 머리 되신 분이 예수 그리스도이신데 그 위에 무슨 개떡 같은 교단이 있어야 하는가? 교단을 만들면 하나님의 뜻을 실현하는 것이 아니고 오히려 하나님의 뜻을 거역하게 된다. 그들은 인간들끼리 모여 조직을 이루고 교단 법을 만들어 말씀의 권위 위에 놓는다. 이것이 라오디케아 유형의 교회이다. 이것은 로마카톨릭의 공회(Council)에서 본받은 것들이다. 해 아래 새 것은 없다. 로마카톨릭이 실행했기에 자기네 교단도 한다는 것뿐이다. 성경을 모르는 사람이 하는 발상과 행동은 하나님을 대적한다는 점을 알아야 한다. 예수님께서 말씀하시기를 『사람들의 계명들을 교리들로 가르치니, 그들이 나를 헛되이 경배하는도다.』(마 15:9)라고 말씀하셨다. 그들은 사실 하나님을 믿는 것이 아니다. 라오디케아 교회(1900년-현재까지)는 신권을 배격하고 인권, 즉 시민의 권리에 의해 운영된다.

하나님의 말씀이 있는데, 이 하나님의 법과 규례와 계명을 무시하고 교단헌법을 만들어 그것을 준행해야 할 필요가 무엇인가? 세상의 판사가 헌법전서를 제쳐놓고 자기들 사법연수원 동기들끼리 법을 만들어 그대로 재판할 수 있겠는가? 그렇다면 교단헌법을 만드는 자들은 누구인가? 그들은 그들 스스로가 하나님의 종이 아님을 드러내 보이고 있는 것이다.

외경은 로마카톨릭에 의해 만들어진 것이며, 그들은 지금까지 외경을 성경 66권의 권위와 동일하게 여기며 하나님의 영감으로 기록한 것이라고 트렌트공회(1546)에서 결의하였다. 이것은 일단의 종교를 신봉한 자들이 하나님을 대적하는 행위이다. 카톨릭은 A.D. 431년에 마리아를 숭배하기 시작했고 500년 사제들이 긴 옷을 입었으며, 600년 라틴어로 미사를 했고, 마리아에게 기도했다. 1190년 속죄권을 팔아먹었고, 1229년에 평신도에게 성경을 못 보게 했다. 1545년에 그들의 전통을 성경과 동일한 권위에 두었고, 1546년에 외경을 성경에 포함시켰으며, 1870년에 교황의 무오성을 들고 나왔다. 개신교 교단 교회들도 이러한 로마카톨릭을 본받아 그런 흉내를 내고 싶은 것이다. 그들은 늘 로마카톨릭의 전통과 의식을 본따서 행하면서도 로마카톨릭을 경원하는 것처럼 보일 뿐이다. 그들이 사람들을 속일 수 있을지라도 하나님도 속일 수 있겠는가? 그들은 로마카톨릭 성경인 〈한글개역성경〉을 분별없이 쓰고 있는데, 다만 외경만을 빼놓고 쓰는 것이다. 이 점을 아는 개신교 목사들은 거의 없다. 〈한글개역성경〉이나 〈개역개정판〉이 제대로 되어 있으려면 외경이 포함되어야 한다. 그들 입으로 〈한글개역성경〉은 시내 사본(1844)과 바티칸 사본(1481)에서 번역한 것이라고 자랑했기 때문이다. 대한성서공회는 개신 교단 교회들을 50년 이상 속였고 교단 교회들은 그들의 교인들을 50년 이상 속였다. 〈개역개정판〉을 쓰는 자들은 〈한글개역성경〉으로 그처럼 오랫동안 교인들을 속이고도 모자라 또 이름을 바꾸어 속이려 하고 있다.

(3) 성경적 교리와 교단 교리는 다르다.

『이제 성령께서 분명히 말씀하시나니, 마지막 때에 어떤 자들이 믿음에서 떠나 미혹하는 영들과 마귀들의 교리들을 따르리라. 그들 자신의 양심이 화인을 맞아 위선으로 거짓을 말하리라』(딤전 4:1,2).

성경대로 실행하지 않는다면, 그 교회는 마귀의 교리들을 따르는 것이다. ① 혼인을 금하는 것은 이단 교리이다. 『혼인은 모든 면에서 귀한 것이니』(히 13:4). 특히 목자와 감독들은 한 아내의 남편이어야 한다. 혼인을 금하는 것은 마귀적이다(딤전 4:1-3). ② 음식을 삼가라고 명하는 것도 마귀적이다. 이 음식은 하나님께서 진리를 믿고 아는 사람들이 감사함으로 받도록 지으신 것(딤전 4:3)이라고 말씀하셨다. 금요일에 금식하고 고기를 먹지 않는 근거가 어디인가? 성경인가 인간의 계명인가? 로마카톨릭은 예수 그리스도께서 금요일에 십자가에 못박히셨다고 믿고 있으나, 예수님은 수요일에 십자가에 못박히셨다. 성경의 하루는 저녁에서 아침까지이다. 새벽기도 역시 로마카톨릭의 미사에서 비롯된 것이며 십자가로 완성해 놓으신 구속사역에다 인간이 뭔가를 더해야 하는 것으로 알고 행하려는 자들이다. 안식교인들은 레위기의 음식 규례대로 살려고 한다. 그들은 유대인들에게 주어진 규례들을 신약 교회에서 지키고 있는 이단이다.

구약의 계명이나 규례들을 신약 교회가 교리로 실행하려면 신약성경에서 언급되어 있어야 한다. 예를 들면, 『여자는 남자에게 속한 옷을 입지 말 것이며 남자도 여자의 의복을 입지 말지니 이는 그렇게 행하는 모든 자는 **주** 너의 하나님께 가증함이니라』(신 22:5). 이 구절을 지켜야 다른 사람들보다 경건하다고 여기고, 미국의 근본주의자들은 여자가 바지를 입는 것을 금하고 있다. 그 때문에 그들은 운동경기에서도, 등산할 때에도 여자들이 치마를 입는다. B.C. 1450년경에 이스라엘인들의 여자와 남자의 옷이 어떻게 달랐는가? 신명기 22장의 맨 끝(30절)에는 자기 아비의 치맛자락을 열어 보지 말라고 했다. 남자가 스커트형 옷을 입었던 것이다. 뿐만 아니라, 신약성경에서 옷에 대한 규례는 반복되지 않았다. 만일 의복에 관한 규례를 지키려면 율법 전체를 지켜야 하지 않겠는가? 같은 장 11절에는 양털과 베실로 함께 짠 것같이 여러 가지로 섞어 짠 옷은 입지 말라고 했다. 혼방, 캐시미어 등을 입지 말라는 것이다. 근본주의자들의 옷은 정확히 혼방이나 캐시미어는 없는가? 율법에 있는 것에서 몇 가지를 빼내 와서 자기들만이 잘 믿는 체하는 것이 율법주의자가 아니고 무엇인가? 안식교인들은 자장면을 먹으면서도 그 안에 돼지고기가 든 것을 모르는 체 한다. 만일 의가 율법으로 인하여 온 것이라면 그리스도께서는 헛되이 죽으신 것이다(갈 2:21)라는 말씀은 바로 그들을 두고 하신 말씀이다.

하나님의 말씀에 없는 것을 지키려 하거나, 성경을 무시하고 인간들끼리 또 무슨 법을 만들어 그것에 권위를 두거나 성경을 잘못 해석해서 적용하는 것 등 모두가 인간의 권위를 주장하는 행위이다. 성경은 거듭난 사람이라 할지라도 영적인 심도가 얕으면 믿기 어려운 책이다. 믿는다고 고백하고, 하나님의 종이라고 자처하고, 수년, 수십 년씩 사역을 한 사람들도 하나님의 말씀을 믿지 못하는 사람들이 얼마나 많은가! 그런 믿음 없는 자들일수록 영적인 일을 하려고 할 때, 말씀을 기록된 대로 믿을 수 없기 때문에 인간적인 발상이 나오게 되며, 그것을 따르는 사람의 수가 많게 될 때, 인간의 전통으로 자리잡게 되는 것이다. 예수님께서는 이 점을 지적하시어 사람의 계명을 하나님의 계명보다 중시하는 사람은 하나님을 잘못 공경한 것이라고 말씀하셨다. 인간적 권위로 교회를 운영하는 자는 하나님의 종이 아니다. 성경의 권위가 왜 중요한가? 성경에서 가르치는 일들이 때로는 너무 경이롭고 엄청나게 여겨지기 때문에 성경구절도 그 점을 증명해 줘야 하기 때문이다. 설교자의 말은 인간의 말이지만 성경은 하나님의 말씀이기에 하나님의 말씀으로 인간의 말을 증거해 주는 것이다. 이것이 성경의 권위이다. 이 성경의 권위에 반론을 제기할 수 있는 자가 누구인가? 마귀에게 쓰임받은 자들뿐이다. 『거짓 선지자들을 조심하라. 그들은 양의 옷을 입고 너희에게 나아오나 속은 약탈하는 이리들이라』(마

7:15). 『거룩한 것을 개들에게 주지 말고, 너희의 진주를 돼지들 앞에 던지지 말라. 그들이 그것들을 발로 밟고, 다시 돌아서서 너희를 찢을까 함이라』(마 7:6).

하나님의 말씀을 듣기만 하고 행하지 않는 사람은 누구나 모래 위에 집을 지은 어리석은 사람과 같아서 비가 내리고 홍수가 나며 바람이 불어 그 집에 들이닥치면 그 무너짐이 극심하게 된다고 예수님께서 말씀하셨다(마 7:26,27). 인간적인 권위로 하나님의 일을 하려고 하는 사람은 정확히 이와 같은 어리석은 사람이 되는 것이다.

6. 인간적인 권위를 행사하는 자는 마귀의 종이다.

로마카톨릭의 역대 교황들은 성경의 권위를 인정하지 않고 자기들 교회(사실은 교회가 아니라 국가이지만)가 정한 법을 권위로 삼았으며 그들이 결정한 대로 따르지 않으면 저주했으며, 이단이라 했고, 마귀라고도 했다. 그들의 반대편에서 저주받고 이단이 되며 마귀라고 지칭된 사람들이 누구였는가? 성경대로 믿는 그리스도인들이었다. 성경대로 믿는 사람들은 바른 성경을 고집하며 절대로 타협하지 않았다. 신념과 진리를 팔아 세상의 인정을 사지 않았다. 그들은 인간이 만든 전통과 인간의 권위를 내세운 교회를 인정할 수 없어 스스로 성별하여 마귀들의 소굴에서 떠났을 때, 마귀의 종들에게서 받았던 조롱과 고문과 박해와 심지어 목숨을 내주어야 함에도 진리를 부인하지 않았다(〈폭스의 순교사〉, 〈신약교회사〉, 말씀보존학회 참조). 『그들은 믿음을 통하여 왕국들을 정복하기도 하고 의를 이루기도 하며, 약속들을 받기도 하고 사자들의 입을 막기도 하며 불의 세력을 소멸시키기도 하고 칼날을 피하기도 하며, 연약함 중에 강하게 되기도 하고 전쟁에서 용맹스럽게 되기도 하며, 외적들을 패주시키기도 하며 여자들은 그들의 죽은 자들을 다시 살려 받기도 하고 어떤 사람들은 고문을 당하면서도 굳이 면하려 하지 않았으니, 이는 그들이 더 좋은 부활을 얻고자 함이라. 또 어떤 사람들은 잔혹한 조롱과 채찍질의 시련도 받았고, 더욱이 결박당하고 감옥에도 갇혔으며 돌로 맞고, 톱으로 켜지고, 시험을 당하고, 칼로 살해되었으며, 양의 가죽과 염소의 가죽을 쓴 채 유리하며 궁핍과 고난과 학대를 당했느니라. (세상은 그들이 살 만한 데가 못 되었으므로) 그들은 광야와 산속과 동굴과 토굴에서 유리하였느니라』(히 11:33-38). 이 말씀이 진리를 배격한 카톨릭과 교단 교회 사람들에게 해당되는가? 한번 잠시 생각을 멈춰 보라! 그리스도인들은 예수 그리스도라는 반석 위에 교회를 세우나 마귀의 교회들은 베드로 위에 세워지거나 아니면 교단, 주로 사람 위에 세워진다. 그들의 반석이 우리의 반석과 같지 않음은 당연한 것이다(신 32:31).

스코틀랜드 장로교의 존 낙스(John Knox)는 한국 장로교회와 판이하게 다르다. 영국의 요한 웨슬리(John Wesley)의 감리교회는 한국 감리교회와 판이하게 다르다. 한국의 침례교회(남침례교, 김기동 침례교, 박옥수 침례교, 성서침례교)는 카톨릭 교리를 반대하는 성경대로 믿는 침례교회와 다르다. 우선 그들 모두가 쓰고 있는 성경은 〈한글개역성경〉이다. 그 성경으로는 아무리 잘 믿으려 해도 믿을 수가 없는 것이다. 교단에 속하게 되면 자기 믿음과 소신을 교단에 팔아야 한다.

여러 가지 경로를 통해 그들 중 어느 한 교회에 발을 들여놓은 사람이 바른 성경과 진리의 서적으로 진리에 눈을 떴을 때, 또 그 교회의 목사가 인간적 권위를 행사하고 인간의 계명과 전통으로 교회를 운영하는 것을 보았을 때, 어떻게 반응하겠는가? 크게 나누어서 세 가지로 반응할 수 있다. 첫째, 그는 교회를 떠난다. 둘째, 그가 교회에 시정을 요구한다(물론 교회는 시정하지 않는다). 셋째, 그가 다른 성도들에게 문제를 제기하고 함께 나온다. 냉정하게 말하면, 하나님께서 세우신 교회가 아니기에 그 안에 있던 그리스도인들이 떠나는 것이다. 이것을 성별(Separation)이라 한다. 최초에 그 교회가 세워졌을 때 세상으로부터 성별하였을 것이다. 그런데 그 교회가 언제부터 어떻게 변질되어 또 다른 성별을 해야만 했을까? 그런 교회는 처음부터 하나님의 의도가 없이 인간의 의도로 세워져서 인간의 방식과 권위로 운영되었을 것이다. 하나님께서 부르시지 않았던 종이 교단 신학교와 교단 안수를 통해 인간이 세운 목자였을 것이다. 그는 하나님의 말씀에 순종하지 않는 인간의 종이 되어 교단의 지시를 따르는 교단의 종이 되었을 것이다,『내가 이제 사람들에게 호감을 사랴? 아니면 하나님께 사랴? 아니면 내가 사람들을 기쁘게 하려고 하겠느냐? 내가 아직도 사람들을 기쁘게 하려고 한다면 나는 그리스도의 종이 아니니라』(갈 1:10).

또 다른 경우는 목사와 교인들이 정신을 차리고 깨어 있지 못하고 잠자는 동안 마귀가 와서 그들 사이에 독보리를 뿌리고 가버렸기 때문일 것이다(마 13:25,39). 자기가 몸담은 교회가 성경의 권위를 존중하지 않고 인간적 권위로 교회를 운영하게 될 때, 진리를 따르는 그리스도인이 있게 되면, 그 그리스도인은 교회에서 떠나게 된다. 이때 한 가지 선을 그어야 할 것은 어떤 사람이 사람들을 선동하여 자기의 유익을 위하여(밥 먹고 살려고) 데리고 나온 것은 성별이 아니라 또 다른 마귀의 짓이다. 이것은 인간의 권위로 운영되는 교회에서 발생한 일이기에 교회분열에 대한 책임이 목사에게 있다. 그러나 성경대로 믿는 교회에서 성경대로 실행하고 있는데도 어떤 자가 역시 자기 유익을 위하여 자기가 친해 두었던 연약한 사람들을 회유시켜 데리고 나간 것과는 다른 양상이다. 이것은 영적인 일이기 때문에 마귀가 개입하여 교회를 파괴시키는 일이다(이 점은 다음 장에서 자세히 다룰 것이다).

이런 맥락에서 볼 때, 교회들이 쪼개지는 양상이 두 가지로 드러난다. 육신적인 교회에서 육신적으로 나눠는 것과 영적인 교회에서 육신적으로 나눠는 것이 그것이다. 우리나라의 교회들은 자생교회가 많지 않다. 외국 선교사들이 와서 세운 교회들 역시 엄밀히 따지면 자생교회가 아니라 교단 교회이다. 선교사가 본국에서 교단(친교회도 교단이다.)의 지원을 받아 선교라는 명분하에 외국에 교단 교회를 세운 것이며 거기에다 신학교를 세워 일꾼들을 배출해 냈으면 그들도 밥을 먹여 줘야하기 때문에 또 다른 교회를 세우게 된 것이다. 거기다가 나중에 세운 교회가 자치적으로 운영이 되지 못하고 헌금을 모아 본 교회로 보내고 담임목자는 본 교회에서 주는 월급으로 산다면 그것은 성경적 교회가 아니라 연쇄점에 불과하다.

우리나라의 장로교는 미국의 선교사들에 의해 시작되었다. 그들은 순수한 그리스도의 복음을 가지고 이 땅에 들어와 성경대로(그때는 성경도 없었기에 믿을 수도 없었다.) 구령하고 가르칠 수 없는 상태에서 학교와 병원을 세우고 거기에 종사한 직원들과 학생들을 가르쳤는데 그것은 사회복음이었다. 그들의 모임은 성령으로 거듭난 사람들의 모임이 아니라 직업을 유지하려다 보니 먹고살기 위해 믿는 체하는 사람들이 대부분이었다. 그중에는 믿음의 중요함을 인지하고 하나님을 잘 믿어 보려는 사람들도 있었고, 더 나아가 하나님의 일을 위해 헌신하여 전담사역자가 되려는 사람들도 있었다. 그러나 아쉬운 점은 그들이 어떻게 해야 하나님을 잘 믿는지를 몰랐고 또 어떻게 믿어야 하나님을 기쁘시게 하는지를 몰랐던 것이다. 후자는 전자가 있어야만 가능했다. 첫 번째 관심에 대한 답변은 하나님의 바른 말씀을 찾아서 번역해 냈어야 했다. 이는 하나님의 바른 말씀이 없이는 그 누구도 하나님을 잘 믿을 수가 없기 때문이다. 두 번째 관심에 대한 답변 역시 하나님의 바른 말씀이 있어야 어떻게 하나님을 기쁘시게 할 수 있는지 알 수 있었던 것이다.

처음부터 한국의 기독교신앙은 시작이 잘못되었던 것이다. 가령 언더우드나 아펜젤러, 스크랜튼 같은 선교사가 이 땅에 들어와 학교와 병원을 세우지 않고 통역을 세워서라도 복음이 든 전도지를 책자로 만들어 길가는 사람들에게 나눠 주며 현재 우리 성경침례교회 성도들이 하는 것처럼 서울역, 월드컵공원, 고속터미널, 종로, 광화문, 연세대 앞 등지에서 구령을 하고 복음을 외쳤더라면 어떻게 되었을까? 그리고 즉시 성경을 번역하는 데 주력하여 바른 성경을 펴냈더라면 지금과 같이 변질된 교회들은 나오지 않았을 것이다.

한국에서 대형 교회를 하려면 무슨 짓을 하든지 마귀가 신인 이 세상에서 사람들로부터 인정을 받아야 한다. 이상한 소리, 거짓말, 마귀의 능력, 최면술, 마술까지도 써먹으면서 병 고치는 은사가 있는 사람이라고 소문을 내서 역시 유명해져야 하든지 교회 건물을 번지르르하게 짓고 사람들에게 휴지라도 나눠 주며 자기들 교회로 끌어들여야 하고, 그들에게 아주머니와 처녀들까지도 집사, 권사, 장로, 심지어 목사직분까지 주어 그들을 족쇄로 채워 못 나가게 해야 한다. 유명하게 될 것이 없으니 마치 지방의회 의원 출마자처럼 온갖 잡동사니 타이틀까지 집어넣어 대단한 인물인 것처럼 소개해야 한다. 이런 현상은 한국식기독교에서만 볼 수 있다.

1997년에 우리 펜사콜라성경신학원(킹제임스성경신학대학 전신)에 한 학생이 들어왔는데 자신을 「빛과 소금」의 기자라고 소개했다. 그는 3학기를 공부하는 동안 많은 진리의 지식에 눈떴다고 스스로 실토했다. 필자가 가르친 학생이었기에 서로 이해하게 되었다. 그런데도 그의 삶에는 변화가 보이지 않았다. 그는 진리의 지식을 깨닫고서도 변화된 삶을 살지 않고 그의 옛 습관을 고칠 생각을 하지 않은 것을 알게 되었다. 성경적 지식이 들어가면 헌신하고 성별하고 남은 생애를 주님을 위해 살겠다는 동기와 결의가 있어야 하는데, 그는 자아를 강하게 지키려 했다. 나중에 안 일이지만, 그는 하용조, 옥한흠, 홍정길 세 목사가 보낸 스파이였노라고 어느 날 나에게 말해 줬다. 이 세 목사들이 말하기를 이제 한국에 또 하나의 대형 교회가 더 생길 것이라고 하더란다. 그게 무슨 말이냐고 물었더니, 이송오 목사님은 〈킹제임스성경〉을 번역했기 때문에 유명하게 되었으니 사람들이 모여들 것이라고 말했다. 나는 쓴웃음을 웃으며 그에게 그들에게 가서 걱정 놓으라고 하더라고 말하라 했다. 나는 그런 종류의 사람이 아니라고 말해 주었다. 나는 그 학생에게 자퇴하라고 권고했다. 그 이유는 3학기나 가르쳤는데도 학생의 생애에 변화가 없다면 공부를 더해서 뭘 하겠느냐는 것이었다. 나는 수업료를 받기 위해 그런 학생을 묵인하지 않는다고 했다. 그는 퇴학은 학생에게 사형선고와 같은데 그렇게 해서야 되느냐고 반문했다. 그가 우리 신학원에서 배운 진리의 지식을 그의 월간지에다 써먹을 수가 없었던 것이다. 나는 그에게 우리 양편에 서로 도움이 안 되는 일을 계속할 필요가 있겠느냐고 하며 그를 퇴학시켰다. 그리하여 그는 우리 신학원의 최초의 퇴학생이 되었다. 이런 개념은 그들 세 목사들뿐 아니라 너나할 것 없이 한국 교계에 팽배해 있는 현상이다. 마치 그들은 염불에는 관심 없고, 제사 밥에만 관심이 있는 중들과 다를 바가 없다. 예수 그리스도께서는 그런 자들을 위해서 찢기시고, 주먹으로 얼굴을 맞고, 침 뱉음을 당하고, 수염이 뽑히고, 십자가에 달려 피와 물을 쏟고 죽으시면서 "다 이루었다"고 말씀하시며 인류를 위한 하나님의 구원 계획을 완성해 놓으셨는데, 그런 자들은 십자가는 쳐다보지도 않고 주님의 옷이나 나누고 있는 로마 병사들과 같은 자들이다. 또한 그들의 동료인 남침례교 이동원 목사는 용인성전, 분당성전하며 프렌차이즈 교회를 만들어 역시 신실한 목회가 아닌 성공한 목회를 자랑하고 있다. 돈 버는 것이 연단받은 믿음이 낸 열매인가? 죽을 때 가지고 가지 못할 재물을 사랑하지 말라고 설교하는 자들이 돈을 모아서 뭘 어쩌자는 것인가? 어떤 목사들은 무슨 수를 써서든지 사람만 많이 모았으면 하나님이 인정하시고 복 주셨다는 논리를 펴는 것 같다. 참으로 하나님께서 사람을 많이 모으는 것을 좋아하시며 성공한 목회라고 칭찬하시는 분이신가? 하나님은 그들과는 정반대이시다. 하나님께서 이스라엘 백성을 택하시어 자기 백성으로 삼으신 것은 다른 민족보다 수가 많기 때문이 아니라 모든 민족 중에서 가장 적기 때문이었다(신 7:7). 이스라엘이 7년 동안이나 미디안의 종노릇을 했을 때, 하나님께서는 이스라엘을 구하시려고 기드온을 세우셨다. 처음에 기드온에게 모여든 사람의 수는 32,000명이었으나 하나님께서는 그들을 다 내보내고 300명을 택하여서 미디안 대군을 섬멸하셨던 것이다(판 7장). 하나님의 일은 사람의 수로 이룩되지 않고 그분이 일으키신 종들에게 지혜와 영력을 주시어 실행하게 하신다.

우리 성경침례교회는 2005년 한 해 동안 2,290회의 거리설교를 했으며 30,859명의 혼들을 그리스도 앞으로 이겨왔다. 350여 명의 회원 중 중등부 이상 300명이 일인당 100명을 이겨온 것이다. 2005년 여름 성경핵심강연회 때 우리 교회에 왔던 빌 유뱅스(Bill Eubanks) 선교사는 비행기를 배워 비행기에 전도지를 싣고 로마 바티칸 상공에서 자기 아내와 함께 13분 동안 10만여 장의 "칙" 전도지를 뿌린 사람이다. 그는 미국 전역을 순회하면서 도시선교를 수십여 년 해 오며 많은 혼들을 주님께 이겨올 뿐만 아니라 남아메리카 여러 나라와 아프리카 전역을 돌며 설교하여 많은 혼들을 이겨오고 있다. 그가 우리 교회의 소식을 듣고 나에게 보낸 편지에는 이렇게 적혀 있었다. "이목사 교회에서 구령한 숫자는 미국 전 교회가 2005년 한 해에 구령한 숫자보다 더 많다."고. 여의도순복음 교인이 70만 명이라고 들었다. 숫자로 보아 우리 교회의 2,000배나 된다. 그러나 그들이 우리 교회의 사역을 흉내낼 수 있겠는가? 어느 것이 하나님께서 세우신 교회인가?

이 나라 대형 교회들은 2005년 한 해에 하나님의 사업인 구령을 몇 명이나 했는지 한번 밝혀보고 성공한(?) 목회를 자랑해 보라! 아직도 구령을 못하고 전도나 해서 사람들을 모아 돈이나 벌고 있는가? 돈 모으는 것이 하나님의 일이라는 성경 구절을 하나만 제시해 보라. 부요하고 부자라고 자랑하는 라오디케아의 퇴물들에게 하나님께서 말씀하시기를 『너는 비참하고, 가련하며, 가난하고, 눈멀고, 헐벗은 것을 알지 못하는도다.』(계 3:17b)라고 하셨다. 나는 주님께 기도드리고 있다. 우리 성도들 같은 성도들을 1,500명만 주시면 나는 이 민족을 복음화 시키겠노라고.

한국 교회들은 돈 버는 곳으로 변질되고 타락해 버렸다. 은사주의자들이 돈을 벌어들이자 자칭 보수주의자들도 그들에게 오염되어 똑같은 짓을 하고 있다. 은사주의 이단에게 미혹되어 자신들의 정체성마저 상실해 버린 자들을 플라스틱 형광등으로 된 십자가를 보고 하나님의 피로 사신 하나님의 교회로 인정해 달라고 했다면 그건 좀 과한 농담이겠지! 거룩하신 하나님께서 마귀의 자식들이 하는 농담에 반응하시는 분이신가? 아니다. 하나님께서는 그런 자들이 세운 교회, 복음은 형식적으로 전하면서 돈벌이 하는 자들에게 그들이 위기 때 부르짖으면 조롱하리라고 분명히 밝히셨다. 『내가 불렀으나 너희가 거역하였고 내가 손을 내밀었으나 아무도 개의치 아니하였으며 오히려 나의 모든 조언을 무시하였고 나의 책망을 받아들이지 아니하였으므로 나도 너희가 재앙을 당할 때 비웃을 것이요, 너희에게 두려움이 임할 때 조롱하리니 이는 너희의 두려움이 멸망같이 이르고 너희의 재앙이 회오리바람처럼 닥칠 때요, 고난과 고통이 너희에게 임할 때라. 그때에 그들이 나를 부를 것이나, 내가 대답하지 아니하겠고, 그들이 일찍 나를 찾을 것이나 나를 만나지 못하리니, 이는 그들이 지식을 싫어하며 주를 두려워하기를 원치 아니하였음이라』(잠 1:24-29).

그들이 하나님의 종들임을 자처하면서도 이 지상에서 교회가 해야 할 일들 즉, 죄인들을 구령하고, 성도들을 말씀으로 양육시켜, 마귀의 계략과 공격에 대처하게 하고, 말씀을 변개로부터 보존하고, 복음의 진리를 세상에 전파하고, 성도들로 그리스도의 재림을 기다리며 부활의 소망을 지니게 하며, 성도들을 사랑하는 일에 소홀히 한 죄에 대해서 그분의 눈이 불꽃같으신 분 앞에서 반드시 추궁을 당한다는 사실을 명심해야 할 것이다. 만일 그들이 구원을 받았다면 말이다(고후 5:10).

모두가 한 가지 분명히 알아야 할 것은 성경대로 하나님을 섬기지도 않고, 일도 하지 않는 교회는 하나님의 피로 사신 하나님의 교회가 아니라는 점이다. 이 세상에 하나님의 교회가 아니라면 누구의 교회인가? 마귀가 관장하는 교회이다. 영적 체계에는 아군이나 적들뿐이지 중립지대는 없기 때문이다. 마귀는 이 점을 은폐하려고 가증하고 교활하고 간교한 방법으로 작전을 개시하여 처음에 좋은 동기로 시작한 교회들이라 할지라도 그들을 좀먹고 무력하게 만들어 쓰러뜨리거나 아니면 변질시켜 버렸던 것이다. 급기야 그들의 입에서는 성경대로 믿는 사람들을 이단이라고 매도하

게 되었다. 그들은,

(1) 거짓 성경인 줄 알면서 수용하고 거짓되이 가르치고 설교한다.

(2) 틀린 성경인 줄 알면서 또 다른 성경을 출간해서 혼란을 야기한다.

(3) 성경적 교리가 아닌 것을 교인들에게 주입시켜 그들로 혼란케 만든다.

(4) 교인들이 성장하지 못한 줄 알면서도 주일이면 1부 예배(오전 7시)부터 많게는 7부 예배까지 보며 진리의 말씀보다는 교회에 왔다 가게 만들고 있다. 이는 영적 성장과는 관계없이 돈을 내고 가라는 것이다. 그들 교회의 교인들은 돈 내는 기계이다.

(5) 진리의 지식보다는 문화행사를 하여 교인들로 세상맛을 교회 안에서 맛보게 한다.

(6) 교회가 성도들로 하여금 복음을 믿게 하여 영생과 부활의 소망을 지니고 살면서 예수 그리스도의 재림을 기다리게 하는 것이 아니라 교회에서 마련해 준 묘지에 묻히기를 바라게 한다.

(7) 교인들이 너무 많아 성도의 교제가 없다. 성도들은 교제를 통하여 서로를 투영시켜 미숙한 사람은 성숙하려 하고 성숙한 사람은 미숙하지 않으려는 교훈을 배우는 것인데, 앞으로 영원히 함께 살 사람들의 얼굴도 이름도 잘 모르고 사는 것이다.

필자가 말하려는 의도는 사람이 적게 모여야 좋고 많이 모인 것이 잘못된 것이라는 말이 아니다. 다수가 진리를 실행할 수는 없다는 것이다. 참으로 하나님의 뜻을 이루고자 한다면 몇천 명, 몇만 명을 가지고 돈이나 벌고 있지 말고 군사화하여 이 민족을 복음화시키는 데 일해 보라는 것이다. 그러면 그들 교회들은 아무런 판단도 받지 않게 될 것이며(고전 2:15), 오히려 부러워하고 존경받게 될 것이다.

민주주의란 유권자의 다수결로 결정하는데 이것은 투표로 민의를 결정하는 최선의 방법일 뿐이다. 만일 참정권자들의 수준이 낮아 자기 표를 고무신이나 향연이나 돈에 의하여 넘겨주게 된다면 부정한 민의가 반영된 것이며 그것은 본래의 의도와는 반대되는 결과인데, 그래도 투표수에 의해 당선이 되면 권력을 행사하게 된다. 하나님의 일이 거듭나지 않은 사람들의 다수, 설령 그들이 거듭났다 해도 동서남북도 구별할 수 없는 수준이라면 그들의 섬김은 미신에 가까울 수밖에 없는 것이다. 하나님의 일은 영적인 일이기에 영적인 사람들이 위로부터 주시는 지혜와 영력으로만이 진리의 일들을 해낼 수 있기 때문이다(고전 2:15을 읽어 보라).

만일 어떤 영적 지도자란 사람이 이 점을 모르는 채 육신적인 사람들을 모아 그들에게 성경도 체계적으로 가르치지 않고 교회의 조직을 강화하기 위하여 남자는 물론이요 여자들에게 제직을 부여하여 그들을 진리의 기둥과 터전(딤전 3:15)으로 삼는다면 그 모임이 하나님의 영적인 일들에서 어떤 부분을 감당할 수 있겠는가? 그들은 어떤 영적인 일도 해낼 수 없는 것이다. 영적인 일들을 해낼 수 없는 모임과 기구가 어떻게 하나님의 교회가 될 수 있겠는가? 왜 그들이 영적인 일들을 해낼 수 없는가? 그들이 쭉정이이기 때문이다. 쭉정이가 밀에게 무엇이겠느냐?(렘 23:28) 이것이 하나님의 선언이시다. 그러므로 쭉정이들을 많이 모아놓고 자랑하는 자는 정상인이 아니다.

이 시대에 가장 왜곡된 용어로 "교회"만한 것도 없을 것이다. 교회협의회에 가담하여 로마카톨릭과 함께 에큐메니컬 운동을 펼치고 있는 장로교, 감리교, 성결교, 루터교, 남침례교, 나사렛과 은사주의 교회들도 교회라고 하며, 몰몬교, 통일교, 안식교, 여호와의 증인들도 교회라고 한다. 하긴 에베소의 다이아나를 숭배한 전각들도 교회들로 불렸음을 감안한다면(행 19:37) 위에 열거한 교단들뿐이겠는가?

로마카톨릭의 여학생 클럽인 Sororites, 남학생클럽 Fraternity, 미국의 자선사교단체인 Masons, ELKS, Lions Club, 기드온 등도 교회라고 불릴 수 있는 것이다. 그러나 한 가지 분명한 것은, 이런 모임들(Assembly)을 교회라고 부른다 할지라도, '거듭난 사람들이 들어가 유기체를 이루는 그리스도의 몸인 교회'와는 다른 것이다(엡 1:22,23; 5:27, 고후 11:2). 이 유기체는 보이지 않는 교회로서 그리스도의 몸이요 그 머리는 예수 그리스도이시다(골 1:18). 이 유기체가 보이는 교회로 지상에 세워진 거듭난 그리스도인의 모임인 것이다(엡 2:20-22).

성령의 전이란 그 사람 안에 성령님이 내주하신 몸이란 의미이다. 이 몸이 교회이다. 이 몸들이 모인 모임이 교회이다. 건물이 교회가 아니라 이들의 모임이다. 슈퍼마켓 했던 장소이건, 카바레 했던 장소이건, 천막이든 모인 사람들의 질이 중요한 것이지, 쭉정이들이 많이 모인 교회라고 불리는 웅장한 건물이 교회가 아닌 것이다. 중세 암흑시대에 로마카톨릭은 교회국가였기에 웅장하고 화려하게 건물을 지어놓고 사람들로 엄숙하고 경건하게 자세를 갖게 했다. 그들은 거듭난 사람들이 아니었기에 그들 안에는 성령이 계시지 않았던 것이다. 그리스도의 영이 없으면 그리스도의 사람이 될 수 없는 것이다(롬 8:9).

7. 영과 진리가 아닌 것은 모두 마귀의 장난이다

요가(yoga)가 힌두교의 포교전략이라는 점을 아는 사람들은 별로 많지 않다. 운동효과, 다이어트 등에 유효하다며 요가에 빠져 있는 사람들이 늘고 있다. 불교에서는 산사체험이라며 중들의 도복을 입히고 절밥을 먹여

주고, 명상에 잠기게 한다. 순복음 은사주의자들과 교단 교회들이 기도원을 만들어 사람들을 불러들여 금식기도하게 하는 것도 모두 그들 나름대로의 포교전략의 일환이다. 역사적으로 보면, 방언으로 소리내고 예언을 한다며 말하고, 황홀경을 경험하고, 병든 자를 낫게 한다고 안수기도했던 자들은 1900년대 미국 캔사스 시에서 시작한 은사주의자가 처음이 아니었다. 이미 A.D. 200년경에 성경대로 믿는 사람들인 몬타니스트를 파괴시키려고 자신들을 몬타니스트라고 불렀던 은사주의 수도사 집단들이 그렇게 행했던 것이다. 은사주의의 시초는 로마카톨릭이었다. 마귀들의 소굴에서 왜 마귀들의 일들이 자행되지 않았겠는가? 로마카톨릭 예수회는 철학, 논리학, 심리학, 최면술, 텔레파시, 초심리학(과학적 마술), 정신요법, 마술, 초월명상까지 도입해서 활용하고 있다. 요한 바오로 2세는 아프리카의 사탄 종교인 부두교까지 수용했다고 한다(1980년 7월 8일자 AP통신). 그들이 부르짖고 있는 종교통합이 무엇을 말하는가? 불교, 힌두교, 유교, 신도교뿐만 아니라, 온갖 무속신앙까지도 포함시키려는 것이며, 교회통합운동 역시 프리메이슨, 여호와의 증인, 몰몬교, 통일교, 크리스찬 사이언스도 포함되는 것이다. 요한계시록 17:5에서는『**신비라, 큰 바빌론이라, 땅의 창녀들과 가증한 것들의 어미라.**』고 했다. 땅의 창녀들이란 성경을 거역하며, 진리를 왜곡하고 돈을 좋아하며 인간의 전통과 계명들을 하나님의 계명(말씀)보다 더 사랑하고 준행하며 교회도 아닌 것을 교회라고 부르는 자들과 그 안에 들어가 박수치고, 노래 부르는 자들까지 포함된다. 가증한 것들의 어미란 온갖 마귀가 만든 종교들인데, 성경은 그 카톨릭을 가증한 것들의 어미라고 했다. 그들이 자신들을 교회라고 말하며 비정상적인 일들을 자행하는데, 그 종류는 다양하다. 모두 다 마귀의 사주를 받은 것이다.

(1) 변칙적인 방법으로 사람들을 모으는 일 - 주로 거짓 이적을 행한다

고 소문을 내서 모은다.

(2) 성경에 없거나 잘못 해석한 것들을 행하는 일

(3) 로마카톨릭의 교회형태와 인간 전통에서 벗어나지 못하는 일

(4) 고의적으로 성경교리를 왜곡하여 사도행전을 복음서나 서신서보다 더 교리화하는 것

(5) 구령하지 않고, 성경을 체계적으로 가르치지 않는 것

(6) 교인들의 징계와 지옥에 대해 설교하지 않는 것

(7) 휴거와 그리스도의 재림을 무시하는 것 등등

이런 일들을 하는 교회들에 사람들이 아무리 많이 모인다 해도 그것은 비정상이다. 비정상이란 말은 마귀가 관장하고 있다는 말이다. 사도 바울도 이 점에 관해서 A.D. 60년경에 이미 경고한 바 있다. 『또 내가 이것을 아노니, 내가 떠난 후에 흉악한 이리들이 너희 가운데로 들어와서 양떼를 아끼지 아니할 것이며 또한 너희 가운데서도 사람들이 일어나서 왜곡된 것을 말하여 제자들을 끌어내어 자기들을 좇게 할 것이라』(행 20:29,30).

그들은 비정상인 행보가 악령의 역사인줄 모르는 채 정상적인 것인 양 수용하고 교인들에게 이와 같은 것들을 받아들이도록 가르치고 있다. 그런 자들을 성경은 '거짓 교사들'이라 부른다. 『그러나 백성 가운데도 거짓 선지자들이 있었던 것처럼 너희 가운데도 거짓 교사들이 있으리라. 그들은 저주받을 이단들을 비밀리에 불러들여서 자기들을 사신 주를 부인하기까지 하며, 급격한 파멸을 스스로 불러들이느니라. 또한 많은 사람들이 그들의 파멸의 길을 따르리니 그들로 인하여 진리의 길이 비방을 받을 것이라. 그들은 탐욕을 품고 지어 낸 말로 너희에게서 이득을 취하리니, 이제 그들의 심판은 예로부터 지체하지 않으며 그들의 멸망은 졸지 아니하느니라』(벧후 2:1-3).

7

당신은 어떤 교회에 속하여 주님을 섬기는가?

'성경은 하나님의 말씀이다'라고 믿는 사람을 정통주의자(Orthodoxy)라고 부른다. 또 성경에는 하나님의 말씀도 들어 있다고 믿는 사람들은 신정통주의자(Neo Orthodoxy)라고 부른다. 그런데 그런 자들이 어떤 것이 하나님의 말씀이고 어떤 것이 아닌지를 구별해 낼 수 있겠는가? 결국 그들은 성경을 믿지 않는 자들의 부류에 속한다. 또 성경은 하나님의 영감으로 기록되었거나 섭리로 보존된 하나님의 말씀이 아니라 인간이 기록한 책으로 고전이나 다름없다고 말한다. 이런 자들을 현대주의자 혹은 자유주의자라고 부른다. 당신은 이 세 가지 중 어디에 속하며, 당신의 교회는 어디에 속하는가?

또 있다. 보수주의(Conservatism), 복음주의(Evangelism), 근본주의(Fundamentalism)는 모두 자기들이 잘 믿는 데 속한다는 말이다. 그런데 이런 주의자들은 바른 성경에 관심이 없는데도 자신들을 그렇게 부르며 잘 믿는 체하려 한다. 그 사람이 어떻게 믿던 간에 이러한 주의나 단체에 속하기만 하면 저절로 잘 믿는 사람이 되는 것인가? 물론 아니다. 이 또한 또 다른 속임수임을 알 수 있다. 어떤 사람은 정통주의자로 하나님을 섬기는 반면, 어떤 사람은 신정통주의자나 현대주의자 혹은 자유주의자로 남는 것인가? 왜 모두가 정통주의자가 못되고 신정통주의자나 자유주의자가 되는 것인가? 왜 어떤 사람은 정통주의자들을 기르려고 애쓰는 반면, 어떤 사람은 신정통주의자나 자유주의자가 되도록 방치하는 것인가?

여기에서 하나님에 의해서 쓰임받은 종과 마귀에 의해 쓰임받은 종으로 나뉘는 것이다. 하나님에 의하여 쓰임받은 자들은 하나님의 일을 하고 마귀에 의하여 쓰임받은 자들은 마귀의 일을 하게 된다. 그런데 하나님의 일을 하는 자들도 교회를 세워 운영하고 마귀의 일을 하는 자들도 자기들의 교회를 교회라고 한다. 더 나아가, 마귀의 일을 하는 자들의 교회가 그 숫자도 많고 교인들의 수도 더 많게 될 때, 진리는 비진리에 의해 가려지고 빛을 발하지 못하게 되는 것이다. 이것이 마귀가 기독교계에 퍼트리는 독보리인 것이다. 그러므로 마귀의 실체와, 그의 계략을 모르는 사람은 예수 그리스도를 믿는 것도 아니요, 구원받은 그리스도인도 아니다. 교단 교회를 아무리 많이 세우고 그 안으로 사람들이 아무리 많이 몰려 들어간다 해도 하나님 아버지와는 별개의 일임에도 불구하고 하나님의 이름으로 이루어지고 있는 것이 역사를 통해 자행되어 온 현실이다.

당신은 마귀에 대하여 얼마만큼 알고 있는가? 당신의 교회에서 마귀에 대하여 얼마만큼 자주 설교를 들었는가? 당신의 교회는 얼마나 자주 마귀의 공격을 받았는가? 만일 마귀에 대해 전혀 모르고 있다면 그 교회는 하나님의 교회가 아니라는 증거이다.

(1) 하나님께서는 마귀를 만들지 않았다. 루시퍼는 하나님의 보좌를 덮는 그룹이었는데, 하나님의 보좌를 넘보다가 타락한 것이다. 마귀(Devil)는 하나지만, 마귀들(devils)은 그 수가 많다(막 5:9에서는 한 사람 안에 들어간 숫자가 군단이라고 했다. 군단「Legion」은 약 6천 명이다). 『또 하늘에 전쟁이 있으니 미카엘과 그의 천사들이 용을 대항하여 싸우고 용과 그의 천사들도 싸우나 그들이 이기지 못하여 하늘에서 더 이상 있을 곳을 찾지 못하더라. 그리하여 그 큰 용이 쫓겨나니 그는 마귀라고도 하고 사탄이라고도 하는 옛 뱀, 곧 온 세상을 미혹하던 자라. 그가 땅으로 쫓겨나고 그의 천사들도 그와 함께 쫓겨나더라』(계 12:7-9). 사탄은 이 세상의 신이요 실질적인 통치자이다. 『오 아침의 아들 루시퍼야, 네가 어찌 하늘에서 떨어졌느냐! 민족들을 연약하게 하였던 네가 어찌 땅으로 끊어져 내렸느냐! 이는 네가 네 마음속에 말하기를 "내가 하늘에 올라가서 내가 내 보좌를 하나님의 별들보다 높일 것이요, 내가 또한 북편에 있는 회중의 산 위에 앉으리라. 내가 구름들의 높은 곳들 위로 올라가, 내가 지극히 높으신 분같이 되리라." 하였음이라. 그러나 너는 지옥까지 끌어내려질 것이요, 구렁의 사면에까지 끌어내려지리라. 너를 보는 자들이 너를 자세히 살펴보고 숙고하여 말하기를 "이 자가 땅을 떨게 하고, 왕국들을 진동시켰으며』(사 14:12-16).

(2) 마귀는 예수 그리스도가 하나님 되심도 알고, 그분이 지극히 높으신 분이라는 사실과 그분의 권위도 잘 알고 있다(마 8:31,32, 행 19:15). 마귀들은 더럽고, 음침하며, 폭력적이고 사악하다(마 8:28; 9:33; 10:1; 12:43). 우리가 악령이라고 말할 때, 그들은 거짓말 하는 영들이며, 사악한 영들이요, 유랑하는 영들이다.

(3) 마귀는 사람과 동물들의 육체를 자기 처소로 만들기 원하며, 육체에 들어가면 통제할 능력이 있다. 마귀에게 사로잡히면 정도에 따라 차이는 있지만 폐인이 된다. 기도원, 수용소, 정신병원에 수용되어 있는 사람들은 여러 가지 이유로 인해서 자기의 마음과 의지를 마귀에게 내어주게 되었을 때, 점유당한 것이다. 사람들이 교회에 다니다가 악령의 침입을 받게 된 경우들이 많다. 그 이유는 자기의 믿음이 진리에 확고히 뿌리내리지 않고 은사 비슷한 것을 흉내내려고 하거나 지식도 아닌 것을 붙들고 있을 때, 마귀의 침입을 허용하게 되는 것이다. 『더러운 영이 어떤 사람에게서 나와, 물 없는 곳으로 두루 다니면서 쉴 곳을 찾다가 찾지 못하자, 그가 말하기를 '내가 나왔던 내 집으로 돌아가리라.' 하고, 돌아와 보니, 그 집이 비어 있고, 소제되고, 단장되었더라. 그러자 그가 가서 자기보다 더 악한 다른 일곱 영을 데리고 들어가 거기서 사니, 그 사람의 나중 상태가 처음보다 더 악화되었더라. 이 악한 세대도 그러하리라."』고 말씀하셨다(마 12:43-45). 사람이 성령으로 채워지지 않고, 성경적 지식이 결여되어 깨끗하게 청소되어 있으면, 마귀의 공격을 막아내지 못하게 된다. 거기다가 종교심으로 단장되어 있다면, 마귀가 들어갈 수 있는 최상의 조건을 갖추고 있는 셈이다. 당신은 무엇을 위해 예수님을 믿는다고 고백했는가? 마귀의 공격으로부터 자신과 가족을 보호하기 위해서였다. 지금 당신은 마귀로부터 보호받고 있는가? 나는 당신에게 말씀에 순종하고 있느냐고 묻고 있다.

(4) 마귀가 그 사람 안으로 들어가면, 육신적인 질병을 일으키기도 한다(마 12:22; 17:15-18). 정신적인 질병은 단순한 정신적 혼란과 구별해야 한다. 간질병은 마귀가 일으키는 병이 아니다. 교통사고로 뇌를 다친 정신

적 장애도 마귀가 주는 병이 아니다. 필자는 미국에서 생활하는 동안 여러 명의 목사들의 아내들이 미국 의학으로 규명되지 못한 병들을 평생 앓고 있는 것을 보았는데, 말씀으로 무장하지 않은 채 하나님의 일에 조력자가 되려하거나 유용하게 쓰임받을 위치에 있게 되면, 마귀는 가차 없이 공격하는 것이다.

(5) 맹목적인 열성, 종교적인 금욕주의(과도한 금식, 독신주의), 형식주의에서 드러난 기도들(딤전 4:1-3). 교회 안에 그런 자들이 있으면, 영적인 성도들과 갈등을 일으키기도 한다. 그들은 성도로 위장하여 교회에 침투하며, 성도의 흉내를 내며 새벽기도, 금식기도, 헌금 등에 두각을 나타낸다. 심지어 신학교도 다니고 구령도 하지만, 모든 것은 흉내를 낼 뿐, 그들의 내면적 신앙생활과는 다른 행보이다. 그들은 늘 자기들의 편이 누구인 줄 알기 때문에 그들과만 교제하고, 성도들과의 교제를 회피한다.

(6) 하지만 그들은 믿음에서 떠날 수 있다. 그들의 믿음은 진리에 뿌리내리지 않았기 때문이다. 그들은 더러운 상태로 퇴보한다(벧후 2:10-12). 마귀들은 사람 안에 침투하여 인간성을 지배하고 더러운 목적으로 그 사람을 이용하기도 한다. 유랑하는 영들은 그 사람을 소유하지 않고 단순히 외적으로 최면 같은 것으로 조종하기도 한다. 그 사람의 정신 상태를 이용하여 그 입으로 이야기할 때 입에서 게거품 같은 것이 나오는 것을 보았는가? 어떤 사람은 실제로 성경적 지식을 많이 갖추기도 하지만, 그의 실제 생활은 자기가 아는 지식과 따로 노는 것임을 알 수 있다.

(7) 천사들은 몸이 있지만, 마귀들은 보이지 않는다. 그들은 가정집에

몰래 들어가 가족의 비밀을 엿듣는다. 친구끼리 귀에다 대고 말했는데 소문이 퍼져나가는 경우들도 있다.

또한 중재자(점쟁이)를 통하여 개인에게 정보를 제공하기도 하며 때로는 과거를 열기도 하고 한정된 범위 내에서 미래를 말하기도 한다. 우리나라 사람들은 한 해에 이런 점쟁이들, 마귀들린 자들에게 2조 원을 쓴다는 통계가 있다. 설날과 추석날, 조상의 제삿날에 제사지내는 것은 마귀들의 종용에 따른 것이다. 『그러나 내가 말하노니 이방인들이 제사하는 것은 마귀들에게 하는 것이지 하나님께 하는 것이 아니니라. 나는 너희가 마귀들과 교제하는 자들이 되는 것을 바라지 아니하노라. 너희는 주의 잔과 마귀들의 잔을 함께 마실 수 없으며 너희는 주의 식탁과 마귀들의 식탁에 함께 참여할 수 없느니라』(고전 10:20,21). 무당은 마귀의 도구이다. 마귀는 능력이 있다(행 16:16-18). 마귀가 얼마나 많은 사람들을 교회 안에다 묶어두는지 보라. 진리를 알면 자유케 될 텐데 진리를 모르기에 계속해서 마귀의 종노릇을 하고 있다.

(8) 이교도 종교의 이면에는 마귀의 숭배가 있고, 마귀의 영에 관장되어 있다. 제도화된 교회들, 은사주의 교회들, 로마카톨릭은 마귀를 다룬 적도 없고, 설교로 그들의 실체를 드러낸 적도 없다. 그들은 마귀의 영들에 의해 마귀의 교리들을 실행하고 있다. 쓸데없고, 불필요한 짓들을 교회로 가져와 실행하려 한다. 이들 교회들과 성경대로 믿는 교회들은 전혀 다르다. 마귀의 영들은 ① 예수 그리스도의 신성을 부인한다. 그래도 삼위일체를 믿는다고 거짓말한다. 그들이 쓰는 성경에는 삼위일체를 가장 잘 규명해 놓은 요한일서 5:7을 삭제시켰으면서도 말이다. ② 거듭난 사람이 죽으면 부활한다는 점도 부인한다. ③ 그들은 예수 그리스도의 재림을 믿지 않는

다. 이 모두는 연계되어 있다. 성경의 어느 한 부분을 부인할 경우, 결국 전체 퍼즐이 들어맞지 않게 되어 있다.

(9) 마귀는 그들의 때가 얼마 남지 않은 것을 알고 발악을 하고 있으며, 그들의 운명이 지옥에서 불타는 영원한 고통뿐이라는 점도 알고 있다(마 8:29, 눅 8:31). 그래서 지금은 한 사람이라도 더 실족시켜 자기 패로 만들려고 발악을 하는 것이다. 그 중에서 가장 쉬운 방법은 인간에게 종교심을 조장시켜야 그들을 부리기가 쉬운 것을 안다. 어떤 교단 목사가 나와서 성경을 들먹거리면서 요구하면, 가장 용이하게 부릴 수 있는 것이다. 은사주의자들의 집회를 보면 성령화대회니 성시화대회니 하지만 정작 그 귀한 이름 예수 그리스도는 보이지 않는다. 그것은 부흥회, 질병치유를 내건 마귀들의 잔치임을 스스로 드러낸 것이다.

(10) 마귀들린 자들의 증상은 다양하다. 음성변조, 투시, 방언(이는 알지 못한 소리가 아니라 실제로 한 번도 배운 적이 없는 외국 언어를 말하기도 한다). 무속신앙(Occults)을 치료한다는 심리학자, 정신과의사, 간호사가 똑같은 병에 걸리기도 한다. 당신이 그리스도인이라 할지라도 성경대로 믿고 실행하지 않으면, 마귀의 지배에서 벗어날 수 없음을 알아야 한다. 죄를 지으면 '누구라도' 죄의 종이며 정복을 당하면 '누구라도' 정복한 자의 종이 된다. 여기서 '누구라도'라는 말은 목사도 해당된다는 말이다. 마귀에게 승리하려면 예수 그리스도의 피로 죄 씻음을 받고 성령으로 거듭나 혼이 구원을 받은 사람이어야 하며, 그 사람이 에베소서 6:11-18 대로 믿음의 생활을 해야 한다. 꼭 그렇게 해야 한다.

1. "나도 교회 다녀요!"

거리에서 설교할 때 전도지를 건네면 "나도 교회 다녀요!" 하며 거절한다. 한번은 체육관에서 운동하는 옆 할머니에게 복음을 전하려고 말을 건넸더니, 저 아래 교회의 권사라고 했다. "권사란 성경에 없는 말인데요." 라고 하니, "네?" 하며 놀랜다. 그러면서 "새벽기도 열심히 나가면 하나님이 알아주시겠지요."라고 한다. 나는 "새벽기도란 성경에 없는 것을 세계에서 한국 교회들만이 합니다. 왜 그런지 아세요? 성경이 틀려 있기 때문에 그렇습니다. 할머니가 보시는 성경은 요한복음 4:24에 신령과 진정으로 경배드려야 한다고 되어 있기에, 지성이면 감천이라는 이교도식 발상에서 시작된 것이고 로마카톨릭의 새벽 미사(행위)에서 비롯된 것입니다." 그 할머니는 입을 다물지 못했다. "나는 우리 목사님 말씀만 따를래요." "그건 자유지만, 하나님의 말씀을 믿어야지, 목사 말을 믿으면 지옥에 갈 수도 있습니다." 그 할머니는 자기 목사가 옳고 내가 틀리다는 눈치였다.

『또 너희는 몸은 죽여도 혼은 죽일 수 없는 자들을 두려워하지 말고, 오히려 혼과 몸을 모두 지옥에서 멸하실 수 있는 그분을 두려워하라』(마 10:28). 『그러나 너희가 누구를 두려워해야 하는지 내가 보여 주리라. 죽인 후에 지옥에 던져 넣는 권세를 가진 그분을 두려워하라. 정녕, 내가 너희에게 말하노니 그분을 두려워하라』(눅 12:5). 『나는 알파와 오메가요, 시작과 끝이라. 주「개역성경 4단어 삭제」, 곧 지금도 계시고 전에도 계셨고 앞으로 오실 전능하신 분이 말하노라』(계 1:8). 『나는 살아 있는 자며, 죽은 자였으나, 보라, 영원무궁토록 살아 있노라. 아멘. 또한 내가 지옥과 사망의 열쇠들을 가졌노라』(계 1:18). 지옥과 사망의 열쇠들을 가지신 분이 말씀하셨다는 그 말씀에 유의해야 한다.

왜 교회에 다니는가? 잘 살고, 복 받고, 무사하려고, 절에 안 다니려고, 다니고 싶으니까... 이런 대답은 모두 틀린 것이다. 왜 당신은 교회에 다녀야 하는가? 지옥에 가지 않기 위해서이다. 어떤 교회라도 교회만 다니면 지옥에 안 가는가? 지옥과 사망의 열쇠들을 가지신 우리의 구세주요 생활의 주님 되시며, 앞으로 오실 왕께서 지옥에 관하여 말씀하신 것을 살펴보자.

첫째, 마태복음 25:41에서 주님께서는 지옥은 사람을 보내기 위해서 만든 곳이 아니라 마귀와 그의 천사들을 보내기 위해서 만드셨다고 말씀하셨다. 지옥이 얼마나 무서운 곳인가는 인간의 언어로는 묘사할 수 없는 곳이다. 한 순간에 5,400명이 죽었던 고베 지진도 아니고 64,000명이 죽은 파키스탄의 지진 현장도 아니고, 스리랑카인 4만 명의 생명을 단 몇 초 만에 앗아간 서남아시아의 쓰나미도 아니며, 하와이 섬에서 분출되는 용암의 저 밑바닥도 아니다. 예수 그리스도께서는 인간들에게 그곳에 가면 절대 안 된다고 말씀하고 계신다. 아버지 하나님께서 아들 하나님을 이 땅에 보내시어 인류를 위한 하나님의 구원계획을 완성케 하신 것도 인간으로 죽어 지옥에 떨어져 영원히 고통당하지 않게 하기 위함이었다.

『하나님께서 세상을 이처럼 사랑하셔서 그의 독생자를 주셨으니, 이는 그를 믿는 사람은 누구든지 멸망하지 않고 영생을 얻게 하려 하심이니라』(요 3:16). 마가복음 9:42-48을 설명하시면서 무려 세 번이나 『그곳에는 그들의 벌레도 죽지 않고, 불도 꺼지지 아니하느니라.』고 말씀하셨는데, 개역성경, 개역 개정판에서는 하나님의 말씀을 두 번이나(44,46절) 삭제시켜서 지옥의 무서움을 가려 버렸다. 사람이 두려워할 대상은 로마카톨릭이면 교황이 아니고, 개신교도이면 교단 총회장이나 당회장이 아니라, 사망과 지옥의 열쇠들을 가지신 분, 혼과 몸을 모두 지옥에서 멸할 수 있는 그분을 두려워해야 한다.

빌립보서 2:12에서는 구원받았다는 것만 자랑하고 성경적 기준을 가지지 않고 살아가는 엉터리 그리스도인들에게 『두려움과 떨림으로 너희 구원을 온전히 이루라.』고 말씀하고 있다. "나도 교회 다녀요!"라는 말이 어쩌면 나는 절간에 다녀요 하는 말과 유사할 수도 있음을 알아야 한다. 예수님께서 얼마나 간절히 지옥에 가지 말라고 말씀하시는지 보라.

(1) 예수 그리스도를 믿어 지옥에 가지 않으려는 사람들 중, 영적으로 어린 사람 한 명을 실족시킨 사람은(목사, 장로, 집사, 교인) 자기 목에 연자 맷돌을 걸고 바다에 빠지는 것이 더 낫다고 하셨다(막 9:42). 연자 맷돌은 둥글고 판판한 돌 위에 둥글고 판판하게 다듬은 맷돌을 소나 말이 돌리는 무거운 돌이다. 한 가운데는 네모로 구멍이 나 있다. 한 사람이라도 실족시켜 지옥에 보내는 사람은 이 큰 맷돌을 목에 걸고 바다에 빠지는 것이 더 낫다는 말씀이다. 그것으로 끝나지 않는다. 그 다음에는 혼이 지옥의 불 가운데로 떨어져 영원히 고통받는 것이다. 교회를 세우고, 사람에게 그리스도의 복음을 전하여 구원받게 하고, 또 그들에게 진리의 지식으로 무장케 하여 마귀에게 사로잡혀 지금도 종노릇하고 있는 세상의 다른 사람들에게 복음을 전하여 그들도 지옥에 가지 않게 해야 하는 일이 하나님의 일인데, 이 일을 거의 형식적으로 하면서 엉뚱한 문화행사나 방언, 신유, 축사, 돈 모으기 위한 부흥회, 다른 집회나 열어 만담이나 한다면 그런 자들과 그런 자들 밑에서 역시 다른 연약한 지체들을 오도하고 실족케 하는 자들이 받을 벌이 이것인 것이다.

(2) 예수님께서는 만일 사람의 손이 자기를 실족케 한다면 손을 잘라

내는 한이 있어도 지옥에 들어가서는 안 된다고 하셨다. 두 손을 가지고 결코 꺼지지 않는 불 속인 지옥에 들어가는 것보다 불구자로 살다가 생명에 들어가는 것이 더 낫다고 말씀하셨다. 왜냐하면 지옥에는 그들의 벌레도 죽지 않고 불도 꺼지지 않기 때문이다(한글개역성경 삭제). 혼은 몸처럼 생겼다(Bodily Shape). 누가복음 16장에서 지옥에 떨어진 부자는 눈도 있고 입, 목구멍, 혀, 손 등이 그대로 있었다. 다만 비물질이기에 타거나 썩지 않을 뿐이다.

(3) 예수님께서는 발이 그 사람을 실족케 한다면 잘라 버려 두 발을 가지고 결코 꺼지지 않는 불 속인(한글개역성경 삭제) 지옥에 던져지는 것보다 절름발이로 생명에 들어가는 것이 더 낫다고 말씀하셨다. 왜냐하면 지옥에는 그들의 벌레도 죽지 않고 불도 꺼지지 않기 때문이다(한글개역성경 삭제).

(4) 예수님께서는 만일 눈이 그 사람을 실족케 하거든 뽑아 내버려 두 눈을 가지고 지옥불에 던져지는 것보다는 한 눈으로 하나님의 나라에 들어가는 것이 더 낫다고 말씀하셨다. 지옥에는 그들의 벌레도 죽지 않고 불도 꺼지지 않기 때문이다. 예수님은 지옥에 대한 설교를 하셨는데, 그분의 종이라고 나선 자들은 지옥을 감추고 설교하지 않으며, 무서운 곳이니 가서는 안 된다고 가르치지도 않고, 오히려 성경을 삭제시켜 지옥의 무서움을 가리고 있지 않는가!

우리가 예수 그리스도를 믿고 구원을 받아야하는 것은 죽어서 혼이 지옥에 가지 않기 위함이다. 다윗은 이 점을 알고 시로 표현했다. 『내가 주를 항상 내 앞에 모셨도다. 주께서 내 오른편에 계시므로 내가 요동치 아니하리로다. 그러므로 내 마음이 기쁘고 내 영광이 즐거워하며 내 육체도 소망 가운데 안식하리니 이는 주께서 내 혼을 지옥에 버려 두지 아니하시며 주의 거룩하신 분으로 썩어짐을 보지 않게 하실 것임이니이다. 주께서 내게 생명의 길을 보여 주시리니 주의 면전에는 충만한 기쁨이 있고 주의 오른편에는 즐거움이 영원무궁토록 있나이다』(시 16:8-11).

마귀는 어떤 일을 하는가? 마귀는 궁극적으로 그가 지옥불에서 영원무궁토록 고통받을 것을 알기 때문에 그의 패거리들을 더 많이 지옥에 집어넣으려고 미혹하는 것이다. 『그러나 그 짐승이 잡히고, 짐승 앞에서 기적들을 행하던 거짓 선지자도 그와 함께 잡혔으니 그는 짐승과 더불어 그 짐승의 표를 받은 자들과 그의 형상에 경배한 자들을 속이던 자라. 이 둘이 유황으로 불타오르는 불못에 산 채로 던져지더라』(계 19:20). 『그들을 미혹하던 마귀가 불과 유황 못에 던져지니 그곳에는 그 짐승과 거짓 선지자도 있어 영원무궁토록 밤낮 고통을 받으리라』(계 20:10). 『그러나 두려워하는 자들과 믿지 아니하는 자들과 가증스런 자들과 살인자들과 음행하는 자들과 마술하는 자들과 우상 숭배하는 자들과 모든 거짓말하는 자들은 불과 유황이 타는 못에 참여하리니 이것이 둘째 사망이라."고 하시더라』(계 21:8).

지옥과 멸망은 결코 가득 차지 않는 곳이다(잠 27:20, 사 5:14). 예수님께서는 당시 서기관들, 바리새인들이 오늘날의 목사들과 교인들처럼 진리의 길에서 이탈하여 제멋대로 하나님을 숭앙하는 것을 보시고 그들을 향하여 『너희 뱀들아, 독사들의 세대야(자손들아), 어떻게 너희가 지옥의 저주에서 피할 수 있겠느냐?』(마 23:33)고 힐책하셨다. 말씀을 믿고, 말씀을 알려고 하고, 말씀대로 따라 살려는 교인들이 아니라 외적 환경, 자기만족, 자기 편의를 위해 교회를 다니지만 지옥에 갈 수밖에 없는 자들의 운명을 아신 예수님께서는 성경을 통해 그 길에 여러 가지로 장애물을 놓고 계신다. 그 중에 가장 큰 것이 십자가이다. 그런데 목사들과 교인들은 이 십자가가 그들의 교회성장에 방해가 된다며 집어 던져 장애물을 없애 버렸기에, 그들은 교회는 다녀도 구원도 받지 못하고 지옥으로, 지옥으로 매 순간 던져지고 있는 것이다. 성경은 그들을 십자가의 원수들이라 부른다(빌 3:18).

"오늘 죽으면 하늘 낙원에 갈 확신이 있습니까?"라고 물으면 나는 장로교 장로요, 나는 안수집사요, 나는 감리교 권사인데요, 나는 순복음교회 권사요라고 쓸데없는 소리를 하고 있다. 지옥은 무서운 곳이니 가서는 안 된다고 가르치지도 설교하지도 않는 목사는 그가 무엇을 얼마나 성취해 놓았다 해도 가짜 목사임을 알아야 한다. 이 세상에서 가장 불쌍한 사람이 누구인가? 이 세상을 살면서도 지지리 고생하다가 죽어서도 지옥에서 영원히 고통 받는 사람일 것이다. 그보다 더 불쌍한 사람들이 있다. 몇십 년간 열심히 교회에 다니며 그것도 새벽기도에 빠지지 않고 다니다가, 돈도 교회에 많이 갖다 바치고서도 지옥에 간 사람들이다. 그들이 왜 그렇게 되어 버렸는가? 지옥을 가르치지 않은 교회에 다녔고, 잘못된 목사를 만났기 때문이다. 지옥을 농담 삼아 말하는 자들은 정신이 온전하지 않는 자들이다. 예수 그리스도께서 이 땅에 오신 것은 교회, 특히 교단 교회를 세우려고 오신 것이 아니고 하나님의 뜻을 행하려고 오셨다. 하나님의 뜻이 무엇인지 모르면, 세상을 사랑하며 살게 된다. 그러나 세상과 친구가 되면 하나님과 원수가 된다(약 4:4). 그리스도인은 주의 뜻을 이해하고 살아야 한다(엡 5:17). 예수님이 이 땅에 오신 것은 주의 뜻을 행하려고 오셨다(히 10:7,9). 하나님의 뜻은 예수 그리스도를 믿는 사람들을 마지막 날에 다시 살리는 것이라고 같은 장에서 여섯 번이나 말씀하셨다(요

6:39,40,44,54,57,58). 예수님께서는 그들을 아버지께서 내게 주시는 자들이라고 세 번 말씀하셨다(요 6:37,45,65).

극단적 칼빈주의자들은 성경적 근거도 없이 자기들이 구원받기로 예정된 사람들이라고 여기며, 자기가 죄인인 것을 자백하여 예수님을 자기의 구세주로 믿고 영접하지 않는다. 그들은 인간은 너무 타락해서 예수님을 영접할 의지도 없다고 한다. 마귀가 점유하기에 가장 좋은 조건을 스스로 형성하고 있다. 그것이 진리라고 알고 있다면 그는 틀림없이 100% 지옥으로 떨어지게 된다. 예수님이 이 땅에 오신 것은 하나님의 뜻을 행하고 그분의 일을 완수하기 위해서였다(요 4:34). 주의 모친과 형제들이 주님을 만나러 왔을 때, 제자들이 주님께 주의 모친과 형제들이 찾아왔다고 알렸을 때, 누가 나의 모친과 형제들이냐고 반문하시면서 앞에 모인 사람들을 둘러보신 후 『누구든지 하나님의 뜻을 행하는 그 사람은 나의 형제요, 자매요, 모친이니라.』고 말씀하셨다.(막 3:31-35).

하나님의 일을 하게 하시려고 지상에 그분의 종들을 시켜 하나님의 피로 사신 하나님의 교회를 세우게 하셨다. 하나님의 일은 교회로 사람들을 모아들여 교회성장이나 성공적 목회를 자랑하는 것이 아니라, 그들을 세상에 내보내시어 복음을 전하여 세상 사람들로 복음을 믿고 구원을 받게 하여 지옥에 보내지 않게 하는 것이다. 질편한 문으로 들어가고 세상에서 안일하게 주님을 믿으려 하면 거기에는 진리가 없음을 알아야 한다. 『너희는 좁은 문으로 들어가라. 이는 멸망으로 인도하는 문은 넓고 그 길이 광대하여 그리로 들어가는 사람이 많으나 생명으로 인도하는 문은 좁고 그 길이 협소하여 그것을 찾는 자가 적음이니라』(마 7:13,14). 이 권면을 따라야 한다. 이렇게 소중한 일을 간과하고 세상에 연루된 일이나 하며 반정부데모, 촛불집회, 교단 세력을 과시하기 위한 집회동원, 각종 부흥회,

은사집회, 심지어 월드컵 축구집회에 동원하는 자들이 하나님이 세우신 종들인가 아니면 마귀에게 쓰임받는 종들인가? 당신은 좁은 문으로 들어갔는가 아니면 다니기 편리하고 이름 난 교회인 질편한 문으로 들어갔는가?

2. 왜 이렇게 가짜 교회가 많은가?

우리나라에 교회 숫자가 이렇게 많게 된 원인은 대한예수교장로회 때문이다. 통합교단에서 합동교단이 분열되면서 총회신학교가 생겼고, 이제는 합동 안에서 또 분열되면서 또 총회 신학교가 생겼다. 이렇게 계속 핵분열을 하면서 200여 개의 교단으로 쪼개졌고, 각 교단이 교세확장을 위해 개척 아닌 개척을 하다 보니, 무자격 사역자들이 자연스럽게 배출되었고, 그들은 주님을 섬기는 것이 급하고 중요한 것이 아니라 먹고 살기 위해서 플라스틱 십자가를 붙들어야 했던 것이다. 이런 분열을 성경은 육신의 일(갈 5:19,20)이라고 말씀하신다. 분열을 조장하고 분열을 일삼는 자들이 하나님의 종인가 아니면 마귀의 종인가? 육신으로 어떻게 하나님을 섬긴다고 나서는가? 그들이 하는 발상과 행위로는 하나님을 기쁘시게 할 수 없다는 점도 모르는가? 『육신을 따르는 사람들은 육신의 일들을 생각하나 성령을 따르는 사람들은 성령의 일들을 생각하느니라. 육신적으로 생각하는 것은 사망이나 영적으로 생각하는 것은 생명과 화평이니라. 육신적인 생각은 하나님과 원수가 되나니 그것은 하나님의 법에 복종하지 않을 뿐만 아니라 실로 할 수도 없음이라. 그러므로 육신 안에 있는 자들은 하나님을 기쁘시게 할 수 없느니라. 그러나 하나님의 영이 너희 안에 거하시면 너희가 육신 안에 있지 아니하고 성령 안에 있나니 이제 누구든지 그리스도의 영이 없으면 그의 사람이 아니니라』(롬 8:5-9).

하나님께서는 그분의 피로 사주신 성도들에게 권면하시기를 성별하라고 하셨다. 이스라엘 백성은 성별된 백성이다(출 28:3, 레 27:14, 민 6:8, 신 10:8). 특히 주님의 사역을 담당하는 레위인들은 성별해야 했다(신 10:8). 하나님은 성별주의자이시다. 교회협의회로, 기독교협의회로 모으는 자들은 하나님을 대적하는 자들이다. 그리스도인들은 세상으로부터 성별했다. 『믿지 않는 자들과 멍에를 같이 메지 말라. 의가 불의와 어찌 관계를 맺으며 빛이 어두움과 어찌 사귀겠느냐? 그리스도가 벨리알과 어찌 조화를 이루며 또한 믿는 자가 믿지 않는 자와 어떤 부분을 같이하겠느냐? 하나님의 성전과 우상들이 어찌 일치되겠느냐? 이는 너희가 살아 계신 하나님의 성전임이라. 하나님께서도 말씀하시기를 "내가 그들 가운데서 살 것이며 그들 가운데서 다닐 것이며 나는 그들의 하나님이 되고 그들은 나의 백성이 되리라. 그러므로 주가 말하노라. 너희는 그들에게서 나와 따로 있고 더러운 것을 만지지 말라. 그리하면 내가 너희를 영접할 것이며 또 나는 너희에게 아버지가 되고 너희는 내 아들들과 딸들이 되리라. 전능하신 주가 말하노라."고 하셨느니라』(고후 6:14-18).

자기 교단 교세를 확장하려는 육신적인 의도로 교회를 세웠다면 그것은 하나님이 세우신 교회라고 볼 수 없다. 그 수가 아무리 많다 해도 미국의 남침례교처럼 형식적인 교회가 될 뿐이다. 그들이 구원의 복음의 필요성을 얼마만큼 절감하고 지옥의 무서움을 얼마나 간절히 전할 것 같은가? 세상 사람들이 복음을 받아들여 성령으로 다시 태어나는 것이 쉬운 일인가 아니면 아무나 그 일을 할 수 있는가? 이 일은 아무나 할 수 있는 일이 아니다. 이 나라의 교회들의 90% 이상이 1년에 한 명도 구령하지 못한다. 자신이 구원받기로 예정되었다고 스스로 여기고 있는 사람이 구원받을 수 있겠는가? 끝까지 견뎌야 구원받는다고 믿는 사람들이 구원을 받을 수 있겠는가? 그 중에는 교단에 속해 있다면서도 교단 교리와 상관없이 복음을 전하는 사람들도 종종 있다. 그래서 장로교 목사는 칼빈주의로 설교를 시작해서 알미니안주의로 나오고, 감리교목사는 알미니안주의로 설교를 시작해서 칼빈주의로 나오곤 한다.

한국에 교회가 많은 또 한 가지 원인은 1960년대에 자기들만 특별한 은사를 받은 사람들이라고 속이며 방언, 신유, 축사를 들고 나온 은사주의 패거리들 때문이다. 그들은 모든 이적 같은 일은 모두가 성령님이 하시는 일이라고 착각한 자들이다. 마귀의 능력으로 병을 낫고, 악령을 내쫓으며, 사람을 뒤로 넘어지게 하고 심지어 사람을 땅에서 부상(浮上)시키기도 한다. 마귀는 하늘에서 불을 내리기도 한다. 짐승의 형상에게 말도 하게 하고, 생명까지 부여하기도 한다(계 13:13-15). 마귀가 그렇게 하는 목적이 무엇인가? 사람들을 미혹하기 위해서이다. 미혹이란 거짓을 참되다고 믿게 하는 것이다. 마귀의 교회를 하나님의 교회로, 가짜 목사를 하나님의 종으로, 가짜 성경을 참 하나님의 말씀으로, 마귀의 교리를 진리의 교리로 믿게 하기 위해 미혹한다. 이제 조금 있으면 적그리스도가 등장하여 예루살렘 성전에서 자신이 하나님이라고 갖가지 이적을 행하면서 경배하게 만들 것이다. 어떤 사람들이 그런 미혹에 걸려들어 마귀를 따르는가? 구원받지 못했거나 구원받았어도 진리의 지식으로 무장하지 못한 사람들이다. 『하나님께서는 모든 사람이 구원을 받고 진리의 지식에 이르기를 원하시느니라』(딤전 2:4). 개역성경에는 진리의 지식이 삭제되고 없다.

전에 로마카톨릭 예수회 신부였던 알베르토 리베라 박사가 쓴 알베르토 시리즈 제4부 〈어둠의 세력〉(말씀보존학회) 32페이지에 보면 그가 프랑스

루르드에서 직접 목격했는데, 한쪽 다리의 무릎 아래가 없는 한 남자가 연못가에 있었는데, 갑자기 그 다리에서 살이 쑥쑥 나오더니 발과 발가락까지 생성되는 것을 보았다고 적고 있다. 이를 본 군중들이 흥분했을 때, 그들에게 마리아를 믿으라고 했으면 안 믿었겠는가?(마 7:21-23, 계 16:14) 이 광경은 조용기 목사가 풀러신학원에서 피터 와그너가 이라크 청년의 잘려진 다리를 위해 기도해서 자라난 것을 본 것과 흡사하지 않는가?(〈4차원의 영성〉, 조용기, p.22) 돌로 만든 돼지가 우유를 마시는 것, 마리아 동상이 피눈물을 흘리는 것도 성령님이 하시는 일인가? 성령님이 왜 그런 일을 하시는가?

우리나라 은사주의자들이 혹 병을 고칠 수도 있을 것이다. 마귀가 자기 능력으로 그처럼 놀라운 기적들을 행하는데 왜 못 고치겠는가? 다만, 한 가지 의문은 성경도 믿지 않는 자들에게 하나님께서 능력을 주시겠느냐는 점이다. 무엇을 위해서 주시겠는가? 그런데 그들이 은사를 자랑하면서 만병통치, 만사형통을 소문내자 사람들이 여의도로, 신길동으로 몰려갔던 것이다. 그곳뿐 아니라 병 고친다는 굿판을 벌이는 곳에는 으레 사람들이 모여들었다. 만일 그들이 피리를 불었던 대로 난치병 환자들을 고칠 수 있었다면, 돈 있고 암과 에이즈에 걸린 사람들이 타고 온 비행기들로 인천공항의 계류장을 꽉 메웠을 것이고, 인천공항에서 그런 교회들까지 차량들로 줄을 늘어서게 되었을 것이다.

예수 그리스도께서 지상에 계실 동안 표적, 이적, 기적들을 행하셨던 것은 자신이 하나님이심을 보여 주기 위해서였지, 자신을 높이시고 알리시어 사람들을 모아 돈 벌기 위함이 아니셨다. 주님은 병자들을 치유해 주시고, 아무에게도 말하지 말라고 당부하셨다. 주님의 많은 권능을 보고서도 회개하지 않았던 코라신, 벳새다, 카퍼나움 등은 심판날(대환란 때) 우상을 섬겼던 투로와 시돈보다, 심지어 소돔이 더 견디기 쉬울 것이라고 말씀하셨던 것이다(마 11:20-24). 서기관들과 바리새인들은 표적들을 보고 예수님을 메시아로 믿지 않으면서도 계속해서 표적들을 보기만 원했다. "선생님, 우리는 선생님에게서 표적을 보기 원하나이다."라고 말만하고 회개하지도 믿지도 않았을 때, 예수님께서는 악하고 음란한 세대가 표적을 구하나 선지자 요나의 표적밖에는 줄 표적이 없다고 하셨다(마 12:38-40).

예수님과 사도들의 표적들을 오해하면 안 된다. 예수님과 사도들은 병자들을 치유하시려고 오신 것이 아니다. 『너희는 가서 '나는 자비를 원하고 희생제를 원치 아니하느니라.'는 말씀의 의미를 배우라. 나는 의인들을 부르러 온 것이 아니요, 죄인들을 불러 회개에 이르게 하려고 왔노라."고 하시니라』(마 9:13). (한글개역성경, '회개에 이르게 하려고' 삭제) 『내가 너희에게 말하노니 아니라, 너희도 회개하지 않으면, 모두 이와 같이 멸망하리라』(눅 13:3).

개신 교회들은 은사주의자들이 거짓 은사들로 사람들을 교회로 불러들이는 것을 보고 그들을 부러워한 나머지 그들을 성경으로 견제해야 할 사람들이 견제하기는커녕 영향을 받음으로써, 한국 교계는 은사주의화 되어버린 것이다. 하나님의 복음의 진리가 전파되면 마귀에게 속한 마귀의 자녀들이 하나님의 자녀로 거듭나게 되는데, 이런 일들을 마귀가 가만히 놔두겠는가? 마귀가 가장 싫어하는 것이 자기의 자녀가 구원받는 것이다. 그러므로 하나님이 세우신 사람이 아니면, 하나님의 교회를 지킬 수 없게 되는 것이다. 하나님의 사람은 안수받은 목사가 아니라, 에베소서 6:11-18에 따른 그리스도의 용사이어야 하며, 성령의 양날 가진 칼(히 4:12)인 바른 성경을 가지고 읽고, 공부하고, 암송하고, 인용하며 가르치고 설교하며 진지하게 기도하는 사람이어야 한다.

마귀의 공격 대상은 신실한 그리스도인들이지 구원받지 못했거나 진리와 무관한 자들은 마귀의 공격대상이 아니다. 하나님의 사역자를 공격한 자가 누구인지를 보면 그 사역자의 가치가 판명된다. 그 사역이 얼마나 강하게 자주 공격을 받는가를 보게 되면, 그 사역이 하나님의 사역인지 아닌지를 알게 된다. 마틴 루터는 "주께서 나를 도우시니 내가 여기 서 있노라."고 실토했다.

그리스도인이 되었으면 세상으로부터 성별해야 세상의 오염으로부터 안전하게 된다. 비진리로부터 성별하고, 교회협의회로부터 성별하고, 이단들로부터 성별하고, 교단패거리들로부터 성별해야 한다. 그리스도인이라 말하면서도 성별하라는 하나님의 명령에 순종하지 않게 되면, 그는 하나님의 종이 아니라 마귀의 종이 된다. 구정물에서 몸을 빼내오지 않으면, 맑은 생수가 아무리 많아도 소용이 없게 된다. 대한예수교장로회 교단에 속하고, 한국기독교교회협의회, 한국기독교총연합회 등에 회원으로 가입만 하면 무슨 짓을 해도 정통 교단 교회로 인정받는다. 감리교, 성결교도 마찬가지이다. 그들이 하나님의 교회라면 "대한"이 왜 들어가야 하는가? 하나님의 교회가 한 국가 안에 예속되어 있단 말인가? 또 "예수교"란 무엇인가? 이 세상에 예수교란 종교도 있는가? 예수교란 종교는 한국에 있는 장로교만이 믿는 종교인가? 예수교가 기독교 신앙(Christianity)과 어떻게 다른지 설명을 듣고 싶다. 예수교를 영어로 어떻게 표기하는가? 몇백만 명의 교인 수를 자랑하는 그들이 모두 영적으로 눈멀어 버렸는가? 이는 하나님께서 그분의 말씀을 존귀하게 여기지 않는 자들에게는 어떤 조명도 닫으신다는 증거이다. 그들은 세계에서 유일하게 "예수교"란 종교를 믿는 자들인데도 그 점도 모른다.

『서로 의견이 맞지 않아 자리를 뜰 때 바울이 한 마디 부언하기를 "성령께서 선지자 이사야를 통하여 우리 조상에게 잘 말씀하셨도다. 말씀하시기를 '이 백성에게 가서 말하되 너희가 듣기는 들어도 깨닫지 못할 것이요, 보기는 보아도 알지 못하리라 하라. 이 백성의 마음이 무디어지고, 그들의 귀는 듣는 데 둔하고, 그들은 자기들의 눈을 감았으니, 이는 눈으로 보지도 못하고 귀로 듣지도 못하며 마음으로 깨닫지도 못하고 회심하지도 못하게 되어 나로 그들을 치유하지 못하게 하려 함이라.'고 하셨느니라.』고 했다(행 28:25-27).

그들은 대한예수교장로회란 명칭을 어디에서 가져온 것인가? 대한불교조계종에서 따온 것은 아닌가? 교단들의 명칭을 보면 정상인 것이 하나도 없다. 기독교한국침례회, 대한성공회, 기독교대한감리회, 예수교대한감리회, 한국기독교장로회, 기독교대한하나님의성회, 예수교대한하나님의성회, 기독교대한성결교회, 예수교대한성결교회, 기독교대한복음교회, 기독교한국루터회 등. 기독교가 대한이나 한국 안에 속한다는 말인가? 예수 그리스도가 한국 안에 국한된다는 뜻인가? 하나님의 교회에 웬 군더더기가 붙어야 하는가? 성서침례교도 있다. 왜 그들은 성경을 성서라고 부르는가? 성경을 성서라고 부르는 기관은 네 곳인데, 로마카톨릭과 성서침례교회, 대한성서공회, 여호와의증인 등이다. 성서란 말은 성경을 폄하하는 말이다. 위로부터 조명을 받지 못하면 수치를 안고 산다는 점을 알아야 한다. 『교만이 오면 수치도 오지만 지혜는 겸손한 자와 더불어 있느니라』(잠 11:2).

다음 장에서는 개신 교회들이 얼마만큼 성경에서 이탈하였는지, 왜 성경대로 실행하지 않는 것인지, 성경대로 믿지 않고, 실행하지 않으면서 자신들을 어떻게 하나님의 교회라고 부르는지를 살펴보려고 한다. 이 부분은 앞서 세례, 마귀의 존재와 계략들에서 잠시 언급하였으나 비성경적 교리의 배경을 알아야 그들의 교리가 얼마만큼 잘못된 것인가를 드러낼 수 있을 것이기에 짐짓 미루었던 것이다.

8

성경을 문자적으로 해석하지 못한 원인은?

왜 그들은 성경을 영적으로 풍유적으로 해석하는가?

성경을 문자적으로 해석하지 못하고 영적으로, 혹은 풍유적으로 해석하게 되면 어떻게 하나님께서 계시하시는지 알 수 있겠는가? 성경을 문자적으로 해석한다는 말은 한 성경을 다른 성경 구절로 해석한다는 말이다. 가령, 열 명의 목사들이 성경 한 구절을 해석하는데 문자적(Literally)으로 해석하지 못하고 영적(Spiritually)으로 혹은 풍유적(Allegorically)으로 해석하게 되면 십인십색이 되지 않겠는가? 그렇다면 그중 누구의 해석이 옳은 것인가? 큰 교회 목사의 해석이 옳은가? 아니면 교회협의회 회장의 해석이 옳은가? 이렇게 해석을 하게 된 것은 성경을 성경으로 해석할 수 있는 실력이 없기 때문에 나온 것이다. 다시 말하면, 성경에 무지하기 때문에 그런 방법으로 어물쩍 슬쩍 넘어가려는 것이다. 그것은 성경 해석이 아니라, 거짓되이 해석하는 것이다. 이것은 성경 변개와 더불어 또 한 가지 교활한 마귀의 침해가 아닐 수 없다. 그런데 대부분의 개신교 목사들이 성경 해석을 한답시고 이런 방식을 따르고 있으며, 그들의 신학교에서도 그렇게 가르치고 있다. 이러한 해석 방법은 북아프리카 알렉산드리아에서 오리겐(A.D. 184-254)으로부터 시작되었다. 오리겐 당시의 교회들은 자신들을 유대인이라고 여겼다. 오늘날 로마카톨릭과 개신교들 역시 하나님께서 아브라함과 이삭과 야곱에게 하셨던 약속들을 취소하고 그 약속들을 자기들의 교회로 주셨다고 여긴 것과 같다. 이런 착각은 오리겐 당시부터 있었던 것이다. 하늘 아래 새 것은 없다. 오리겐은 잃어버린 혼을 이겨오기 위해서 하나님의 말씀이 어떤 곳에서는 문자적으로 받아들여서는 안 된다고 여겼다. 자신이 너무 똑똑한 나머지, 어떤 말씀은 어떻게 바꾸고 어떤 문장은 삭제시켜도 된다고 생각했다. 오리겐은 하나님께서 자신의 말씀들에 영감을 주셨을 때, 무엇을 하고 계신지 몰랐다고 가르쳤던 것이다. 오리겐은 그런 말은 원본에 없다고 말하거나, 그런 말들은 문자적으로 해석해서는 안 된다고 했는데 그것이 바로 풍유법(Allegory)이다. 그는 당대의 가장 지적으로 탁월한 성경 해석가로 인정받았기에 구약과 신약의 외경(Apocrypha)을 하나님의 영감으로 된 성경이라고 주장했으며, 세례에 의한 중생도 가르쳤고, 예수 그리스도께서 그의 제사장들(사제들)을 통해서 세상을 현재 통치하고 계시기에 이방인들(이교도)이 가만히 두어도 스스로 그리스도께로 개종할 것이라고도 가르쳤다. 이를 근거로 많은 교인들이 교회만 다니면 자동적으로 지옥에서 구해냄을 받는다고 오해하고 있다. 이집트 알렉산드리아에 있었던 그 신학교는 오리겐이 설립한 것이 아니라 알렉산드리아의 클레멘트가 설립한 것이었다. 개신교의 모든 학자들은 오리겐과 어거스틴을 그들의 스승으로 존경하고, 책을 쓰고 강단에서 가르칠 때마다 이 두 사람을 높이 평가하고 그들의 이름을 회자한 것을 볼 수 있다. 하지만 오리겐은 성경을 변개시킨 장본인이었을 뿐 아니라 성경을 풍유적으로 해석하는 법을 퍼트린 오염원이었다. 어거스틴은 유아세례가 죄를 깨끗게 해주는 구원의 수단이라고 가르쳤으며, 결과적으로 로마카톨릭을 시작한 인물이었다.

그렇다면 오리겐은 어디에서 영적 혹은 풍유적 성경 해석 방법을 가져왔는가? 오리겐(A.D. 185-254)은 클레멘트(A.D. 150-215)에게서 가져왔고, 클레멘트는 필로(Philo, B.C. 20-A.D. 50)와 판태누스(Phantaenus, A.D. 145-200)에게서 가져왔다. 오리겐은 자기의 스승인 클레멘트가 말한 대로 믿었다. 클레멘트는 플라토(Plato, B.C. 427-347)의 책들이 진리를 포함하고 있기 때문에 영감을 받은 것이라고 믿었다. 오늘날 개신교 신학교들에서는 성경을 가르치지 못하고 그들 교단의 신학을 가르치고 있다. 신학생들조차도 왜 자기들의 학교에서는 성경을 가르치지 않고 신학만 가르치는지 알지 못하고 있다. 그들 학교의 교수들은 성경을 모르기 때문에 성경을 가르칠 수 없는 것이다. 성경을 영적으로, 풍유적으로 해석한 오리겐의 후예들이기에 한 선생은 이렇게 해석하고, 다른 선생은 저렇게 해석한다면 그들 안에서조차 야기된 혼란과 갈등을 어떻게 처리할 것인가? 그래서 그들 학생들은 성경을 공부하지 않은 채 학교를 졸업하여 성경을 모르는 채 하나님의 영적 일들에 손을 대고 있는 것이다. 영적 할례도 받지 않은 그들이 무슨 수로 구령하며 또 진리의 지식을 가르치겠는가? 그런 자들이 어떻게 바른 성경의 필요성을 인지할 수 있겠는가? 그들이 성경보다 신학에 치중하다보니 고등교육을 택할 수밖에 없으며, 쉽게 이해가지 않기 때문에 그들의 교단 교리로 학생들을 세뇌시키기에 이르는 것이다. 그러나 세뇌와 교육은 다르다. 세뇌는 교육이 아니다. 그러므로 미국의 프린스턴을 위시하여 개신교단 신학교들은 거의가 학생들을 세뇌시킨다. 세뇌하기

가장 좋은 곳이 신학교이다. 함량 미달인 교수들이 성경에 근거하지 않은 학설들을 가져와 생판 들어보지도 못한 자들의 이름을 거명하며 그걸 지식이라고 가르치고 시험을 통해서 암기하게 하고, 논문을 쓰라고 해서 고착시키는 것이다. 그가 졸업할 때쯤이면 영락없는 짝퉁(모조품)으로 되어 나와 가장 먼저 하는 일이 무엇인지 아는가? 성경을 변개시키는 일이다. 그뿐 아니라 성경을 영적으로, 풍유적으로 해석하는 오리겐의 복사판이 되는 것이다. 그들이 이 나라에서 하나님의 종이라며 지금까지 행세해 왔으며, 교황을 만나려고 줄을 서고, 로마카톨릭을 형제라 부르며, 템플턴상을 받고, 기독교학술원 회원이 되며, 교회협의회, 한국기독교총연합회에 자리를 차지하고, 각종 총재, 고문, 회장이라 불리며 성공적 목회를 자랑하고 있다.

그렇다면 이런 고등교육은 어디에서 유래된 것인가? 사탄의 철학체계인 영지주의(Gnosticism)에서 나온 것이다. 영지주의자란 무엇을 안다는 것이고, 똑똑한 자란 말이다. 모르는 자(Agnostic)의 반대말이다. 이 영지주의는 성경은 몰라도 철학체계를 만들어 자기들만이 가장 잘 안다고 여긴 데서 생겼고, 이것이 고등교육으로 이어질 수밖에 없었던 것은 빤한 귀결이다. 이것이 바빌론, 시리아, 그리스, 로마의 모든 신비종교에 스며들어 성경의 지식은 없고 되먹지 못한 허풍쟁이들이 기독교학술원 회원이라고 폼잡고 있는 것과 같았다. 이런 풍조는 교부들(Church Fathers, A.D. 100-300)에게 엄청난 문제와 부담을 가져다주었던 것이다. 그뿐만 아니라 희랍의 영지주의 철학자들이 세우고 이끌어 온 알렉산드리아학파는 지난 20세기 동안 서양의 철학, 과학, 종교, 교육 분야에 모조리 침투하였으며, 이로 인해 야기된 파장은 엄청난 것이었다. 성경은 철학을 뭐라고 말하는가? 사람들을 현혹하는 헛된 속임수라 했다(골 2:8).

첫째, 성경을 배격한 철학은 무신론, 진화론, 공산주의를 만들어냈다(레닌, 셀수스, 마르크스, 포피리, 엥겔스, 잉거솔, 다윈, 니체와 유럽의 무신론 철학자들).

둘째, 카톨릭과 파시스트(히틀러, 무솔리니, 샤를마뉴, 피의 메리, 카스트로, 히믈러, 케네디 가[家] 등)는 성경을 배격했다.

셋째, 교육과 복지정책을 편 칼리 파조, 왈덴슈타인, 메테르니히 등도 성경을 배격했다.

넷째, 죽은 정통주의 신학자들(바르트, 브루너, 벌콥, 틸리히, 밀러, 메이첸, 와필드, 라잇풋 등)도 성경을 믿지 않았다.

다섯째, 신복음주의자나 배교한 근본주의자 섬너, 오켕가, 맥아더, 로버츠, 스와거트, 커스터, 아프만, 마틴, 트렌치, 벤센트, 램 등이 그들이다. 우리나라 신학자들과 목사들은 위 다섯 가지 범주 중 한 개 이상에 해당된다.

위 다섯 가지 범주에 든 자들의 특징은 성경이 최종권위가 못된다. 이 지구상에 기록으로 남아 있는 최종권위는 없다고 여긴다. 여러 가지 상황에 따라, 각자의 생각이나 느낌에 따라, 또 자신이 주장하고 증명하고 있는 무엇인가에 따라, 각자의 선호와 의견을 고려하여 무엇이 옳은가를 판정해 주는 여러 가지 최종권위들이 있다고 여긴다. 우리나라 신학자들은 성경지식이 없기 때문에 자기 선호나 의견이 없이 그들 학자인 체하는 자들의 뒤에 줄서는 것으로 자기 일을 하고 있다. 이 땅에 복음이 들어온 이래 이 나라 그리스도인들을 각성시킬 책을 쓴 사람이 한 명도 없었다. 특히, 성경연구를 통해 자신이 성령님으로부터 받은 계시의 지식을 지닌 사람이 전혀 없다. 이것은 개역성경이 틀린 성경이기에 하나님께서 어떤 조명도 주시지 않음을 증명해 주는 또 하나의 증거이다. 그들은 원천 서적들(Source Book)을 쓰지 못하고 모두 다 짜깁기 책을 내거나, 아니면 교리적으로 틀린 자기들의 설교들을 모아 표지만 그럴싸하게 붙여 독자들을 속이고 있는 실정이다.

성경이 최종권위가 못 되면 교육을 많이 받은 사람의 권위를 인정하게 된다. 아무리 똑똑한 사람일지라도 성경의 권위를 무시하고 인간의 권위를 인정하게 되면, 그의 똑똑함은 배설물 같이 된다. 인간을 따르는 사람은 하나님을 믿는 것이 아니다(갈 1:10). 우리나라는 〈한글개역성경〉이 틀려 있다는 사실을 어렴풋이나마 알고 있었기에, 더더욱 성경의 권위를 믿지 않게 되었고, 따라서 인간의 말을 신뢰하게 된 것이다. 여의도순복음교회 조용기 목사, 성락교회 김기동 목사, 〈죄사함의 비밀〉(십자가는 공개적으로 이루어졌기에 전혀 비밀이 아닌데도 비밀이라고 한다.)이라는 책 한 권으로 사람들을 모은 박옥수 목사 등의 추종자들은 성경의 권위도 믿지 않고 자기네 보스의 말을 믿는다. 그런 자들 밑에 있는 교인들은 자기의 보스가 죽고 나면 그들도 사라지게 되어 있다. 그들이 예수 그리스도를 믿는 사람들과 믿음이 얼마나 다른가 보라.

중세 암흑시대에 로마카톨릭은 신도들이 성경 필사본을 가지고 읽는 것이 발각되면 죽였다. 마귀는 성도들의 손에서 하나님의 말씀을 빼앗고, 그들을 무지하게 만들어야 시키는 대로 복종한다는 사실을 알았기에 그렇게 행했던 것이다. 믿음과 성경적 지식을 깡그리 없애 버리고, 그 위에 종교의식으로 채워 사제가 태양을 닮은 둥근 과자부스러기를 입에 넣어 주면 그것이 예수님의 살로 바뀌고, 발효된 포도주를 마시면 예수님의 피로 바뀐다는 어리석음을 믿으라고 강요했던 것이다. 그게 아니라고 하면 고문하고 무자비하게 죽였던 그런 자들이 지금도 하나님의 이름을 들먹거리며 세상 왕들의 머리 위에 앉아서 진리가 아닌 미사를 통해 세계의 정치적 권세와 종교적 권세를 휘두르고 있다. 그들 앞에서는 성경을 몰라야지, 성경을 알고 가르치고 소리 지르면 이단이 되는 것이다. 세상은 철없이 그들을 따라가고 있으며, 개신 교회들도 로마카톨릭의 성경을 들고 그들을 형제라고 부르며 따르고 있다. 땅의 창녀들과 가증한 것들의 어미는 하늘의 여왕인 세미라미스를 예수님의 모친인 마리아로 가장하였다. 그런데 이 창녀가 성도들의 피와 예수의 순교자들의 피에 취했던 것이다(계 17:5,6). 이 창녀가 암흑시대에 성도들의 손에서 성경을 빼앗고 6,500만 명 이상을 죽였던 것이다. 그들의 영향 아래 있는 개신 교회들도 로마카톨릭의 림즈 듀웨이 성경(Rheims Douay, 1582년)을 그대로 베껴, 36,000군데나 틀리고 신약에서만 2,200단어가 삭제된 성경을 회중에게 건네주었는데 읽어도, 읽어도 알 수가 없는 것이다. 거기다가 그들의 목사들과 신학교 교수들은 성경을 영적으로, 풍유적으로 해석하고 있기에 신학생들은 물론 교인들도 성경에 무지할 수밖에 없는 것이다. 양식이 아닌 것은 음식이 아니듯이, 영적 지식을 전달하지 않는 것은 성경공부도 아니고, 설교가 될 수도 없다. 성경을 영적으로 혹은 풍유적으로 해석하는 것은 마귀에게 놀아난 강단의 유희일 뿐이다.

1. 세대적 진리를 배격하기 때문에

왜 그들은 세대적 진리를 배격하는가?

그들은 무지하려고 자청하고 있다. 고의로 무지하려고 애쓰는 자들에게 성경은 말씀하신다. 『그러나 누구든지 무지하다면 무지하게 내버려 두라』(고전 14:38). 이 말씀은 성경을 공부하라는 하나님의 말씀을 거부하는 자들을 두고 하신 말씀이다. 『네가 진리의 말씀을 올바로 나누어 자신이 하나님 앞에 부끄럽지 않은 일꾼으로 인정받도록 공부하라』(딤후 2:15). 하나님께서는 성경을 나누어서 공부해야 하나님 앞에 부끄러움을 당하지 않는다고 말씀하시는데도 그들은 고의로 성경을 공부하지 않으려고 애를 쓴다. 『율법은 모세를 통하여 받았지만 은혜와 진리는 예수 그리스도를 통하여 온 것이라』(요 1:17). 『모든 선지서와 율법은 요한까지 예언한 것이라』(마 11:13). 『율법과 선지서들은 요한까지요, 그후로는 하나님의 나라가 전파되어 사람마다 그 안으로 밀고 들어가느니라』(눅 16:16).

세대주의(Dispensationalism)는 성경을 해석하는 방법을 말한다. 성경은 교회만을 위해서 기록되지 않고, 유대인, 이방인, 하나님의 교회를 대상으로 기록되었다(고전 10:32). 유대인에게 기록된 말씀을 교회로 가져와 적용하게 되면, 성경 해석이 틀리게 된다. 유대인에게 기록된 말씀을 이방인에게 적용하거나 이방인들에게 해당되는 말씀을 구원받은 성도들에게 적용한다 해도 마찬가지로 오류를 범하게 된다. 세대(Dispensation)란 단어는 시기나 기간을 의미하지 않고 분배, 관리 등을 의미한다. 대학에는 가정을 잘 운영하는 법을 공부하는 가정과를 Home Economy라고 한다. 하나님께서 우주를 경영하시는 것을 세대주의라고 부른다. 하나님께서는 매 세대마다 하나님의 지혜로 그 세대에 맞는 경영방침을 가지고 경영하셨음을 알 수 있다.

(1) 하나님께서 아담을 다루실 때는 『선과 악의 지식의 나무에서 나는 것은 먹지 말라. 네가 거기서 나는 것을 먹는 날에는 반드시 죽으리라.』고 말씀하셨다(창 2:17).

(2) 하나님께서 노아에게는 구원을 받으려면 방주를 지으라고 말씀하셨다(창 6:14).

(3) 모두가 알 수 있듯이 하나님께서 모세를 통해 율법을 이스라엘에게 주셨다. 이 율법은 신약 교회와는 무관하다. 신약 교회에는 십계명 외에 사랑의 계명을 주셨다(마 22:37-39). 예수님께서는 모든 율법과 선지서들이 이 두 계명에 달려 있다고 말씀하셨다(마 22:40). 만일, 이 교회 시대에 율법을 지켜서 의롭게 될 육체가 있다면, 예수님은 헛되이 죽으셨다고 말씀하셨다(갈 2:21). 안식교인들은 율법의 안식일을 지키려고 하는데, 그들은 성경을 전혀 나눌 줄 모르기에 어리석음을 범하고 있는 대표적인 그룹이다. 신약성경에서 십계명이 네 번 나오는데(마 19:18,19, 막 10:19, 눅 18:20, 롬 13:9), 이 구절들에는 안식일을 지키라는 말이 다 빠져 있다. 로마서 13:9에서와 같이 그 외에 다른 계명이 있을지라도 이 말씀으로 모두 요약될 수 있으니, 즉 너는 네 이웃을 네 자신과 같이 사랑하라는 것이다. 유대인들은 성전에서 경배를 드려야 하며, 속죄하려면 제사장들이 성막에서 소나 양을 잡아 그 피를 규례대로 뿌렸어야 했다.

(4) 예수 그리스도께서 십자가에서 인류를 위한 하나님의 구원계획을 완성하신 후에는 그분의 복음을 믿으면 구원을 받는다(롬 3:10,23; 6:23, 엡 2:8,9, 롬 10:9,10, 요 1:12). (필자의 〈열린 성경 닫힌 마음〉 참조.)

(5) 휴거되지 못하고 대환란을 겪는 사람들은 예수 그리스도를 믿는 것만으로는 안 되고 끝까지 견디는 행위가 있어야 한다. 구원받지 않아 휴거되지 못한 채 대환란을 겪게 되면 굶어 죽거나 목 베임을 당해 죽어야지, 만일 짐승의 표를 받게 되면, 지옥으로 떨어지게 된다. 이 교회 시대에 그리스도인들이 거리에서 설교하고 전도지를 나눠 주고, 교회에서 구원 초청할 때 구원받아야지, 그 기회를 놓치게 되면 대환란을 통과하게 되는데 이 때 살아남을 수 있는 사람의 수는 극히 소수에 불과할 것이다.

(6) 천년왕국 때에는 산상설교(마 5,6,7장)의 내용을 기록된 대로 지켜

야 구원을 받게 된다.

이상 열거한 대로 하나님께서 창세기에서 요한계시록에 이르기까지 인간을 다루시는 하나님의 섭리적 경영방침을 알게 되는데, 이것을 하나님의 경륜이라고 부르며 신학적으로는 세대주의라 한다. 성경을 구분하지 않고서는 성경을 올바르게 해석할 수 없다. 율법은 유대인들에게 주어진 것이지 이방인과 교회에 주신 것이 아니다. 이스라엘과 교회를 혼동하면 안 된다. 성막과 성전은 이스라엘에게 주신 것이지 교회에 주신 것이 아니다. 이스라엘의 성막과 성전에 계셨던 하나님께서는 예수 그리스도께서 승천하신 후에는 사람들이 만든 집에는 거하지 않으시고(행 7:48; 17:24) 거듭난 성도들의 몸을 거처로 삼으시어 성전이 되게 하셨다. 교회 시대에 제사장은 거듭난 그리스도인을 말하는 것이지(벧전 2:9) 레위지파의 제사장들이 아니다. 이 시대에 죄를 지으면 예수 그리스도께서 흘리신 피를 의지하여 자백하면 깨끗게 되는 것이지(요일 1:9) 소와 양을 잡아서 피를 뿌려야 하는 것이 아니다. 그 피를 뿌릴 성소도 그리스도인들에게는 필요없는 것이다. 이것이 예수 그리스도를 믿음으로 말미암아 하나님의 은혜로 구원을 받는 것이다. 그러므로 세대주의를 부인하는 자들은 성경을 제대로 해석하기를 거부하는 자들이며, 스스로 무지하기로 작정한 자들이다. 자기 안에 성령이 없는 자들은 스스로 조명의 불을 꺼버리기에 어떤 영적 조명도 받지 못하게 된다.

『그러나 진리의 영이신 그분이 오시면 너희를 모든 진리로 인도하시리라. 그분은 자신에 관하여 말씀하지 아니하시며, 무엇이나 들은 것을 말씀하실 것이요, 또 너희에게 다가올 일들을 알려 주시리라』(요 16:13). 진리의 영께서 그 사람 안에 계시면 그를 진리로 인도하신다. 세대주의는 진리이다. 소위 계약신학자인 찰스 핫지(Charles Hodge)도 성경을 네 세대로 나누었다. 1. 아담에서 아브라함까지 2. 아브라함에서 모세까지 3. 모세에서 그리스도까지 4. 그리스도에서 마지막까지

루이스 벌콥(Louis Birkhof)은 어떠했는가? 그는 성경을 구약 시대와 신약 시대로 나누었고, 구약에서 네 가지로 구분을 했다. 이처럼 계약신학자라는 자들까지도 성경을 나누면서도 세대주의를 부인하고 있다. 세대주의를 부인하는 것은 스스로 성경을 해석하기 거부하는 행위이다.

성경에는 전환기적인 책이 세 권 있다. 마태복음은 구약과 신약의 전환기적인 책이다. 마태복음 27:50까지는 구약에 속한다. 그 다음 사도행전은 유대인과 하나님의 교회 사이의 전환기적 책이다. 사도행전은 글자 그대로 사도들의 행적을 담은 책이지 신약 교회의 교리를 담은 책이 아니다. 신약 시대의 교리는 사도 바울에게 계시해 주셨다.

『이런 까닭에 나 바울은 너희 이방인들을 위하여 예수 그리스도의 죄수가 되었으니, 과연 너희를 위하여 내게 주신 하나님의 은혜의 경륜을 너희가 들었을진대 이것은 그분이 계시로 내게 신비를 알게 하신 것이며 (내가 전에 간략하게 쓴 것과 같으니 너희가 읽을 때 거기서 그리스도의 신비 안에 있는 나의 지식을 이해하게 되리라.) 그것이 성령으로 그의 거룩한 사도들과 선지자들에게 지금 계시된 것처럼 다른 시대들에서는 사람들의 아들들에게 알려지지 아니하였으니 이는 이방인들이 복음을 통하여 그리스도 안에서 공동 상속자가 되고 한 몸이 되며 그의 약속에 동참자가 된다는 것이니라. 이로써 그분의 능력이 효과적으로 역사하신 대로 내게 주신 하나님의 은혜의 선물을 따라 내가 이 복음의 일꾼이 되었노라』(엡 3:1-7).

은사주의자들이 나와서 거짓되이 방언, 성령의 은사, 치유, 마귀 쫓음 등 사도들의 표적들을 흉내내는 것은 마귀짓이다. 사도행전을 따라 교회를 운영하려하면 큰 문제를 일으키게 된다. 공산주의가 탄생한 것은 사도

행전 4:32을 내세워 합리화시킨 것이다. 사도행전대로 하려면 스테판처럼 순교를 당해야 하고, 빌립처럼 축지법을 써야 하며, 바울처럼 예수님의 음성을 직접 여러 번 들어야 하며, 바울, 베드로, 실라처럼 감옥에 갇히고 몽둥이로 맞고, 돌로 맞고, 파선하여 바다에서 밤을 새워야 하며, 진리 때문에 법정에 서고, 죽음에 자신을 내줘야 한다(딤후 4:6-8). 주님의 사역을 위해 고난 받기를 거부하면서도 사도행전을 인용하며 돈을 착취하는 자들은 정신을 차려야 할 것이다. 그렇다면 사도행전은 사도들의 행적이기에 이 시대에는 무시해도 되는가? 아니다. 하나님의 말씀을 나누지 못하고 모두 다 진리로 받아들이게 되면 성경을 엉망으로 해석하게 된다. 그래서 결국 그들은 성경을 알지 못하기 때문에 영적으로, 풍유적으로 해석하게 되는 것이다. 하나님께서는 누가 목사를 한다고 해서 아무에게나 그분의 계시를 알게 하지 않으신다. 하나님으로부터 지혜를 얻고 명철을 얻으려면 그분의 말씀을 존귀히 여기고, 열심히 공부하며, 하나님의 뜻에 합당한 사역을 실행하려는 신실함이 있어야 한다. 하나님께서는 다비, C.I. 스코필드, 클라렌스 라킨, 피터 럭크만을 통해 세대적 진리를 계시하셨다. 또 한 가지 책은 히브리서이다. 히브리서는 교회 시대와 환란 시대를 연계시키는 전환기적 책이다. 그러므로 히브리서 3:6,14과 6:4-6 등을 교회 시대로 가져와 억지로 짜맞추려고 하기에 성경 해석이 엉망이 되어 버린 것이다. 이처럼 전환기적인 책은 그 책이 걸쳐 있는 두 경륜을 다루기 때문에 이 책들을 신약 교리로 다루게 될 때 여러 가지 오류를 만들어냄을 알아야 한다. 이 나라 목사들 중에서 이 부분을 해석할 수 있는 사람은 열 손가락으로 꼽을 정도이며, 그들이 이 지식을 안다 해도 교단에 묶여 있는 한 써먹지도 못하게 된다. 그들이 이 진리를 깨우친 것은 위에 언급한 네 사람의 공헌 때문이다. 이 구절들은 마태복음 24:13의 끝까지 견디는 자는 구원을 받으리라는 말씀을 잘못 믿고 교회 다니다가 휴거되지 못하고 지상에 남아 대환란 때에 고통받는 성도들에게 해당된다.

루터, 칼빈, 요한 웨슬리가 성경을 많이 알았다고 오해하지 말라. 요한 웨슬리는 신실한 하나님의 종이요 위대한 설교자였지만 이 말씀을 교회 시대의 교리로 오해함으로써 감리교와 성결교가 나오게 된 것이다. 알미니안주의는 구원의 영원한 보장이 없이 끝까지 지켜야만 하는 행위구원을 가르친다. 그런 교리이면서도 복음을 전하는 사람들이 그 안에 있다는 것은 또 하나의 아이러니가 아닐 수 없다. 왜냐하면 복음은 믿음으로 말미암아 은혜로 구원받는 것이기 때문이다. 이는 그들이 환란성도들을 몰랐기 때문이다. 히브리서는 환란성도들을 위한 책이다. 환란 때는 믿음에 행위를 더해야 한다. 히브리서를 교회 시대에 교리로 적용하게 되면 엄청난 혼란을 야기시키게 된다. 그 누구라도 교단 안에 있으면 하나님을 잘 섬길 수 없게 된다. 왜냐하면 대부분의 교단신학들은 성경을 나누어서 해석하는 방법을 거부하기 때문이다. 필자가 미국에서 공부하고 있을 때 마태복음을 가르치는 한 교수가 있었는데 그의 지식은 너무도 해박했고 새로웠다. 수업시간이 끝나자 나는 옆에 있는 친구에게 "저 교수는 어쩌면 저렇게 성경을 잘 아는가?" 했더니 그의 대답은 "저 책은 피터 럭크만의 마태복음 주석서야."라고 했다. 어떻게 그것을 아느냐고 했더니 자기도 그 주석서를 가지고 있다는 것이다. 그 교수는 그것을 가르치면서도 럭크만의 책이라고 밝히지 않았던 것이다.

하나님의 말씀을 올바로 나누어 공부하지 않게 되면, 자신이 하나님 앞에서는 물론이요 사람들, 특히 자기가 설교하고 가르치는 사람들 앞에서 부끄럼을 당하게 됨을 알아야 한다(딤후 2:15). 성경을 구분할 줄 모르면 그야말로 성경을 혼란스럽게 만들어 어디로 들어갔다가 어디로 나와야 하는 줄도 모르게 된다. 미로에 갇혀 헤매는 사람이 무엇을 안다고 성경을 가르칠 수 있겠는가? 부분적인 지식으로 어떻게 진화론, 과학, 철학, 세상 교육에 대항할 수 있으며 그들을 이길 수 있겠는가! 이제 성경의 기본 골격을 알아보자.

(1) 첫 번째 부분은 창세기 1장부터 3장까지이다. 여기서는 두 개의 언약을 다루는데 창세기 2:16,17의 에덴의 언약이다. 아담과 이브는 무죄상태에서 지음을 받았다. 아담과 이브가 하나님의 명령에 순종하여 사탄의 시험을 잘 이겨냈더라면 그들은 의롭게 되거나 거룩하게 될 수 있었을 것이나, 그들은 실패함으로 죄인이 되었다. 무죄는 시험을 이겨내기까지는 의가 될 수 없다. 만일 그들이 시험을 이기는 길을 걸었더라면 죄를 지을 가능성마저 넘어 설 수 있었을 것이다. 그러나 그들의 실패로 인해 이제 인간은 새로운 탄생이 없이는 거룩함에 이를 수 없게 된 것이다.

하나님께서는 아담과 이브와 뱀(사탄)에게 심판을 내리셨다. 『주 하나님께서 그 뱀에게 말씀하시기를 "네가 이것을 행하였으니, 너는 모든 가축과 들의 모든 짐승보다 저주를 받아 네 배로 다닐 것이며 네 평생토록 흙을 먹을지니라. 내가 너와 여자 사이에, 또 네 씨와 그녀의 씨 사이에 적의를 두리니, 그녀의 씨는 너의 머리를 부술 것이요, 너는 그의 발꿈치를 부술 것이라."하시고』(창 3:14,15).

하나님께서는 땅도 저주하셨기에 가시나무와 엉겅퀴를 낼 것이며 아담은 이 땅을 경작함으로써 땀을 흘려야 먹을 수 있게 만드셨다. 『또 하나님께서 아담에게 말씀하시기를 "네가 네 아내의 음성에 경청한 까닭에, 내가 네게 명하여 말하기를 '너는 그것을 먹지 말라.'고 한 그 나무의 열매를 먹었으니, 너로 인하여 땅은 저주를 받고 너는 너의 전생애 동안 고통 중에서 그 소산을 먹으리라. 또 땅은 네게 가시나무와 엉겅퀴를 낼 것이요 너는 들의 채소를 먹을 것이며, 네가 땅으로 돌아갈 때까지 네 얼굴에 땀을 흘려야 빵을 먹으리니, 이는 네가 땅에서 취해졌음이라. 너는 흙이니 너는 흙으로 돌아갈 것이니라.』고 말씀하셨다(창 3:17-19). 이것이 두 번째 언약인데, 아담의 언약이라고 불린다. 무죄상태였던 그들에게 죄가 들어오자 그들은 벌거벗은 것을 알고, 무화과나무 잎으로 엮은 옷으로 그들의 벌거벗음을 가렸다. 인간은 자신의 행위로 자신을 구원할 수 없기에, 하나님께서 그들을 도우심으로 짐승을 잡아 그 가죽으로 그들에게 옷 입혀 주셨던 것이다. 피흘림이 없이는 죄 사함이 없다. 짐승은 죄 지은 두 사람의 수치를 가려 주기 위해 하나님이 마련하신 하나님의 어린양이었던 것이다. 모리야 산에서 아브라함이 이삭을 제물로 바치려 했을 때 제물이 없는 것을 보고 이삭이 아브라함에게 번제에 쓸 어린양은 어디에 있나이까하고 묻자 『아브라함이 말하기를 "내 아들아, 하나님께서 자신을 번제에 쓸 어린양으로 마련하실 것이라."』고 했다(창 22:8). 십자가는 그때 이미 예정되었던 것이며 이삭은 예수 그리스도의 모형이었던 것이다.

아담과 이브는 하나님의 대적인 사탄이 빛의 천사로 가장한다는 것을 전혀 몰랐다. 그야말로 천진난만했던 것이다. 하나님께서는 자신의 피조물이 하나님을 신뢰하지 않고 명령에 불순종하여 다른 외부 세력의 말을 듣고 그렇게 변질될 것이라고 상상이나 하셨겠는가? 어떤 사람이 교회로 찾아와 자신도 그리스도의 복음으로 예수 그리스도를 믿고 구원받았노라고 말했을 때, 목사가 그의 고백을 의심하겠는가? 그러나 마귀는 성도가 진리의 지식으로 무장하여 하나님을 섬기는 것을 결코 가만두지 않는다는 점을 알아야 한다. 아담과 이브의 천진난만과 사탄에 대한 무지로 죄가 세상으로 들어왔고, 그때부터 인간은 영이 죽어 태어나게 된 것이다. 이 말은 죄성을 지닌 마귀의 자녀로 태어났다는 말이며, 지상 생명이 끝나면 영은 거듭났거나 거듭나지 않았거나 하나님의 입김이기에 하나님께로 가며 몸은 땅으로 돌아가고, 혼은 지옥에서 영원히 고통받게 되는 운명에 처하게 된 것이다.

(2) 두 번째 부분은 창세기 4장부터 12장까지이다. 이 기간은 인간의 타락에서 노아의 홍수까지를 일컫는 기간으로, 약 1,656년간 지속되었을 것으로 추정한다. 이 시대를 양심 시대라고 부른다. 아담과 이브가 금지된 나무의 열매를 먹기 전에는 선과 악에 대한 지식이 없었다. 이는 그들에게 양심이 없었다는 의미이다. 양심은 때때로 두려움과 후회를 남기기는 해도 옳지 못한 행동을 제어하는 능력을 갖지 못한다. 그들의 타락은 그들에게만 해당되는 벌로 그친 것이 아니라, 그들의 자손들에게도 전가되었다. 『다산하고 번성하며 땅을 다시 채우고』(창 1:28)라고 허락하셨지만, 이브는 고통 중에 자식들을 낳아야 했다(창 3:16).

하나님께서는 아담의 후예들로 번성하게 하셨다. 사람들은 800세에서 960세까지 살며 자손들을 낳았기에 인구가 증가하였다. 한편 하나님의 아들들로서 인간의 모습을 한 신들이 있었다. 이들은 욥기 1:6; 2:1; 38:7에서 말하는 하나님의 아들들이며, 시편 89:6에서 언급한 용사들의 아들들이요, 시편 82:1의 신들이라고 불리며, 베드로후서 2:4의 타락한 천사들이요, 유다서 1:6,7에서 자기들의 처음 지위를 지키지 아니하고 그들의 처소를 떠난 천사들이라고 했다. 이 점을 잘 이해하지 못한 김기동 목사(성락교회) 같은 사람들은 역시 이 점을 잘 모른 사람들이 쓴 책들과 자기들의 상상력을 바탕으로 지식인 양 여기고, 아담 이전에 사람들이 있었다고 헛소리하고 있다. 또 어떤 사람들은 셋의 아들과 카인의 딸들이라고도 말하나 어떻게 해서 거인이 태어났는지는 규명하지 못한다. 역시 틀린 답이다. 하늘에 있는 천사들은 생식할 수 없기에(마 22:30 참조) 그들이 지상으로 내려와 사람의 딸들에게 들어간 것이다. 천사들은 날개가 없는 33세의 남성이다. 그들에게는 피가 없기에 여자들에게 임신시킴으로써 피를 얻게 된 것이다(〈피터 럭크만의 주석서 창세기〉, 6장 주석 참조. 말씀보존학회).

천사들이 인간의 모습을 입고 땅에 내려와 사람의 딸들에게 들어간 사건은 인간을 또 다른 타락의 단계로 집어넣었던 것이다. 『주께서 말씀하시기를 "내 영이 항상 사람과 다투지는 않으리니, 이는 그도 육체임이라. 그래도 그의 날들이 일백이십 년이 되리라』(창 6:3). 이제 하나님께서는 육체가 된 그들과 상대하지 않으시겠다고 말씀하셨다. 여기서 육체란 성경과 대조적으로 쓰였다. 인간이 이상한 육체가 되었으므로 동일한 심판을 받게 된 것을 말한다. 사람의 수명이 일백이십 년이 된다는 말이 아니고, 하나님께서는 노아가 방주를 짓는 120년 동안 노아의 설교를 통해 사람들과 다투시며 그 후에야 홍수가 올 것이라는 말이다.

하나님께서는 하나님의 아들들이 사람의 딸들과 결합하여 악의 씨들이 태어남으로써 하나님의 법과 질서와 계획이 파괴되었고 땅은 폭력으로 가득 찼으며, 모든 육체가 그들의 행위를 부패시켰으므로 하나님께서는 이들을 그 땅과 함께 멸망시키기로 결심하신다. 『땅도 하나님 앞에 부패하였으니 땅이 폭력으로 가득하였더라. 하나님께서 땅을 보셨는데, 보라, 그것이 부패되었으니, 이는 모든 육체가 땅 위에서 그 행위를 부패시켰음이라. 하나님께서 노아에게 말씀하시기를 "모든 육체의 종말이 내 앞에 이르렀으니, 이는 땅이 그들로 인하여 폭력으로 가득 찼음이라. 보라, 내가 그들을 땅과 함께 멸망시키리라』(창 6:11-13).

이것이 노아의 홍수이며, 여기서 구원받은 사람은 노아의 가족 8명뿐이었다. 노아가 120년 동안 방주를 지으면서 복음을 전했지만 그들은 먹고 마시며, 시집가고 장가가는 일에만 치중하여 오늘날처럼 복음을 거절하다가 모두 멸망당하였다. 노아가 받은 언약(창 8:20-22)에 해당되는 그 홍수에서 살아남은 8명의 가족은 노아의 아내, 셈, 함, 야펫 세 아들과 그들의 아내들이었다. 하나님께서는 노아의 아들들에게 말씀하시기를 『다산하고 번성하여 땅을 다시 채우라.』(창 9:1)고 하셨다. 이 말씀은 하나님께서 아담에게 주셨던 명령과 동일하다. 이는 하나님께서 이 땅을 다스릴 왕으로(천국의 왕) 아담을 세웠으나 실패하였기에 다시 노아를 왕으로 세우셨다는 의미이다.

그러나 노아의 아들들은 흩어지는 대신 함께 모여 살며 도성을 건설하고 자신들의 이름을 내려고 하늘에 닿을 수 있는 바벨탑을 세우려고 일했던 것이다. 그것은 하나님을 대적한 인간의 반역행위였기에 하나님께서 직접 내려오셔서 그들의 언어를 혼란시켜, 그 공사를 하지 못하게 하시고 그들을 땅의 온 지면으로 흩어 버리셨던 것이다. 홍수 때에 노아의 나이는 600세요, 셈의 나이는 98세였으며, 그 바벨탑 사건으로 인해 그들이 흩어진 것은 홍수로부터 325년이 지난 뒤에 일어났다. 홍수 이후 427년 만에 노아의 경륜 역시 실패로 끝났다(창 10:25; 11:10-19 참조).

(3) 세 번째 부분은 창세기 13장에서 출애굽기 19장까지이다. 하나님께서는 아브라함을 그들의 가족 가운데서 따로 불러내셔서 새롭게 시작하시기로 결심하신다. 하나님께서는 창세기 3:15에서 약속하신 "여자의 씨"를 보존하기 위해서 칼데아 우르 지방에서 우상을 숭배하던 테라의 아들 아브라함을 불러내신다(창 12:1-3). 이 약속된 씨를 중단시키거나 부패시키기 위해 살인 행위와 부정한 성적 결합이 끊임없이 계속되었다(창 4:8;

27:41, 출 1:16, 창 6:2; 16:3, 민 25:1-3).

이 시대를 족장시대의 경륜이라고 하는데, 하나님께서 아브라함을 부르심으로 시작해서 이스라엘이 이집트에서 430년간 노예생활을 마감하는 출애굽 때까지를 말한다. 아브라함은 대단한 믿음을 소유한 사람으로 인정받았지만, 믿음은 후손들에게 전승되는 것이 아니었고, 오히려 대를 거치면서 점점 약해져서 결국은 그의 후손들이 이집트에서 430년간이나 노예생활을 해야 했다. 하나님의 말씀을 믿어 실행하지 않게 되면 하나님의 보호를 받을 수 없게 된다. 이 원칙은 어느 시대나 동일하다는 점을 알아야 한다.

하나님께서 약속하신 여자의 씨를 운반할 세 여인 사라, 리브카, 라헬은 모두 불임이었으나 하나님께서 그녀들에게 아들을 주셨다. 하나님께 어려워서 못하실 일은 없으시기에 여자의 씨는 하나님의 방법으로 태어날 것을 미리 보여 주셨던 것이다(눅 1:35). 여기서도 우리는 1,900여 년을 뛰어넘어 성경에 미리 계획된 목적이 이루어지는 것을 볼 수 있다. 심지어, 그 사실을 기록하고 있는 사람도 자기가 기록하고 있는 것이 무엇을 의미하는지조차 알지 못하면서 기록했던 경우도 있다(벧전 1:11). 이런 방식으로 기록된 책은 성경 외에 다른 책은 없다.

(4) 네 번째 부분은 출애굽기 20장에서 마태복음 26장까지로, 모세의 언약이라고 불리며 이 시대를 율법 시대의 경륜이라고 한다. 이집트에서 노예생활을 하던 이스라엘 자손들을 구원시키시려고 하나님께서는 모세라는 한 구원자를 택하셨다. 그전까지는 하나님께서 인간들이 스스로 자신들을 다스리도록 허락하셨지만, 이제부터는 하나님께서 직접 주관하시기로 작정하신 것이다. 율법과 규례를 통해서 국가를 조직하셨으며 자신이

정하신 한 사람을 통해서 그 민족을 통치하시고 그 민족을 통해서 전 세계를 자신의 뜻대로 다스릴 계획을 가지셨다. 이것이 하나님의 통치방법인 신정통치이며 이 국가가 최초의 신정국가로 선보인 것이다. 하나님께서 모세를 세우셨고 모세에게 계명과 율법을 주셨다. 모세가 이스라엘을 인도하여 카나안 땅이 보이는 데까지 왔으나, 하나님께서는 그가 므리바-카데스에서 물을 얻으려면 반석에게 말로만 하라는 하나님의 명령에 따르지 않고 막대기로 반석을 두 번 침으로써 하나님의 진노를 사게 되었다(민 20:7-13), 이로 인해 모세는 카나안 땅에 들어가지 못하고 카나안 땅이 보이는 모압 땅 피스가 산에서 죽고, 그 뒤를 이어 여호수아가 이스라엘을 이끌고 카나안 땅으로 들어와서 카나안 일곱 족속들 카나안인, 힛인, 아모리인, 프리스인, 히위인, 여부스인, 기르가스인 등과 싸워 그 땅을 정복했던 것이다. 하나님께서는 이스라엘이 카나안 땅에 들어가서 어떻게 주 하나님을 섬길 것인지에 관한 언약을 선포하셨다. 이것을 팔레스타인의 언약이라고 한다(신 29,30장). 여호수아가 죽자 이스라엘을 이끌 지도자가 없었다. 이스라엘의 배교는 이웃 민족들의 침공으로 이어졌고, 그들은 약 450년간 재판관들에 의해 유지되었다. 이스라엘은 선지자 사무엘을 끝으로 신정통치를 끝내고 왕을 세워 사울이 40년, 다윗이 40년, 솔로몬이 40년을 치리하였다. 솔로몬이 죽자 이스라엘은 이스라엘과 유다로 나뉘었고, 254년간 지속되는 동안 그들의 배교로 이스라엘은 B.C. 721년에 앗시리아의 포로가 되었으며, 그로부터 115년 후인 B.C. 606년에는 유다 역시 바빌론으로 포로가 되어 끌려가 B.C. 536년까지 포로생활을 했다. 성경의 예언대로 유다민족은 70년간 바빌론에서 포로생활을 마치고 팔레스타인으로 귀환하였으나, 그들은 더 이상 율법을 지킬 수 없게 되었다.

하나님께서 모세를 통하여 이스라엘에게 주신 율법은 침례인 요한까지

제시되었으나, 예수 그리스도께서 갈보리에서 인류의 죄를 위한 하나님의 구원계획을 다 이루실 때까지는 완전히 제거되지 않았다. 예수님은 율법하에 사셨기에 그분의 가르침(사복음서)은 믿음과 행위에 의한 구원계획이다. 그러므로 사복음서를 신약 교회의 교리로 적용하면 많은 오류를 범하게 된다. 사도 바울에게 복음의 경륜이 맡겨졌던 것이다(딤전 1:11, 딛 1:3). 신약 교회의 교리는 바울서신에 규정되어 있는 것이지, 사복음서에 있지 않다. 사복음서를 따라 예수 그리스도를 흉내내어 병고치고 마귀를 쫓아내며 돈벌이하는 자들은 정신을 차리고 성경을 제대로 공부해야 한다. 예수님께서 표적과 이적을 행하신 것은 자신이 하나님이심을 이스라엘에게 제시하기 위해서였지 인기를 얻으려는 것이 아니었다.

(5) 다섯 번째 부분은 마태복음 27장에서 사도행전 2장까지이다.

『율법의 행위로 난 자들은 누구든지 저주 아래 있느니라. 기록되기를 "행하도록 율법책에 기록된 모든 것을 계속해서 행하지 않는 자는 누구나 저주를 받느니라."고 하였음이라. 따라서 하나님 앞에서 율법으로 의롭게 되는 사람은 아무도 없다는 것이 분명하니 이는 "의인은 믿음으로 말미암아 살리라."고 하였음이니라. 율법은 믿음에서 난 것이 아니니라. 그러나 "그것들을 행하는 사람은 그것들 안에서 살리라."고 하였느니라. 그리스도께서 우리를 위하여 저주가 되셔서 율법의 저주로부터 우리를 구속하셨으니 기록되기를 "나무에 매달린 자는 누구나 저주받은 자라." 고 하였도다. 이는 아브라함의 복이 예수 그리스도로 말미암아 이방인들에게 미치게 함이며 또 우리로 하여금 믿음으로 말미암아 성령의 약속을 받게 하려는 것이라』(갈 3:10-14).

『그리스도께서는 믿는 모든 사람에게 의가 되시고자 율법의 끝이 되셨느니라』(롬 10:4). 예수님께서 십자가에서 숨을 거두시면서 “다 이루었다”고 하신 말씀은 율법의 요구사항을 다 이루심과 동시에 하나님의 구원계획을 위해 더 이상 인간이 할 일은 없고, 오직 그분을 믿음으로써 구원받게 하셨기 때문이다. 주기도문, 사도신경, 새벽기도, 금요금식, 구약의 규례 등을 가져다가 믿음에다 첨부하여 구원을 완성하려는 것은 십자가를 모독하는 것임을 알아야 한다. 신약은 마태복음 26:28에 가서야 비로소 수립되며, 마태복음 27:50까지는 아직 발효되지 않는다(히 9:14-17). 열두 사도들이 그때까지는 율법 아래 있었으며 사도행전 10장까지는 율법의 규례들을 지켰는데, 그 원인은 율법의 모든 규례가 갈보리의 십자가로 완전히 제거되었음을 몰랐기 때문이다. 그 어떤 예수님의 제자도 구약성경을 가졌을 뿐, 그 어떤 신약성경도 갖고 있지 않았음을 알아야 한다. 사복음서가 시기적으로는 사도행전 12장 이전에 놓여 있긴 해도 사도행전 12장의 시점까지는 그 어떤 사도들이나 제자들도 사복음서들을 가지고 있지 않았다. 따라서 마태복음 26장에서 사도행전 2장까지를 과도기라고 부르는 것이다.

(6) 여섯 번째 부분은 사도행전 3장에서 요한계시록 4장까지이다.

예수님이 승천하신 후 사도행전 2장의 오순절에 성령님이 오심으로 교회가 태동되었고, 이 교회는 에베소서 1:22,23에서 계획되었고, 에베소서 5장에서 신부로 비춰졌으며, 갈보리에서 하나님의 피값으로 사주셨다. 이 교회는 기본적으로 거듭난 성도로서 성령의 전(고전 3:16; 6:19,20)을 말한다. 이 교회는 반석이신 예수 그리스도 위에 세워지는 것이지(마 16:18) 베드로 위에 세워지는 것이 아니다. 로마카톨릭은 성경을 해석하지 못함으로 인해 오류를 범하여 많은 사람들을 오도하고 있다. 베드로가 반석이라고 된 성경 구절은 없다. 베드로는 로마에 여행한 적도 없으며 베드로의 무덤이 로마에 있었다는 것은 날조이다. 베드로의 묘는 몇 년 전 예루살렘에서 발견되었다. 반석은 예수 그리스도시다(고전 10:4). 베드로 자신도 예수 그리스도가 반석이라고 썼다(벧전 2:8). 사도 바울은 이방인들이 복음을 통하여 그리스도 안에서 공동 상속자가 되고 한 몸이 되며 그의 약속에 동참자가 된다는 사실이 다른 시대에는 사람들의 아들들에게 알려지지 않았던 것을 자기에게 계시해 주셨다고 쓰고 있다(엡 3:5-8).

『또 예수 그리스도를 통하여 만물을 창조하신 하나님 안에서 세상이 시작될 때부터 감추어져 왔던 신비의 교제가 무엇인지 모든 사람에게 알게 하려는 것이니 이는 이제 교회를 통하여 천상에 있는 정사들과 권세들에게 하나님의 다양한 지혜를 알게 하려는 것이라. 이것은 하나님께서 그리스도 예수 우리 주 안에서 계획하신 영원한 목적에 따른 것이니라』(엡 3:9-11).

에덴, 노아의 홍수, 언어의 혼란, 이스라엘의 이집트에서의 노예생활, 이스라엘의 왕으로 천국을 수립하러 오신 이스라엘의 왕이 거부되고 십자가에서 처형되심과 같이 이 교회 시대의 경륜도 다른 시대와 마찬가지로 배교로 끝날 것인가? 그렇다. 배교로 끝나게 되어 있다. 세상은 거짓말하는 교단 교회들이 나서서 거짓말하고 있는 데 속고 있다. 그들은 끊임없는 복음전파로 세상은 변화되고 모든 민족에게 복음이 전파되면 일천 년간 평화가 유지된 후에는 천년왕국이 수립된다고. 하지만 이것은 새빨간 거짓말이다. 지금 교회들은 믿음이 필요 없는 교회들이다. 지금의 교회들이 하는 행위는 적그리스도가 오도록 길을 닦아주고 있는 행위이다. 『아무도 어떤 모양으로든지 너희를 미혹하지 못하게 하라. 이는 먼저 배교하는 일이 이르지 않고, 또 그 죄의 사람 곧 멸망의 아들이 나타나지 않고

서는 그 날이 오지 아니함이라』(살후 2:3). 예루살렘에 있던 지역 교회는 오순절에 유기체(Organism)가 되었으며(고전 12:13-25), 그 이전까지는 단지 조직체(Organization)에 불과했다. 지금도 모인 사람들이 어떤 부류의 사람인 줄도 모르고 모임을 만들어 조직체를 이루고 교회라고 부르는 곳들이 얼마나 많은가 보라. 대부분의 교단 교회들은 유기체가 아니라 조직체이다. 그러므로 라오디케아 시대인 지금의 교회들은 주님이 그 안에 계실 수 없을 만큼 배교하였기에, 주님은 교회 문 밖에 계시는 것이다(계 3:20).

(7) 일곱 번째 부분은 계시록 5장에서 19장까지이다.

이 기간은 다니엘의 70째 주로 불리는 7년 대환란 기간인데, 성경은 이 기간을 야곱의 고난의 때라고 부른다(렘 30:7). 이때는 교회가 이미 휴거된 뒤이다. 교회가 건물이 아닌 것은 거듭난 성도들만 휴거되는 것이기 때문이다. 교회가 휴거되었다는 말은 그때부터 지상에 성령님이 계시지 않는다는 말이다. 믿음으로 말미암아 은혜로 구원받은 시대는 끝난 것이다. 교단 교회들과 은사주의 교회에 다녔던 사람들, 로마카톨릭을 교회로 알고 믿음의 생활을 했던 사람들은 이교도들과 더불어 지상에 남게 되는데, 그 수는 상상을 초월할 정도로 많은 숫자가 될 것이다. 교회시대에 복음을 무시한 사람들, 끝까지 견뎌야 구원을 받는다는 알미니안주의자들, 예수 그리스도의 보혈이 구원받기로 예정된 사람들에게만 해당된다고 믿는 자들, 인간의 의지가 너무 타락해서 예수 그리스도를 믿으려 해도 믿어지지 않는다며 복음을 거절한 자들은 이 대환란을 겪어야 하는데, 예수님께서는 이 고난을 유사 이래 전무후무하게 엄청난 비극이라고 말씀하셨다(마 24:21). 유대인들은 왕으로 오신 예수 그리스도를 십자가에 처형하고서 『그의 피를 우리와 우리 자손에게 돌리라.』고 외쳤다(마 27:25). 그들의 배척 행위에 대한 형벌로 유대인들은 A.D. 70년부터 세계 도처로 흩어져 땅도 잃어버렸고, 가는 곳마다 박해와 고난이 그들을 비참하게 만들었으며, 제2차 세계대전 때에는 히틀러에게 650만 명이나 살해되기도 했다. 하나님께서는 그들에게 자비를 베푸시어 1945년 5월 14일, 그들을 기적적으로 카나안 땅으로 다시 모아 국가로 태동시켜 주셨으며, 일곱 번에 걸친 모슬렘 국가들과의 전쟁에서도 모두 승리케 하셨다. 그러나 그들은 아직도 일부 유대인 그리스도인을 제외하고 예수 그리스도를 메시아로 받아들이기를 거부하며 신약성경을 거부하고 있다. 7년 대환란은 이 죄에 대한 하나님의 심판이시다. 대환란 때 유대인들은 적그리스도의 통치로 혹독한 심판을 받게 되어 그 백성은 144,000명까지 줄어들게 된다.

이제 교회 시대는 끝났고, 이스라엘이 교회를 대신해서 하나님의 택함받은 백성이 되는 것이다(롬 11:25-29, 히 8:8-12). 성경을 기록된 대로 믿지 않은 사람들은 이처럼 큰 낭패를 당하게 된다. 성경을 믿지 않으면서 하나님을 믿는다고 거짓말한 자들은 그들의 믿음 없음으로 인해 심판을 받게 된다(마 25:34-42, 히 3:14; 6:1-6; 10:26-31, 계 12:17; 14:12; 22:14을 읽어 보라). 성경은 무단히 기록되지 않았음을 알아야 한다. 성령님께서 왜 불필요한 일들을 기록하셨겠는가? 이 대환란 기간에 신약이 민족으로서의 이스라엘에 적용되며(히 8:8-12), 이스라엘은 민족적으로 회심하고 그리스도께로 돌아오게 된다(롬 11:26-28, 사 40:1,2, 렘 5:20을 읽어 보라).

성경을 믿지 않는 로마카톨릭은 물론이요 개신 교회들 중 90% 이상이 이스라엘의 회복을 믿지 않고 있다. 그들은 하나님께서 이스라엘과의 관계를 완전히 단절하셨으며 모세와 다윗에게 주셨던 약속들을(신 30:1-10, 삼하 7:10-16) 모두 영적으로 해석하며 로마카톨릭은 그 약속들을 자기들에게 주셨다고 떠들며, 개신교도들도 자기들에게 주셨다고 거짓말하고 있는 것이다. 그로 인해 영적, 풍유적 성경 해석이 등장했고 무천년주의나 후천년주의 종말론이 생겨난 것이다. 이런 거짓말은 많은 교인들로 성경을 기록된 대로 믿지 못하게 만드는 또 하나의 마귀적 속임수인 것이다. 특히 로마카톨릭은 이스라엘을 다루고 있는 구약성경에서 500여 개의 예언들을 뽑아내어 자기들의 교회에 적용시키고 있어, 이사야 1장, 2장, 3장의 이스라엘의 정치적 회복과 저주받은 자연의 회복이 사실이 아니라고 주장한다. 뿐만 아니라, 유대인들의 성전이 예루살렘에 재건될 것이라는 에스겔서의 예언도(겔 40-48장) 모두 거짓말로 만들어 버렸다. 이 대환란 기간에 모세와 엘리야가 지상으로 돌아온다(계 11:1-8). 이 두 사람은 마태복음 17장에서 변형산에 내려와 예수님과 담소했는데, 그때 사도 베드로, 야고보, 요한 이 세 사람이 그 광경을 보았던 적이 있다. 이 대환란 기간에는 지금처럼 믿음으로만 구원받지 못하고 믿음과 행위로 받게 되는데, 이들을 환란성도라고 부른다.

『또 내가 보좌들을 보니, 그들이 그 위에 앉았는데 심판이 그들에게 주어졌더라. 또 예수에 대한 증거와 하나님의 말씀으로 인하여 목베임을 당한 사람들의 혼들도 보았는데, 그들은 그 짐승에게나 그 형상에게 경배하지 아니하였을 뿐만 아니라 그의 표를 그들의 이마 위에나 손에도 받지 아니하였더라. 그러므로 그들은 살아서 그리스도와 함께 천 년을 통치하더라』(계 20:4). 이들이 믿음과 행위로 구원받은 환란성도들이다. 짐승의 표를 거부하고 목베임을 당한 사람들이다. 교회 시대인 지금 구원받지 않았거나 이상한 교회에 다니면서 거짓 은사나 방언이나 이야기하며 성경을 믿지 않았던 사람들과 교단 교리에 빠져 역시 성경을 믿지 않고 구원의 확신이 없는 사람들은 휴거되지 못하고 대환란을 겪게 될 것이며, 그들은 그때서야 복음의 심각성을 깨닫고 회심하려 하겠지만 그때는 자기 목을 내놓아야 하는 것이다. 이것이 이 시대에 예수 그리스도의 복음을 소홀히 한 자들이 받을 형벌이다.

(8) 여덟째 부분이요 성경의 마지막 부분은 요한계시록 20장에서 22장이다. 이 시대는 천년왕국 시대와 새 예루살렘이라고 불리는 영원 시대이다. 요한계시록 20장에는 천 년(millennium)이란 단어가 여섯 번 나온다. 예수님께서 초림 때 이 땅에 수립하시려 했던 천국(Kingdom of Heaven)이 이스라엘의 거부로 실현되지 못하자(눅 1:30-33) 천국은 연기되었고, 주님이 재림하시어 통치하실 천년왕국 이전까지 교회 시대가 주어졌다. 만일 그때 천년왕국이 실현되었더라면 교회 시대는 존재할 수가 없었을 것이다. 『형제들아, 너희가 스스로 지혜 있는 체하지 않게 하기 위하여 이 신비를 너희가 모르기를 내가 원치 아니하노니 이는 이방인들의 충만함이 차기까지는 이스라엘의 일부가 완고하게 된 것이라』(롬 11:25). 여기서 이방인의 충만함이란 이방인들의 죄를 말한다.

대환란의 끝은 아마겟돈 전쟁인데, 단 하루의 전쟁으로 끝이 난다. 러시아가 모슬렘 국가들과 연합하여 이스라엘을 지상에서 진멸시키려고 공격을 개시할 때, 갑자기 하늘에서 내려온 예수 그리스도와 그의 성도들이 그들을 쳐부수고 만다. 『또 내가 하늘이 열린 것을 보니 흰 말이 보이더라. 그 위에 앉으신 분은 신실과 진실이라 불리며 의로 심판하고 싸우시더라. 그의 눈은 불꽃 같고 머리에는 많은 왕관이 있고 또 한 이름이 기록되어 있는데 그 자신 외에는 아무도 모르며 피에 적신 옷을 입었는데 그의 이름은 하나님의 말씀이라고 불리더라. 또 하늘에 있는 군대들이 희고 정결한 세마포를 입고 흰 말들을 타고 그를 따르더라. 그의 입에서는 예리한 칼이 나와서 그것으로 민족들을 칠 것이요 또 철장으로 그들을 다스릴 것이며, 그는 전능하신 하나님의 맹렬한 진노의 포도즙틀을 밟으실 것이라. 또 그의 옷과 넓적다리에 이름이 기록되어 있는데 **"만왕의 왕, 또 만주의 주"**라 하였더라』(계 19:11-16). 이 전쟁에 동원된 UN의 군대 2억 명이 살해되고 그 피가 1m 높이로 200km 길이로 흐르게 된다. 이 엄청난 비극을 상상해 보라. 성경은 문자적으로 기록되었는데, 인간들은 영적으로, 풍유적으로 해석하려 하고 있다. 『그 포도즙틀이 도성 밖에서 짓밟히니 그 틀에서 피가 흘러 나와 말고삐까지 닿고 일천육백 스타디온까지 퍼지더라』(계 14:20). 로마카톨릭도 하루에 끝나 버린다.

『이 일들 후에 내가 보니, 또 다른 천사가 큰 권세를 가지고 하늘에서 내려오는데, 땅이 그의 영광으로 환하여지더라. 그가 큰 음성으로 힘있게 외쳐 말하기를 "큰 바빌론이 무너졌도다, 무너졌도다, 마귀들의 거처가 되었고 온갖 더러운 영의 소굴이요, 모든 더럽고 가증한 새의 소굴이로다. 이는 모든 민족들이 그녀의 음행으로 인한 진노의 포도주로 취한 까닭에 땅의 왕들이 그녀와 더불어 음행하였고 또 땅의 상인들은 그녀의 사치의 풍요함으로 부유하게 되었음이라."라고 하더라. 또 내가 들으니, 하늘에서 다른 음성이 나서 말하기를 "나의 백성들아, 그녀에게서 나오라. 그리하여 그녀의 죄들에 동참자가 되지 말고 그녀의 재앙들도 받지 말라. 이는 그녀의 죄들이 하늘에까지 닿았고 또 하나님께서는 그녀의 불의를 기억하셨기 때문이니라. 그녀가 너희에게 준 만큼 그녀에게 되돌려 주라. 그리고 그녀가 행한 것을 따라 두 배로 갚아 주라. 그녀가 채운 잔에도 그녀에게 두 배로 채워 주라. 그녀가 자신을 영화롭게 하고 즐기며 산 만큼 그녀에게 고통과 슬픔을 주라. 이는 그녀가 마음에 말하기를 '나는 여왕으로 앉아 있고 과부가 아니로다. 그러므로 내가 결코 슬픔을 당하지 아니하리라.'고 하였기 때문이니라. 이로 인하여 그녀의 재앙들이 하루 만에 닥치리니 죽음과 슬픔과 기근이요 또 그녀는 불로 완전히 태워지리니, 이는 그녀를 심판하시는 주 하나님은 강하시기 때문이니라. 그녀와 더불어 행음하고 즐기며 살던 땅의 왕들이 그녀가 불에 타는 연기를 볼 때 그녀로 인하여 울며 애곡하리니, 그들은 그녀가 당하는 고통이 두려워 멀리 서서 말하기를 '슬프도다, 슬프도다, 큰 도성 바빌론이여, 견고한 도성이여! 일시에 너의 심판이 임하였구나.'라고 하리라』(계 18:1-10). 이것이 콘스탄틴부터 오늘에 이른 가증한 창녀교회의 운명이다. 성경대로 예수 그리스도를 믿지 않고 교황의 말이나 따랐다면 그들의 운명은 비참하게 된다. 사람들을 쳐다보지 말고 하나님의 말씀을 믿으라!

천년왕국 수립은 예수 그리스도의 계획이며 이는 인류에 대한 하나님의 구원계획의 완성이다. 예수 그리스도께서 초림 때 실현하시려는 계획이 인간들의 거부와, 사탄의 방해로 실현되지 못하셨다가 이제 실현되는 것이다. 인간의 몸이 구속받고, 땅이 소생되며, 기후가 바뀌고, 동물들의 성품이 바뀌며, 모든 농작물과 과일이 병충해가 없는 것은 물론이요 벼농사로 치면 1년에 4모작을 할 수 있게 되고, 과일은 금년에 심으면 명년에 따먹게 된다. 사탄이 묶여 있으니 인간사회에 범죄가 없어진다. 비로소 사람들은 마태복음 5,6,7장대로 천년왕국의 헌법을 준수해야 되는 것이다. 『진실로 내가 너희에게 말하노니, 하늘과 땅이 없어지기 전에는 율법의 일점 일획도 모든 것이 이루어질 때까지 결코 없어지지 아니하리라』(마 5:18). 지금까지 의의 왕이신 예수 그리스도 없이 이 땅에 평화를 말하며 왕국을 수립하려 했던 자들은 소리도 없이 사라지게 된다.

만왕의 왕이요 만주의 주이신 예수 그리스도께서 팔레스타인 땅 예루살렘의 세계 정부 본부에서 통치하시며 교회 시대에 구원받고 성경대로 주님을 섬긴 성도들은 왕과 제사장으로서 그리스도와 함께 통치하게 된다(계 1:5; 5:9,10). 예수 그리스도는 인류의 왕으로서 천년왕국을 다스리게 된다(사 2:3, 렘 3:17; 14:21, 슥 14:9, 마 19:28; 25:31, 행 2:30을 읽어 보라).

지금까지 살펴본 것이 성경의 기본골격이다. 이렇게 구분을 두는 것은 성경을 공부하되 "올바로 나누어" 공부하라고 하나님께서 말씀하고 계시기 때문이다(딤후 2:15). 성경에는 적절한 구분이 있다. 이 구분을 무시하게 되면 성경을 억지로 풀다가 스스로 멸망하게 된다고 말씀하셨다(벧후 3:16). 세대주의란 이처럼 인간을 경영하시는 하나님의 방침이시다. 성경은 인간을 다루시는 단순한 역사인 것처럼 보이는 것들이 실제로는 고도로 복잡하게 의도된 하나님의 계획인 것을 알 수 있다. 그 계획은 전지전능하신 하나님이 아니고서는 고안해 낼 수도 없고, 실행할 수도 없으리라는 사실에 주목해야 한다. 왜냐하면 필자가 앞서 제시한 바와 같이 성경의 구분들은 일관성 있는 하나의 구조를 이루고 있기 때문이다. 이 성경은 1,600년이 넘는 기간 동안 아시아, 아프리카, 유럽 3개 대륙에서 40명의 저자들이 하나님으로부터 영감을 받아 기록하여 66권의 책으로 집성해 놓은 것인데, 이처럼 엄청난 유기적인 구성을 이루고 있는 것이 성경의 신비인 것이다. 마귀는 이 성경이 인간의 손에 들려 읽혀지고 공부함으로써 하나님의 계획을 깨닫게 될 것을 우려하여 그들의 종들을 내세워 변개시키고, 삭제시키며, 오역하였고, 보지 못하도록 감추었으며 알지 못하도록 세대주의라며 거부하게 만들었고, 그 말씀을 영적으로, 풍유적으로 해석하여 진리의 지식을 가리고 변질시켜 왔던 것이다. 이런 마귀의 계략에 로마카톨릭은 물론이요 개신 교회의 90%가 동조하고 놀아난 것이다. 이들이 세상에 교회들을 세워 복음을 흉내내며 교인들을 오도하고 진리를 가리며 결국 아무것도 모르는 채 지옥으로 떨어지게 만들고 있다.

『그러므로 우리가 자비를 받은 것과 같이 이 직분을 받았으니 우리는 낙심치 아니하노라. 오히려 감추어진 수치스러운 일들을 버리고 교활함 가운데서 행하지 아니하고 하나님의 말씀을 거짓되이 다루지 아니하며 오직 진리를 나타냄으로써 하나님 앞에서 우리 스스로를 각 사람의 양심에 추천하노라. 그러나 만일 우리의 복음이 가려졌다면 그것은 구원받지 못한 자들에게 가려진 것이라. 그들 가운데 이 세상의 신이 믿지 않는 자들의 마음을 어둡게 하여 하나님의 형상이신 그리스도의 영광스러운 복음의 광채가 그들에게 비치지 못하게 하느니라. 우리는 우리 자신을 전파하는 것이 아니라 그리스도 예수가 주이신 것과 우리 자신이 예수를 위하여 너희의 종인 것을 전파하노라. 이는 어두움 속에서 빛이 비치라고 명령하신 하나님께서 예수 그리스도의 얼굴에 있는 하나님의 영광을 아는 빛을 주시기 위하여 우리 마음에 비추셨기 때문이라. 그러나 우리가 이 보물을 질그릇에 가졌으니 이는 그 능력의 탁월하심이 하나님께 있는 것이지 우리에게 있는 것이 아님이라』(고후 4:1-7).

성경의 주제가 무엇인가? 성경의 주제는 왕국이다. 누가 왕의 권위를 가지고 그 왕국을 수립하고 통치하며, 누가 그 백성이 되는가를 알려주는 책이 곧 성경이다. 구약의 주제가 무엇인가? 예수 그리스도의 재림이다. 예수 그리스도의 다시 오심을 믿고 기다리는 것이 참 신앙이다. 멸망하지 않으려면 교회만 다니려하지 말고 성경을 믿고 공부하여 자기 지식으로 만들라.

2. 후천년주의, 무천년주의, 전천년주의 종말론

천년왕국(Millennial Kingdom)에 관해서 세 가지 신학적 입장이 있다. 후천년주의는 예수 그리스도께서 천년왕국 뒤에 다시 오신다고 믿는다. 무천년주의는 예수 그리스도께서 천년왕국을 통치하기 위해 다시 오시지 않는다고 믿고 영적으로만 여긴다. 전천년주의는 예수 그리스도께서 천년왕국 전에 오시어 천년왕국을 통치하실 것을 믿는다.

사도 바울은 지중해의 섬 크레테에서 목회하고 있었던 디도에게 쓴 편지에서 지역 교회에서 어떻게 주님을 섬겨야 하는지를 잘 설명해 주고 있다. 『이는 구원을 주시는 하나님의 은혜가 모든 사람에게 나타나서, 우리를 가르치시되, 불경건과 세상 정욕들을 거부하고, 우리로 신중하며, 의롭고 경건하게 이 현 세상을 살아가게 하시며, 그 복된 소망, 곧 위대한 하나님이신 우리 구주 예수 그리스도의 영광스러운 나타나심을 기다리게 하셨음이니, 그가 우리를 위하여 자신을 주신 것은 우리를 모든 죄악에서 구속하시고 자신을 위해 정결케 하사 선한 일에 열심을 내는 독특한 백성이 되게 하려 하심이라』(딛 2:11-14). 〈한글개역성경〉은 영광이 나타난다고 오역했다.

복된 소망과 위대하신 하나님이시며, 우리 구주이신 예수 그리스도의 영광스러운 나타나심을 기다리게 하셨으니, 당신은 지금 예수 그리스도의 재림을 기다리면서 교회에 다니는가? 당신의 교회는 예수 그리스도께서 곧 다시 오실 것이라고 설교하고 성경을 가르치는가? 당신 교회의 목사는 예수 그리스도의 재림을 의식하여 교회를 운영하며 스스로 재림을 기다리는 사람으로서 생활하며 성도들에게도 그렇게 권면하던가? 그렇다면 좋은 그리스도인이요 당신이 다니는 교회는 좋은 교회이다. 당신은 예수 그리스도와 개인적으로 대면할 기회를 갖는다는 사실을 믿고서 교회에 다니면서 믿음의 생활을 하고 있는가 아니면 습관적인 종교인으로서 교회에 다니는가? 성경은 당신이 곧 예수 그리스도 앞에 서서 구원받은 후에 당신이 주님을 위해 섬겼던 일들에 대해 보상을 받는다고 기록하고 있다. 『이는 우리 모두가 반드시 그리스도의 심판석 앞에 나아가서 선이든지 악이든지 각자 자기가 행한 것에 따라, 자기 몸으로 행한 것들을 받을 것이기 때문이라』(고후 5:10, 롬 14:10). 만일 당신이 하나님이 세우시지 않은 교회에서 구령도 하지 않고 성경도 가르치지 않으면서 쓸데없는 일들로 시간, 노력, 돈을 드렸다면 당신이 받을 보상은 극히 적게 된다. 왜냐하면 그러한 섬김들은 불로 태워지기 때문이다. 당신의 섬김이 성경대로였다면 인정을 받아 금, 은, 보석으로 남게 되지만 성경적이 아니었다면 나무, 짚, 그루터기여서 불로 태우면 다 타버릴 것이기 때문이다(고전 3:12-15을 읽어 보라).

성경은 예수 그리스도께서 다시 오신다고 말씀하고 있으며 오신 후에 천년왕국을 수립하시어 1천 년간 통치하신 후 새 예루살렘인 영원으로 이어진다고 말씀하고 있다. 『내 아버지 집에는 많은 저택들이 있느니라. 그렇지 아니하면 내가 너희에게 말하였으리라. 나는 너희를 위하여 처소를 마련하러 가노라. 내가 가서 너희를 위하여 처소를 마련하면 다시 와서 너희를 내게로 영접하여 내가 있는 그곳에 너희도 있게 하리라』(요 14:2,3). 『그리스도께서도 많은 사람의 죄들을 담당하시려고 한 번 드려지셨고, 두 번째는 자기를 바라는 자들을 구원에 이르게 하시려고 죄 없이 나타나시리라.』(히 9:28)고 말씀하고 있다. 『보라, 내가 속히 오리라』(계 22:7). 『보라, 내가 속히 오리니 내가 줄 상이 내게 있어 각 사람에게 그의 행위에 따라 주리라』(계 22:12). 『반드시 내가 속히 오리라』(계 22:20). 이 세 구절은 성경의 마지막 장에 약속하신 말씀이다.

예수 그리스도의 재림에 관한 신학적 체계를 쓴 책이 얼마나 많고, 그렇게 생각하는 사람들의 수가 얼마나 많은가는 문제가 되지 않는다. 다수라고 해서 영적 지식을 깨닫는 것이 아니기 때문이다. 성경의 계시를 깨닫는 데는 성령님의 도움이 없이는 불가능하다. 무천년주의나 후천년주의 종말론을 신봉하는 자들이 많다고 해서 하나님께서 그들의 주장을 수용하는 것이 아니기 때문이다. 그렇다면 어떤 사람들이 후천년과 무천년 종말론을 만들어냈는가? 그들은 성경을 기록된 대로 믿지 않는 사람들이요, 성경을 공부하지 않고 신학적인 학문체계만을 공부한 사람들이다. 다시 말하면, 성경을 배제하고 누군가가 하나님에 관하여 쓴 책들을 가지고 공부한 사람들이다. 사람들이 성경을 배제하고 그렇게 신학을 공부하게 될 때, 그들은 틀림없이 생명을 낳는 복음의 진리가 아닌 기독교라는 종교를 만들어내게 되고 그 종교를 다른 종교들과 겨루게 만드는 것이다. 성경은 불교, 힌두교, 모슬렘의 경전과 다른 책이다. 그런 책들은 인간들이 기록한 것이지만 성경은 하나님의 영감을 받은 사람들이 기록한 책이다(딤후 3:16, 벧후 1:21). 다른 종교의 책들은 어떤 저자의 생애 동안에 기록된 것들이지만 성경은 1,600여 년에 걸쳐 기록한 책이다. 다른 종교의 경전이라고 일컬어지는 책들은 인간의 죄 문제에 대한 해결책을 제시하지도 못하며 죄의 형벌과 지옥의 심판으로부터 구원을 제시하지도 못한다. 그런 책들로는 아무리 열심히 공부한다고 해도 구원을 제시하지 못한다. 그런 책들은 아무리 열심히 공부한다고 해도 사후의 생과 지옥에 관해서도 분명하게 제시할 수 없다. 그들은 기껏해야 선한 행위와 덕을 권장할 뿐이다. 왜 그들은 죽어가는 인간들에게 영생을 제시할 수 없는가? 왜 그들은 거듭남(Rebirth)을 제시할 수 없는가? 그들의 책은 단순한 인간의 책이기 때문이다.

성경은 다르다. 성경은 책이지만 그들과 다른 책(The Book)이다. 성경은 종교의 경전이 되려고 나온 책이 아니라 죽어 지옥으로 떨어질 운명에 놓인 인간에게 구원의 길을 제시하기 위한 책이다. 성경은 생명을 낳는 책이며 구원을 이루는 책이다. 『태초에 말씀이 계셨고, 그 말씀이 하나님과 함께 계셨으니, 그 말씀은 하나님이셨느니라』(요 1:1). 『태초부터 계셨고, 우리가 들었으며, 우리 눈으로 보았고, 주목하여 살폈으며, 우리 손으로 직접 만졌던 생명의 말씀에 관해서라』(요일 1:1). 『그의 눈은 불꽃 같고 머리에는 많은 왕관이 있고 또 한 이름이 기록되어 있는데 그 자신 외에는 아무도 모르며 피에 적신 옷을 입었는데 그의 이름은 하나님의 말씀이라고 불리더라』(계 19:12,13). 『그 말씀이 육신이 되어 우리 가운데 거하시므로, (우리가 그의 영광을 보니, 아버지의 독생자의 영광으로) 은혜와 진리가 충만하더라』(요 1:14).

성경 말씀이 곧 하나님이시다. 그들은 죽어 썩어버린 사람들이 쓴 책을 믿는 종교인들이지만 우리는 살아 계신 하나님이 기록하신, 하나님 되신 말씀을 믿는 영이 살아난 사람들이다. 그런데 거듭나지도 못한 사람들이 성경을 배격하고 성경을 이용하여 여전히 또 다른 종교를 만들려는 사람들이 곧 신학이라는 학문을 가지고 노는 사람들이다. 그들이 만들어낸 신학체계가 후천년주의와 무천년주의이다. 그들이 성경을 믿는 거듭난 그리스도인들이었다면 전천년 종말론을 성경대로 믿는 사람들과 다른 신학체계를 주장할 근거가 없는 것이다. 이 둘 중에 한편은 잘못된 것이다. 성령의 인도함을 받지 못한 것이다.

사도들의 교회는 모두 전천년 재림을 믿었고, 그 후 200년 동안도 다른 교리는 침투하지 못했다. 북아프리카의 오리겐이 성경을 영적으로 풍유적으로 해석하면서 유세비우스(당시 카이사랴의 감독)가 이에 동조했다. 후에 어거스틴, 제롬, 칼빈으로 이어지면서 기독교계에 종말론적 신학체계도 자리잡게 되었다. 후천년주의와 무천년주의를 굳이 구별할 필요도 없다. 왜냐하면 그들이 성경을 문자적으로 해석하지 않는 것은 마찬가지이기 때문이다. 후천년주의는 한마디로 말해 인간은 본성적으로 선하기에 모든 문제를 판단하는 기준이 인간이 되어야 하며, 하나님의 개입이 없어도 황금 시대, 천년왕국, 파티마 평화계획, 가난과의 전쟁, 환경개선, 전쟁억제, 신성로마제국 수립 등을 이룰 수 있다고 가르친다. 모든 후천년주의자들은 긍정적 사고방식을 가지고 있다. 인간이 본성적으로 선하다고 보고 모든 문제를 판단하는 기준이 인간이 되어야 한다고 여긴다. 인간에게 이처럼 긍정적인 평가를 내건 자들이 누구인가? 무신론자들, 공산주의자들, 진화론자들, 자유주의자들, 교육지상주의자들, 정치인들, 로마카톨릭, 성경을 거부하는 교회사가들, 성경을 변개시키는 종교지도자들이다. 그들은 한결같이 후천년주의를 채택한다.

콘스탄틴이 관용을 베풀기 전까지 오리겐, 클레멘트, 디오니시우스 등을 제외하고는 모든 교부들이 전천년주의 신앙을 가지고 있었다. 전천년주의 신앙은 1. 인간은 자연적인 상태에서는 물론이요 성령으로 거듭난 후에도 본성에 있어서는 여전히 악하므로(창 6:5, 눅 11:13, 갈 1:4), 아무리 많은 시간과 재원이 주어진다 할지라도 하늘에서처럼 이 땅 위에서 하나님의 뜻을 이룩할 수 없다. 2. 따라서 성경에서 말씀하고 있는(사 11:1-12, 욜 2장, 암 9:14, 슥 14:1-10, 마 19:28; 25:31, 눅 1:30-33, 계 20:1-6) 완전한 평화의 1천 년 기간은 만왕의 왕이신 주 예수 그리스도께서 이 땅에 오실 때 까지는 이 세상에 있을 수도 없고, 오히려 그분이 오시면 인간들이 이 땅에 세워 놓은(습 3:8) 모든 형태의 종교적, 정치적 정부를 모조리 파괴하실 것이다(단 2:44). 이렇게 믿었던 사람들은 바나바, 파피아스, 저스틴 마터, 이레내우스, 터툴리안, 락탄티우스, 커모디안, 빅토리누스, 메소디우스 등이다.

한편 오리겐은 이처럼 중요한 성경적 진리를 유대인의 꿈일 뿐이라고 말했다. 여기에서 영향을 받았든지 루터교회는 아우그스버그(Augsburg) 신앙고백에서 전천년주의 교리를 유대인의 의견으로 치부했으며 영국 성공회 역시 예수 그리스도께서 지상에서 통치한다는 성경교리를 유대인의 우화라고 했다(Anglican Articles 제41조, 1553년). 어거스틴은 그리스도의 천년통치를 오순절 날 이미 시작되었기에 그리스도께서 이미 통치하고 계시다고 주장했다. 이것이 개혁주의자들의 신앙이다. 그리스도께서 오순절에 천년통치를 시작했다면 마귀가 1,000년 동안 묶여 있어야 했는데, 세상은 악함에 놓여 있어(갈 1:4, 요일 5:19) 갖가지 범죄가 횡행하고, 전쟁도 그칠 줄 모르고 일어난 것은 웬 일일까? 의의 왕이 오시면 화평의 왕이 되신다고(히 7:2) 했는데, 그건 아닌 것이 분명하다. 그런 어리석은 발상들을 하고 있을 때, 제1차 세계대전(1914-1918)이 터지자 그들의 주장은 모두 거짓으로 드러나고 말았다. 그들의 입장이 난처해졌을 때, 제2차 세계대전(1939-1945)이 발발했다. 후천년주의자들은 기댈 곳이 없었다. 그러자 이들 후천년주의자들은 존 칼빈이 주창했던 무천년주의로 돌아서고 말았다.

무천년주의란 예수 그리스도가 천 년 이전이든 이후든 다스릴 천년왕국은 없다는 것이다. 다시 말하면 그들은 성경을 기록된 대로 믿지 않는 것이다. 그들은 칼빈의 이런 이론을 합리화시키기 위해 요한계시록 20:5의 첫 번째 부활을 에베소서 2:1-4의 영적부활을 의미한다고 주장한다. 이렇게 될 경우, 요한계시록 20장의 부활은 미래에 일어날 일이 아니라 과거에 있었던 사건이 되는 것이다. 이렇게 믿었던 자들은 칼빈이 처음이 아니다. 일찍이 A.D. 66년에 사도 바울이 기록한 디모데후서에서 후메내오와 필레토가 있었다. 『그들의 말은 종창처럼 퍼져 나갈 것이며 그들 가운데는 후메내오와 필레토가 있느니라. 그들은 진리에 관해서는 정도를 벗어나서 부활이 이미 이루어졌다고 말하여 어떤 사람들의 믿음을 뒤엎고 있느니라』(딤후 2:17,18). 이렇게 그들은 성경을 믿지 않는 무신론자가 된 것이다. 성경의 저자는 성령님이시다. 성령님께서 깨우쳐 주지 않으시면, 아주 간단한 성경 구절 하나도 제대로 해석할 수 없게 된다. 그들이 해석할 수 없기 때문에 옳은지 그른지도 모르면서 주석서를 쓴 사람 뒤에 줄을 서서 컨닝을 하게 되는데, 주석서를 쓴 자가 틀리게 되면 줄 선 자들도 모두 틀리게 되어 있다. 후메내오와 필레토는 개혁장로교회를 300년 이상 대표한 사람들이다. 그들이 범해 놓은 오류들을 대충 짚어 보면,

(1) 요한계시록 20:4,5의 첫 번째 부활은 미래에 있을 일이 아니고 과거에 있었던 일로 본다. 그러나 수백만 명의 부활이 과거에 일어나지 않았다.

(2) 그들은 부활을 실제적인 것으로 해석하지 않고 은유와 영적인 것으로 해석하며 천 년 역시 그렇게 해석한다. 그들은 한 번만의 부활을 믿으며(백보좌심판) 심판 역시 마지막 한 번의 심판만을 믿는다.

(3) 그런 연유로 그들의 신학은 그리스도인들이 현재 보좌에 앉아 영적으로 치리하고 있다고 믿는다. 『그러므로 내가 택함받은 자들을 위하여 모든 것을 참음은 그들도 그리스도 예수 안에 있는 구원을 영원한 영광과 함께 얻게 하려 함이라. 이 말씀은 신실하도다. 우리가 그와 함께 죽었으면 또한 그와 함께 살리라. 우리가 참으면 우리도 그와 함께 다스릴 것이요 우리가 그를 부인하면 그도 우리를 부인할 것이라』(딤후 2:10-12). 이

것은 카톨릭 교리이며 친카톨릭인 장로교회가 이렇게 믿는 것은 당연한 것이다.

(4) 성경은 그런 것을 종창(Canker), 즉 요즘 암 같은 병을 확산시키는 죄라고 단정하고 있다. 이런 죄를 지은 자들이 무천년주의자들이다. 존 칼빈, 그레샴 메이첸, B.B. 와필드, 필립 샤프, 로버트 딕 윌슨, A.T. 로버트슨 등이다.

(5) 성경은 그런 자들이 성도들의 믿음을 파괴시키는 자들이기에 사탄에게 내주어 육체를 멸망받게 한다고 하셨다(딤전 1:20, 고전 5:5).

(6)『그가 그 용을 잡으니, 곧 마귀요 사탄인 옛 뱀이라. 그를 천 년 동안 묶어 두니 그를 끝없이 깊은 구렁에 던져서 가두고 그 위에 봉인하여 천 년이 찰 때까지는 민족들을 다시는 미혹하지 못하게 하더라. 그 후에는 그가 반드시 잠시 동안 풀려나게 되리라. 또 내가 보좌들을 보니, 그들이 그 위에 앉았는데 심판이 그들에게 주어졌더라. 또 예수에 대한 증거와 하나님의 말씀으로 인하여 목베임을 당한 사람들의 혼들도 보았는데, 그들은 그 짐승에게나 그 형상에게 경배하지 아니하였을 뿐만 아니라 그의 표를 그들의 이마 위에나 손에도 받지 아니하였더라. 그러므로 그들은 살아서 그리스도와 함께 천 년을 통치하더라. 그러나 죽은 자들 가운데서 그 나머지는 천 년이 끝날 때까지 다시 살지 못하리라. 이것이 첫 번째 부활이라』(계 20:2-5).

첫 번째 부활은 영적인 부활이 아니라 실제적인 부활을 말한다. 도대체 영적인 부활이란 무슨 말인가? 죽은 사람이 실제적으로 살아나지 못하는 부활을 해서 무엇 하겠는가? 첫 번째 부활은 성도가 거듭났을 때를 말하지 않는다. 부활은 한 번만 있는 것이 아니다. 구약성도들의 부활(마 27:51-53), 신약성도들의 부활(살전 4:13-18, 고전 15:50-55), 죽은 자들의 부활이 있다. 『또 내가 큰 백보좌와 그 위에 앉으신 분을 보니, 그의 면전에서 땅과 하늘이 사라졌고 그들의 설 자리도 보이지 않더라. 또 내가 죽은 자들을 보니, 작은 자나 큰 자나 하나님 앞에 서 있는데, 책들이 펴져 있으며 또 다른 책도 펴져 있는데 그것은 생명의 책이라. 죽은 자들은 자기들의 행위에 따라 그 책들에 기록된 대로 심판을 받더라. 바다도 그 안에 있던 죽은 자들을 넘겨주고 또 사망과 지옥도 그들 안에 있던 죽은 자들을 넘겨주니 그들이 각자 자기들의 행위에 따라 심판을 받으며』 (계 20:11-13).

생명책에 기록되지 않은 자들은 불못에 던져지는데(계 20:15) 이것은 둘째 부활이 아니라 둘째 사망이다. 죽은 자들의 부활이란 백보좌 심판에 나타날 사람들인데 이들은 구원받지 않고 죽은 자들이다. 사람들이 담배를 피우고, 술을 마시고, 노름을 하고, 음행을 저지르고, 거짓말하고, 그 외의 죄들을 짓는 죄들로 지옥에 가는 것이 아니라 예수 그리스도께서 이러한 죄를 지은 죄인들을 위해 십자가에서 죽었다는 그 사실을 믿지 않는 죄 때문에 지옥에 가는 것이다. 그리스도의 복음을 전하지 않거나 복음을 우려먹거나 형식적으로 전하는 교회들이 얼마나 가증한 죄를 짓고 있는지 알아야 한다. 그런 교회들을 하나님이 세우셨겠는가? 당신이 구원받지 못했다면, 이 백보좌 심판대에 서서 하나님을 대면해야 하는 것이다. 그때는 하늘과 땅이 사라져 버렸기에 당신은 허공에 서 있는 것이다(계 20:11). 구원받지 못하고 죽은 자들의 최후 형벌이 그들의 아비인 붉은 용과 뱀이나 구더기의 몸을 입는 것이다. 이에 대한 묘사로 3개의 성경 구절을 제시하겠다(사 34:6-17; 66:24, 막 9:44,46,48을 읽어 보라).

첫 번째 부활을 영적이라고 가르치면 복음을 가리는 행위이며, 예수 그리스도의 십자가와 부활을 모독하는 일이다. 얼마나 많은 교회들이 성경을 배격하며 그들의 교단 교리에 얽매여 있는가 보라! 이상하지 않은가? 성경에 무지한 자들이 교회를 하려 하면 모두 이같이 된다. 이를 보고 주님께서는 소경이 소경을 인도하는 것과 같다고 말씀하셨다. 소경이 소경을 인도하면 둘 다 구덩이에 빠지게 되는데, 결국은 지옥의 구덩이에 빠지게 된다. 이것이 무천년주의자들의 신학이다. 무천년주의자들은 성도들의 관심을 그리스도의 재림으로부터 딴 데로 돌리는 데 그들의 노력을 경주했다. 그것이 곧 성경보다 신학에 치중하게 만드는 것이었고, 오늘날 미국의 갖가지 신학대학들이 하고 있는 일들이다. 그들은 구약에 예언된 천년왕국의 약속들이 유대인으로부터 교회로 옮겨졌다고 터무니없는 거짓말을 하는 것이다. 그런 말은 성경에 없다. 성경에 없는 것을 말하는 자들은 모두 거짓말쟁이들이요, 한편으로는 하나님을 거짓말쟁이로 만드는 자들이다. 카톨릭은 카톨릭 교리로, 장로교는 장로교 교리로, 감리교는 감리교 교리로 속이는 것이다.

그러나 살아 계신 하나님께서는 변질된 그대로를 용인하지 않으셨다. 종교개혁을 통해 주님의 전천년 재림설이 부활된 것이다. 하지만 신학적인 논쟁으로 인해 생겨난 종파들은 성경대로 믿지 않음으로 인해 믿음은 쇠퇴하고 합리주의와 같은 비성경적 철학이 교계에 확산되었던 것이다. 진리가 자리잡지 못한 곳에는 마귀의 교리가 자리를 비집고 들어오게 되어 있다. 독보리는 마귀가 밀밭에 뿌리고 가 버린 것임을 알아야 한다(마 13:25). 이 합리주의는 기독교계에 엄청난 해악을 끼쳤는데, 그것은 세상이 빠른 속도로 타락해서 결국에는 심판을 맞게 된다는 사실을 사람들로 하여금 믿지 못하게 만들었던 것이다. 이로 인하여 그리스도의 천년통치에 대한 새로운 해석이 필요하게 되었던 것이다. 이것을 제공한 사람은 영국 성공회 감독인 다니엘 휘트비(Daniel Whitby; 1636-1726)였다. 그가 내놓은 이론은 성경과는 정반대의 이론이었다. 그는 이스라엘의 회복을 믿지 않고(슥 1:17) 이스라엘이나 시온 산이라는 말은 신약 교회를 뜻한다고 주장했으며(슾 3:20) 유대인들은 한 민족으로 다시 세워지지 않으며 다윗의 보좌는 영적으로 해석해야 하며(슥 14:9) 하나님께서 이스라엘에게 하신 약속은 모두 교회에 적용된다고 주장했다. 또 이방 민족들이 유대인들에게 복종하리라는 말씀은(슥 8:20-23) 이방인들이 개심하여 교회 안으로 들어오는 것이라고 해석했으며, 사자와 양이 함께 뛰어논다는 이사야서 11:6-8을 성도의 옛 성품과 새 성품이 조화롭게 되는 것을 예표한다고 해석했다. 또 예루살렘에 실제적인 왕국이 세워져서 그리스도와 성도들이 함께 통치한다는 것은(계 1:6; 5:9,10, 롬 5:9, 히 12:9) 말이 되지 않는다고 단언했다. 그는 그 이유를 육체를 가진 인간과 영적 몸을 가진 존재들이 함께 땅에 거한다는 것은 상상할 수 없는 일이라고 생각했던 것이다. 그는 성경을 전혀 믿지 않으면서 책을 써서 많은 무지한 군상들을 오염시켰던 것이다.

성경을 가르칠 수 없는 사람이 성경을 가르치는 위치에서 일하는 것만큼 사람들을 오염시키는 일도 없을 것이다. 다니엘 휘트비는 그때 자기가 하나님을 위하여 무언가를 하고 있다고 생각했을 것이다. 기독교 서적이라며 책을 쓰는 사람들도 마찬가지이다. 그들은 시커먼 폐수를 방출하여 많은 물고기들을 죽게 하는 오염원 외에는 아무것도 아닌 것이다. 그들이 하는 일이란 악인의 쟁기질에 해당된다(잠 21:4). 그러므로 하나님의 사역은 하나님께서 부르시고 은사를 주시어 쓰임받는 사람들에 의해서만 이룩된다는 것을 알아야 한다. 하나님의 은사와 부르심에는 후회가 없으신데(롬 11:29), 하나님의 진리의 말씀을 이해도 못하고 엉뚱하게 해석하여 사람들을 오도한 자들에게 이런 말씀이 해당되겠는가? 이런 일들이 어디 다니엘 휘트비에게만 해당되는 일인가? 로마카톨릭의 교황, 추기경, 대주교, 사제들은 물론이요 성공회, 그리스 정교회, 개신교의 무천년주의 및 후천년주의 목사들과 신학자들 모두에게 해당되는 것이다. 그들이 세상에서 무엇으로 유명하게 인정받았는지는 모르겠지만 그들에게 한 가지 공통된 점은 그들이 성경을 깨닫지 못하고 있다는 사실이며, 그들이 쓰는 성경은 〈킹제임스성경〉이 아니라는 점이다. 이처럼, 성경을 왜곡한 무지한 자들이 하나님의 나라에 그 무엇으로 기여할 수 있단 말인가! 그들이 거듭난 사람들이었다면 성령님께서 그들을 일깨워 주시지 않았겠는가? 만일 성령님께서 그들을 일깨워 주셨다면 왜 그들은 깨닫지 못한 채 성경과 정반대로 가겠는가? 무천년주의와 후천년주의 종말론이 옳다면, 전천년주의자들을 성경으로 제압하여 잠잠케 해야 되지 않았겠는가? 예수 그리스도의 재림을 기다리지 않는 사람들과 예수 그리스도의 재림을 기다리는 사람들 중 누가 옳은 것인가? 예수님께서 다시 오시지 않을 것을 오신다고 인류를 향하여 거짓말을 하시며 그들이 찔렀던 나를 쳐다볼 것(슥 12:10)이라고 말씀하셨단 말인가? 누가 잘못된 것인가? 예수님이신가 아니면 무·후천년주의 학자들과 설교자들인가?

전천년주의를 믿는 사람들과 무·후천년주의를 믿는 사람들은 종말론만 다른 것이 아니다. 신학체계가 다르며 성경 해석 방법이 다르고, 성경이 다르고 교회가 다르며, 숭앙하는 분이 다른 것이다. 그들은 지상 낙원 건설자들로서 그리스도의 재림을 원치 않는 자들이다. 그들은 거짓말쟁이들이며 성경을 읽고서도 깨닫지 못하는 자들이다. 그들이 얼마나 성경에 무지하기에 성경을 영적으로 또는 풍유적으로 해석하겠는가? 그들이 얼마나 무지하기에 흰 말 탄 자라면 무조건 예수 그리스도로 해석하겠는가? 그들은 요한계시록 6:2의 흰 말 탄 자와 요한계시록 19:11의 흰 말 탄 분을 식별하지 못하고, 6:2의 흰 말 탄 자도 예수 그리스도라고 해석하고 있다. 이런 무지로 인해 엄청난 오류가 생겨났던 것이며, 이것 역시 수많은 사람들을 오염시켜 그들의 믿음을 파괴시켰고 지금도 시키고 있으며, 진리로부터 돌이키게 만들었던 것이다.

『내가 보니, 보라, 흰 말 한 마리가 있는데 그 위에 탄 자가 활을 가졌더라. 그에게 한 면류관이 주어졌고 그는 나가서 정복하고 정복하려 하더라』(계 6:2). 만일 요한계시록 6:2의 흰 말 탄 자가 예수 그리스도시라면 다음과 같은 이론이 가능하게 된다.

(1) 그는 지금 면류관을 쓴 왕이며, 그는 지금 나가서 이 땅을 정복하고 있는 것이다. 예수 그리스도께서는 지금 셋째 하늘에 계시는데, 지금 지상에서 싸워 정복해 가심으로 그분의 왕국이 점차 확장되어가는 것인가? 그래서 대한예수교장로회, 대한기독교감리회 간판만 붙이면 교회가 되어버리는 것인가? 이렇게 가르치는 교단들은 침례교, 감리교, 장로교, 루터교, 성공회, 하나님의교회, 하나님의성회, 로마카톨릭, 몰몬교, 안식교, 여호와의증인 등 대부분이다.

(2) 십자군전쟁은 물론이요, 미국의 남북전쟁을 비롯하여 지금까지 일어났던 전쟁들은 이 구절을 예수님이 정복하는 것으로 해석했기에 일어난 것이다. 이런 거짓 해석은 우리가 상상하는 것보다 훨씬 더 많은 전쟁의 원인이 되어 왔던 것이다.

(3) 이 교리는 세상이 점점 더 좋아져 간다는 교회의 다윈론이다. 인간은 이런 전쟁들을 통해서 발전되어 가며, 점점 더 배우고 더욱 인간다워진다고 말할 수 있기 때문이다. 뿐만 아니라, 전쟁들이 왕국을 오게 하는데 기여했다고 말하게 되는 것이다. 그래서 그들은 계속 교회들만 세운다. 연립주택, 상가, 심지어는 컨테이너박스에도 교회 간판을 달고 있다.

(4) 그리스도께서 왕으로서 이 땅을 점진적으로 정복하고 있기 때문에 그의 교회인 로마카톨릭이 이 세상에서 더 많은 권세를 가져야 한다는 것이다. 이것이 바로 오리겐(3세기), 유세비우스(4세기), 어거스틴(5세기) 등이 A.D. 200-500년 사이에 가르친 소위 후천년설이며 지난 1,500년 동안 이 땅을 타락시키고 부패시킨 로마카톨릭 교회가 가르친 거짓말인 것이다. 개신 교회는 루터가 항거했던 Protestants가 아니다. 이제는 그 이름이 퇴색되어 아무도 프로테스탄트란 말을 즐겨 쓰지 않게 되었다. 그들은 로마카톨릭을 닮다 못해 부패와 불법에 있어서 그들을 능가해 버렸다. 그래서 프로테스탄트들은 오래전부터 배교의 대명사가 되었다.

요한계시록 6:2의 흰 말 탄 자가 예수 그리스도가 아닌 것이 분명한데, 이 자를 예수 그리스도라고 가르치며 세상은 점점 좋아진다고 거짓말해서 그들 교인들에게 거짓 확신을 주었다면 그런 목사들과 신학자들은 죄 중에서 가장 극악한 죄를 짓는 자들이다. 벌콥(Berkhof), 카이퍼(Kuyper), 핫지(Hodge), 댑니(Dabney), 알포드(Alford), 로버트슨(Robertson) 등은 요한계시록 19장의 흰 말 타신 예수 그리스도와 요한계시록 6:2의 흰 말 탄 자를 동일 인물로 알고 가르쳤던 것이다. 한국의 각종 신학교 강단에선 이들의 제자들도 이들과 동일한 장단에 맞추어 춤을 추고 있는 것이다. 이 나라의 신학자들은 그 누구도 독자적인 성경적 지식을 깨닫지 못하여 미국 사람들이 쓴 조직신학, 실천신학, 성경신학을 가져다가 그대로 써먹고 있다. 그러므로 그들은 단지 앵무새 역할밖엔 못하여 누가 질문을 하게 되면 바로 대답하지 못하고 한참을 기다려야 한다. 그들의 책을 뒤져봐야 답변할 수 있기 때문이다. 그렇다고 해서 그 답변들이 다 옳은 것이 아님을 그들은 모른다. 요한계시록 19장에 등장한 흰 말은 하늘에서 내려온다. 성경을 믿지 않는 무신론자인 목사들과 신학자들이 흰 말이 하늘에서 내려온다는 사실을 믿을 수 있겠는가? 하나님의 말씀에 흰 말이 하늘에서 내려온다고 기록되었으면 내려오는 것이다. 『진실로 내가 너희에게 말하노니, 하늘과 땅이 없어지기 전에는 율법의 일점 일획도 모든 것이 이루어질 때까지 결코 없어지지 아니하리라』(마 5:18).

무·후천년 종말론은 성경을 기록된 대로 믿지 않고 어거스틴이 쓴 글을 신뢰했던 자들에 의해 날조된 것이다. 하늘에서 내려온 흰 말을 타신 분은 피에 적신 옷을 입으셨고 그의 이름은 하나님의 말씀이라고 불리는 분이시며, 하늘에 있는 군대들이 흰 말 탄 그분을 따른다(계 19:11-14). 한편, 계 6:2의 흰 말 탄 자는 활을 가졌고 사망과 지옥과 기근이 그를 따른다. 그는 사탄과 연결되어 있음을 알 수 있다. 사망, 지옥, 기근이 그를 따르는데, 6:9에서 그는 하나님의 말씀을 믿는 사람들을 죽이고 있다. 성경을 놓고 성경을 보는 시각과 해석 방법이 이렇게 차이가 날 수 있는가? 요한계시록 6:2의 흰 말 탄 자를 예수 그리스도라고 믿는 자들은 모두 마귀에 의해 정복을 당한 자들이다. 이와 같은 경우는 요한계시록 17:5,6에서도 동일하게 드러난다.

『그녀의 이마에 한 이름이 기록되어 있는데 **"신비라, 큰 바빌론이라, 땅의 창녀들과 가증한 것들의 어미라."**고 하였더라. 또 내가 보니, 그 여자가 성도들의 피와 예수의 순교자들의 피에 취하였더라. 그러므로 내가 그녀를 보고 크게 의아해 하며 놀랐노라』(계 17:5,6). 로마카톨릭은 자주색과 주홍색 옷을 입은 바빌론의 창녀가 자기들이 아니라 로마 제국이라고 발뺌을 한다. 로마 제국은 교회도 아니고 더구나 어머니 교회가 아니다. 이 지상에 어머니 교회는 로마카톨릭뿐이다. 그런데 사도 요한이 영 안에서 보니, 이 창녀교회가 성도들과 순교자들을 죽여 그 피에 취해 있었던 것이다. "그러므로 내가 그녀를 보고 크게 의아해 하며 놀랐노라."고

쓰고 있다. 로마카톨릭은 성경대로 믿는 그리스도인들을 6천5백만 명 이상 죽였다. 그러면서도 자기들을 교회라고 부른다. 그들은 이 부분을 부인하고 발뺌하려고 거짓말을 늘어놓지만, 그들 편에서는 어리석은 무·후천년주의자들이나 속일지 모르지만 그리스도의 군사들은 속일 수 없는 것이다. 이보다 더 큰 사실은 이사야서 14:12의 사탄(루시퍼)을 예수 그리스도(계명성)라고 고친 〈한글개역성경〉과 〈개역개정판〉을 성경이라며 강단에서 쓰고 있는 목사들은 어떤가? 그들은 양의 가죽을 뒤집어 쓴 이리들인 것이다. 그들은 목자가 아니라 삯꾼들이며, 삯꾼은 도둑이요 강도라고 주님께서 말씀하셨다(요 10:8,10).

무·후천년주의자들의 머릿속에 박힌 신념은 지상에 어떤 종류이든 교회만 많이 세워지면 하나님의 나라가 확장되고 왕국 건설이 이루어진다고 믿는 것이다. 그들은 예수 그리스도 없이 인간의 노력으로 왕국이 건설되면 그로부터 일천 년이 지난 뒤에 예수님이 오신다고 거짓말하고 있다. 성경은 그렇게 가르치지 않고 있다. 그래서 그들은 계속해서 교회를 만들고 있다. 그런 교회가 100개면 뭐하고 1,000개면 뭐하는가? 세상은 오히려 악하고 교회는 아무런 기능도 할 수 없어 오히려 세상에서 인정받으려 하고 세상과 유착하고 있다.

9

라오디케아 교회

라오디케아 교회는(계 3:14-22) 이 땅에 세워진 눈에 보이는 교회들에서 마지막 교회상이다. 에베소, 스머나, 퍼가모, 두아티라, 사데, 필라델피아 그리고 라오디케아 교회이다. 필라델피아는 1500-1900년까지 예수 그리스도의 복음으로 세상을 뒤흔들어 놓았으나 1900년부터 복음의 불길이 배교한 교회들과 세상을 닮아가는 교회들에 의해 조금씩 꺼지기 시작하더니 시간이 지날수록 그 정도가 심해져서, 교회들은 문화행사장으로 바뀌거나 아니면 방언하고 병 고치며 귀신 쫓는 쇼(Show)장으로 변하여 심지어 돈벌이하는 강도들의 소굴로 바뀌었다. 신학교들은 또 다른 취직을 준비하는 사람들이 가는 곳이며, 해외선교는 목사와 연줄 닿는 친족들이 나가서 관광하는 형태로 바뀌었다. 목사와 그의 가족들이 해외나들이 하는 것을 해외여행이라고 부르지 않고 단기선교라고 부른다.

하나님은 우주만물을 창조하신 창조주시요, 운영자이심과 동시에 자연을 관장하시고 생물의 먹이사슬을 주관하시며 세계 역사를 관장하신다.

이집트, 앗시리아, 바벨론, 메대페르시아, 그리스, 로마, 예수 그리스도의 탄생과 사역, 십자가, 부활, 승천 그리고 교회 시대이다. 세계 역사는 성경대로 진행되어오고 있다(단 2:31-35). 그 어떤 사람도 하나님께서 역사를 주관하신다는 사실을 모른다든지, 로마카톨릭이 교회란 이름으로 행하고 있는 정치적 공작들이 실제적 역사임을 인식하지 못한다든지, 사탄이 얼마만큼 세계 역사에 깊이 개입하여 개인들과 가정들과 교회들과 민족들을 파멸로 이끄는지를 모른다면 그는 세상의 변천을 알지 못하고 인생을 허송하고 있는 것임을 알아야 한다. 필라델피아 교회 시대는 교회가 주님을 사랑하는 열정으로 가득 찼고 복음의 불길은 미국, 영국뿐만 아니라 유럽 전 지역에 확산되었고, 해외로 선교의 열정을 지닌 선교사들이 아프리카, 중국, 인도, 미얀마, 모슬렘 지역, 남미, 심지어는 남태평양의 식인종들에게까지 가서 오지의 사람들에게 인류를 위한 하나님의 구원계획을 전파하였던 것이다.

A.D. 96년경에 성령님께서 사도 요한을 통하여 1,900년 후에 지상에 존재하고 활동하게 될 교회가 어떤 모습인지를 기록하게 하신 것이 바로 소아시아 일곱 교회이다. 역사적으로 이 일곱 교회는 소아시아 지역에 실재했던 교회들이며 교리적으로는 대환란 시대에 지상에 있을 교회의 유형이지만 영적으로는 사도 시대부터 주님이 다시 오실 때까지의 기간 동안 지상에 있는 교회의 실상이다. 라오디케아 교회가 주님께 어떤 모습으로 비춰졌을까? 당신의 교회가 주님께 어떤 교회로 비춰졌는지 궁금할 것이다.

(1) 이 교회는 차지도 덥지도 않고 미지근한 교회이기에 주님께서 차든지 덥든지 하라고 말씀하신다. 이 교회는 정통주의, 보수주의, 복음주의란 명칭이 오히려 부끄러울 만큼 정통에서 멀어져 있다. 믿음은 잃어버린 지

오래되었고 껍데기뿐이라서 건물은 크고 사람들은 많이 모여도 변질되고 타락하여 하나님을 위해 아무 일도 할 수 없는 배교한 교회를 말한다. 주님께서는 이 교회에게 차든지 덥든지 해야지 미지근하면 입에서 토해 내겠다고 말씀하신다(계 3:16).

(2) 이 교회가 반석이신 예수 그리스도 위에 세워진 교회라면 복음전파의 열정이 있고 진리의 지식을 가르치는 능력이 있어야 함에도 불구하고 잃어버린 혼들을 이겨오는 수를 자랑하기는커녕, 그런 것은 없고 오히려 물질적인 풍요를 자랑하고 있다. "나는 부자이며, 부요하고 아무것도 부족한 것이 없다." 이런 교회는 세상을 닮은 교회이다. 주님의 눈에 보이는 그런 교회는 비참하고 가련하며 가난하고, 눈멀고 헐벗었는데 그런 줄도 모르고 자랑만 하고 있다. 주님께서는 아무도 하나님과 재물을 동시에 섬길 수 없다고 말씀하셨는데(마 6:24) 이런 교회들은 하나님과 재물을 동시에 섬기는 데 아무런 문제가 없다고 말한다.

(3) 주님은 라오디케아 교회에게 그나마 네 가지 처방을 제시하신다. 첫째, "내게서 불로 단련된 금을 사서 부요하게 되고" 영원한 부는 물질적인 풍요로 채워지는 것이 아니고 예수 그리스도의 보혈로 얻어진 믿음으로 채워지는 것이다. 따라서 성도의 믿음은 입발림의 고백이 아니라 나의 죄를 위하여 십자가에서 죽으신 주님의 죽으심과 그분의 부활을 믿어야 하는 것이다. 이 믿음은 시련을 통과해야 한다. 『너희 믿음의 시련이, 불로써 단련될지라도 없어져 버리는 금보다 훨씬 더 귀하게 되어 예수 그리스도께서 나타나실 때에 칭찬과 존귀와 영광을 받게 하려 함이니라』(벧전 1:7). 이런 믿음을 가졌으면 당신은 비로소 부유하게 된 것이다. 둘째, "흰 옷을 사서 입음으로 너의 벌거벗은 수치를 드러내지 않게 하며" 구원받은 성도들의 섬김은 의로 간주된다. 하늘나라에 가면 그것이 당신의 영적인

몸을 입히는 옷이 될 것이다. 이 옷이 얼마나 좋은 것인가는 당신의 지상 삶에서 예수 그리스도와 성도들을 향한 사랑의 실천이 얼마나 진지했는가로 정해질 것이다(계 19:8, 고후 5:30). 성도라면 흰 옷을 사서 입음으로써 수치를 당하지 않아야 한다(사 61:10). 셋째, "안약을 네 눈에 발라 보게하라." 라오디케아 교회 교인들은 영적 눈이 흐려져서 영적 심도와 하늘에 있는 소중한 영적 복들을 알지 못하기에 귀히 여기지도 않는다. 그들에게 가장 필요한 것은 영적 눈을 뜨는 것이고, 진리의 지식에 눈을 뜨는 것이다. 구원받았다는 말만 되뇌면서도 정작 성경 어디에 무슨 말씀이 있는 것도 모르고 교회에만 열심히 다니려 한다면 잘못된 신앙이다. 넷째, "열심을 내고 회개하라." 무엇을 회개할 것인가? 미지근하고, 무관심하며, 물질적인 것에만 치중하여 복음도 형식적으로 전하고, 지옥도 설교하지 않으며, 구령하지도 않으면서 헌금을 엉뚱한 곳에 낭비하는 죄들을 회개하라고 하셨다.

라오디케아 교회의 실상을 보면 예수님께서 도저히 그 교회 안에 계실 수가 없는 것이다. 교회 성장, 세상 문화와 접목시킨 경배와 찬양, 율동, CCM 등은 예수님을 교회 밖으로 밀어내고 있다. 이는 예수님이 교회 성장과 감정고조에 방해가 되기 때문이다. 지금 예수님은 라오디케아 교회 밖에 계신다. 『내가 사랑하는 자마다 책망하고 징계하노니 그러므로 열심을 내고 회개하라. 보라, 내가 문 앞에 서서 두드리노라. 누구든지 내 음성을 듣고 그 문을 열면 내가 그에게로 들어가서 그와 함께 먹으며 그도 나와 함께 먹으리라』(계 3:19,20). 예수님께서 라오디케아 교회에 권면하실 때 대상은 모두가 단수이다. 내가 네 행위를 아노니(15절), 네가 그처럼 미지근하여(16절), 내가 너를 내 입에서(16절), 너는 비참하고(17절), 네 눈에 발라(18절). 주님께서 교회의 문을 두드렸을 때 그 음성을 듣고 그

문을 열면 그 사람에게 들어가 그와 더불어 교제하신다고 말씀하셨다. 이들이 모두 누구인가? 예수 그리스도의 재림을 믿지 않으면서 교회를 운영하거나 그런 교회에 다니는 자들이다. 왜 그들은 믿음을 잃어버렸는데도 교회에 다니는가? 성경은 라오디케아 교회의 특성이 배교라고 A.D. 54년에 이미 예언하셨다.

예수 그리스도를 지금 영접하지 아니한 자들은 다른 자가 오면 그를 영접할 것이다(요 5:43). 그가 누구인가? 적그리스도이다. 이 시대의 배교는 적그리스도가 오는 길을 예비하는 것이다. 후천년주의자들은 예수 그리스도의 재림을 조롱한다. 『먼저 알 것은 이것이니 마지막 날들에 조롱하는 자들이 와서 그들의 정욕대로 행하며, 말하기를 "그가 온다는 약속이 어디 있느냐? 조상들이 잠든 이래로 만물은 창조의 시작부터 그대로 있다." 하리니』(벧후 3:3,4). 이 시대에 예수 그리스도께서 다시 오신다는 교리는 조롱을 당하고 있으며, 또 주님의 재림을 기다리는 교리를 붙들고 있는 성도들은 후천년주의자들에 의하여 광신자들이나 이단으로 여겨지고 있다. 성경은 마지막 때에 그렇게 되리라고 말씀하고 있다. 『때가 이르리니 사람들이 건전한 교리를 견디지 못하고, 그들 자신의 정욕에 따라 가려운 귀를 즐겁게 해줄 선생들을 많이 두리라. 또한 그들이 그들의 귀를 진리에서 돌이켜 꾸며낸 이야기로 돌리리라』(딤후 4:3,4). 문제는 유명하다는 목사들과 신학자들이 그런 부류에 속한다는 사실이다. 그들을 미혹시키신 분은 하나님이심을 알 수 있다. 구원받지 못한 자들과 진리의 사랑을 받아들이지 않는 자들은 마귀에게 점유당한 자들이다. 하나님께서는 그들에게 상력한 미혹을 보내시어 거짓을 믿게 하신 까닭은 진리를 믿지 않고 불의를 좋아하는 자들로 심판을 받게 하기 위해서라고 말씀하고 계신다(살후 2:9-12을 읽어 보라).

1. 의미도 모르고 부르는 찬송가들

성경 교리에 어긋난 찬송가 가사 - 통일찬송가

(1) 172장 - 빈 들에 마른 풀같이

"성령 간절히 기다리네"(1절), "성령을 부으소서"(3절), "새 생명 주옵소서"(후렴)

아직 성령도 받지 않은 사람들이(구원받지도 않은 자들이) 라오디케아 교회 안에 들어가서 의미 없는 찬송을 부르고 있는 것이다.

(2) 173장 - 불길 같은 성신여

"지금 강림하셔서," "성신이여 임하사" - 성령님은 A.D. 33년에 강림하시어 교회를 세우시고 진리를 가르치시며 그분의 성도들과 교제하고 계신 지 1960년이 지났는데, 그들은 순복음 교인들과 마찬가지로 성령을 달라고 노래 부르고 있다. 이것은 단적으로 그들이 성령에 관해 잘 모른다는 증거이다. 성령을 소유하지도 않은 자들이 목사를 하고 있는데 그의 교인들 안에 성령이 계시겠는가?

(3) 253장 - 구원으로 인도하는

"생명으로 인도하는 그 길은 험하니," "힘써서 들어갑시다." - 이런 것은 행위 구원의 요소이다. 우리의 구원은 하나님의 은혜로 된 것이다.

『너희가 믿음으로 말미암아 은혜로 구원을 받았으니 이것은 너희에게서 난 것이 아니요, 하나님의 선물이라. 행위에서 난 것이 아니니 아무도 자랑하지 못하게 하려 하심이라』(엡 2:8,9).

후천년주의자들은 행위 구원의 요소가 많다. 그래서 그들에게 복음을 전하면 언제나 열심히 노력하고 있다는 웃기는 대답을 듣는다. 그런 교회들에는 아직 구원받지도 못한 목사들이 수두룩함을 보게 된다.

(4) 261장 - 어둔 밤 마음에 잠겨

"고요한 아침의 나라 새 하늘 새 땅아 길이 꺼지지 않는 인류의 횃불 되어 타거라." - 이 노래는 김재준 작사, 이동훈 작곡인데, 어떻게 해서 교회 예배찬송에 수록되었는지 알 수 없다. 이 노래는 독립운동가적 내용인데, 새 하늘 새 땅을 집어넣어 찬송가인 양 각색한 것이다. "길이 꺼지지 않는 인류의 횃불 되어 타거라"는 누구에게 말한 것인가?

(5) 272장 - 인류는 하나 되게

"인류는 하나 되게 지음받은 한 가족" - 이것은 에큐메니컬 운동을 권장하는 노래다. 하나님께서는 분리주의자요 성별주의자이신 반면, 적그리스도는 싸구려 통합운동을 벌리는 자이다. 그래서 교회통합, 더 나아가 종교통합을 이루면 교황이 그 위에 앉아서 권세를 휘두르기 용이하기 때문이다. 이런 것은 주님을 높여 드리는 찬송가가 아니다.

(6) 279장 - 주 하나님의 사랑은

"주 하나님의 사랑은 한없이 넓으사 온 세계 모든 백성을 그 자녀 삼았네." - 이것 역시 에큐메니컬 운동의 권장용이다. 하나님은 인류의 하나님이 아니라 예수 그리스도를 믿고 거듭난 성도들의 아버지이시다. 믿지 않는 자들의 신은 하느님이고 조물주(demiurge)이다.

(7) 332장 - 나 행한 것 죄 뿐이니

"물 가지고 날 씻든지 불 가지고 태우든지 내 안과 밖 다 닦으사 내 모든 죄 멸하소서."

인류의 죄는 그리스도의 피흘림이 없이는 씻을 수 없다. 물을 가지고 몇억 년 씻어도 죄는 씻겨지지 않으며 불로 태운다 해도 태워지지 않는 것이다. 세례를 죄 씻음으로 오해하게 만든 것이다.

(8) 382장 - 허락하신 새 땅에

"새 땅에 들어가려면... 힘써 일하세." - 이것 역시 행위 구원을 조장하는 노래이다. 주님의 은혜를 모르는 자들은 구원받지 않는 자들이다.

우리 성경침례교회는 찬송가도 아닌 것들을 차마 부를 수 없어 2002년 7월 30일 찬송가를 바꾸었다(예배찬송 〈영광을 주께〉). 그들은 성경을 믿지도 않기에 찬송가 가사를 유념할 필요가 없는 것이다.

2. 후천년주의자들이 재림의 찬송을 부르다

얼마나 무지하고 엉뚱한 짓인가! 그들은 그들의 교리와 맞지 않는 찬송을 부르고 있다.

(1) 163장 - 언제 주님 다시 오실는지

"언제 주님 다시 오실는지 아는 이가 없으니 등 밝히고 너는 깨어 있어 주를 반겨 맞아라." - 일천 년의 평화가 이 땅에 유지된 다음에 주님이 오신다고 가르치면서 언제 주님 다시 오실는지 아는 이 없다면 어떻게 되는가? 거기다 등 밝히고 깨어 있어 주를 반겨 맞으라니, 이것은 주님의 재림을 기다리는 전천년주의자들이 부르는 찬송이다. 후천년주의는 누군가가 교인들을 속인 것인데, 교인들이 성경에 무지하기에 속은 것이다.

(2) 168장 - 하나님의 나팔소리

"하나님의 나팔소리 천지진동할 때에 예수 영광중에 구름 타시고 천사들을 세계 만국 모든 곳에 보내어 구원 얻은 성도들을 모으리. 나팔 불 때 나의 이름... 나의 이름 부를 때에 잔치 참여 하겠네." - 이것은 데살로니가전서 4:13-18을 근거로 작사, 작곡한 찬송이다. 주님의 재림을 기다리는 찬송이다. 그런데 왜 무·후천년주의자들이 이런 찬송을 부르는가?

(3) 221장 - 나 가난 복지 귀한 성에

"나 가난 복지 귀한 성에 들어가려고 내 중한 짐을 벗어 버렸네. 죄 중에 다시 방황할 일 전혀 없으니 저 생명 시냇가에 살겠네. 길이 살겠네 나 길이 살겠네 저 생명 시냇가에 살겠네." - 이 찬송가 역시 무·후천년주의자들의 신학과는 거리가 먼데도, 그들은 주님의 재림을 믿지도 않으면서 찬송만 부르고 있다.

(4) 233장 - 황무지가 장미꽃같이

예수 그리스도께서 오시면 사람들의 심성과 맹수들의 심성이 바뀐다. 기후가 바뀌며, 땅이 구속을 받게 된다. 저주받았던 몸이 구속받은 것이나. 이것은 이미 휴거 때 그렇게 되지만, 믿고 죽었다가 부활한 성도들의 몸이 구속받게 된다. 황무지가 장미꽃과 같이 되는 것이다. 이것이 예수님이 세우시어 통치하실 천년왕국이다. 주님의 재림을 믿지도 않는 자들이 왜 이 찬송을 부르는가?

(5) 249장 - 주 사랑하는 자 다 찬송할 때에

"주 사랑하는 자 다 찬송할 때에 그 보좌 앞에 둘러서 그 보좌 앞에 둘러서 큰 영광 돌리세. 큰 영광 돌리세. 저 밝고도 묘한 시온성 향하여 가세. 내 주의 찬란한 성에 찬송하며 올라가세." - 이 찬송은 필자가 가장 즐겨 부르는 찬송이다. 이 찬송을 부를 때마다 눈시울이 뜨거워진다. 성도들이 주님과 함께 천년왕국으로 들어가 왕들과 제사장들로서 통치하는 것이다(계 1:6; 5:9,10). 그리스도의 재림은 성경 예언의 절정에 해당된다. 이 악한 세상에서 진리를 증거하며 핍박받은 성도들은 휴거와 더불어 새로운 세대가 시작된다. 이것을 "Rapture"라고 한다. 희열이란 말이다. 무·후천년주의자들에게 이러한 희열이 있겠는가?

(6) 289장 - 고생과 수고가 다 지난 후

"고생과 수고가 다 지난 후 광명한 천국에 편히 쉴 때 주님을 모시고 나 살리니 영원히 빛나는 영광일세. 주님의 한없는 은혜로써 예비한 그 집에 나 이르리. 거기서 주님을 뵈옵는 것 영원히 빛나는 영광일세 영광일세 영광일세 내가 누릴 영광일세 은혜로 주 얼굴 뵈옵나니 지극한 영광 내 영광일세." - 이런 찬송가들은 무·후천년주의자들의 신학과는 거리가 먼 찬송들인데, 그들은 가사의 의미를 무시한 채 찬송만 냅다 부르고 있다.

(7) 542장 - 주여 지난 밤 내 꿈에

"주여 지난 밤 내 꿈에 뵈었으니 그 꿈 이루어 주옵소서. 밤과 아침에 계시로 보여주사 항상 은혜를 주옵소서 마음 괴롭고 아파서 낙심될 때 내게 소망을 주셨으며 내가 영광의 주님을 바라보니 앞길 환하게 보이도다 나의 놀라운 꿈 정녕 나 믿기는 장차 큰 은혜 받을 표니 나의 놀라운 꿈 정녕 이루어져 주님 얼굴을 뵈오리라." - 내가 영광의 주님을 바라보니... 내 꿈 이루어 주옵소서. 이 역시 무 · 후천년주의자들에게 해당되지 않는 찬송이다.

(8) 544장 - 잠시 세상에 내가 살면서

"잠시 세상에 내가 살면서 항상 찬송 부르다가 날이 저물어 오라하시면 영광 중에 나아가리 열린 천국 문 내가 들어가 세상 짐을 내려놓고 빛난 면류관 받아쓰고서 주와 함께 다스리리." - 예수 그리스도의 재림을 기다리는 성도는 의의 면류관을 받게 된다(딤후 4:8). 죄의 유혹에서 승리한 성도는 썩지 않을 면류관을 받게 된다(고전 9:25-27). 잃어버린 혼들을 주님께 이겨온 성도는(교회로 사람을 데려와 돈 내게 하는 전도가 아니다.) 자랑의 면류관을 받게 된다(살전 2:19,20). 신실하게 구령하고 성도들에게 진리의 지식을 가르쳐 마귀를 대적하는 그리스도의 군사들로 육성한 목사는 영광의 면류관을 받게 된다(벧전 5:2-4). 예수 그리스도와 복음의 진리를 위해 순교했으면 생명의 면류관을 받게 된다(계 2:10).

당신이 무 · 후천년주의자들의 교회에 다니지 아니하고 성경대로 믿는 교회에서 주님을 섬겼다면 목사가 아니고 또 순교를 당하지 않았다 해도 세 개의 면류관을 받을 수 있으나, 그리스도께서 다시 오시는 것을 믿지 않는 교회에 다녔다면 빈털터리가 되는 것이다. 주님께서 공중에 오시면 휴거나 될는지 점검해 보라. 죽으면 다시 부활할 수 있는지 역시 점검해 보라. 교회 장지에 묻혔다고 해서 부활되는 것이 아니다. 이것이 참 그리스도인과 거짓 교인의 차이이다.

『속지 말라, 하나님은 우롱당하지 아니하시느니라. 이는 사람이 무엇을 심든지 그대로 거둘 것이기 때문이라. 자신의 육신에 심는 자는 육신으로부터 썩은 것을 거두고 성령에 심는 자는 성령으로부터 영생을 거두리라』(갈 6:7,8).

3. 찬송가 작사자들은 거의 전천년주의자들이었다

여기 재림을 기다리는 찬송들을 몇 곡 들어보자. 여기에 수록된 찬송들은 우리 교회 찬송가 〈영광을 주께〉에 들어 있는 찬송들이다. 어느 구절에나 주님의 재림이나 천년통치가 들어 있다. 신실한 찬송가 작가들을 매시대마다 하나님께서 들어 쓰셨다는 증거이다. 여기 몇 곡만 간추려 보자.

(1) 228장 – 하나님의 나팔소리

1절. 하나님의 나팔 소리 천지진동할 때에 영광스런 새 아침이 밝으며
구속받은 주의 백성 공중에서 모이리 그때 나도 함께 참예하겠네
2절. 주 안에서 잠든 성도 그날 아침 일어나 주의 부활영광 함께 누리며
택함받은 주의 백성 본향 집에 모이리 그때 나도 함께 참예하겠네
(후렴) 나팔 불며 나의 이름 나의 이름 부를 때에
나팔 불며 나의 이름 부를 그때 거기 참예하겠네

(2) 229장 – 주님 다시 세상에 오실 때

1절. 주님 다시 세상에 오실 때 어둔 그늘 다시는 없겠네
영광스런 그날이 오면 주님 나를 데려 가리
4절. 주님 다시 세상에 오실 때 기쁜 노래 부르며 맞겠네

영광스런 그날이 오면 주님 나를 데려 가리
(후렴) 나 그날을 고대하네 주 다시 오실 그날
어둔 그늘 다시는 없겠네 주 다시 오실 그날

(3) 230장 - 옛 선지자 말씀에

2절. 주 떠나신 그대로 이 세상에 또 오시마 약속했네
주의 호령과 나팔 울려날 때 우리 모두 주 보겠네
3절. 이 세상에 되는 일 바라볼 때 주 오실 날 임박했네
세상 어둠이 짙으나 우리 맘에 참 빛있어 노래하네
(후렴) 이 세상의 모든 일이 주님 말씀 따라서
어김없이 하나씩 이뤄지니 그 말씀대로 주 다시 오네

(4) 231장 - 주 오늘 오실지

1절. 주 오늘 오실지 기쁜 그날 나 주를 만나리
주 오늘 오신다면 내 고통 다 끝나리
4절. 주 오늘 의지해 기쁜 그날 내 입이 열리고
내 주님 크신 사랑 기쁘게 말하리라
(후렴) 기쁜 그날 얼마나 기쁠까 내 주 예수 곧 만나리
주님이 나를 맞으리 기쁜 그날 얼마나 기쁠까

(5) 232장 - 주 다시 오시네

1절. 영광의 찬송 불러 그 크신 소식 전하라
놀라운 우리의 왕 주 다시 오시네
3절. 주께서 다시 오실 때 시험과 고통 끝나네

면류관 드리어라. 주 다시 오시네
(후렴) 다시 오네 다시 오네 아침이나 혹 낮에
저녁이나 혹 지금 다시 오네 다시 오네
오 그날 얼마나 기쁠까 주님 다시 오시네

(6) 233장 - 주 다시 세상에 오시리

1절. 주 다시 세상에 오시리 오늘 오신다면
능력의 왕으로 오시리 오늘 오신다면
택하신 주 백성 부를 때 구속함 받은 자 모두가
온 세상 끝에서 모이리 오늘 오신다면
3절. 신실한 주의 종 찾으리 오늘 오신다면
주 맞을 준비가 되었나 오늘 오신다면
주 오실 징조가 넘치고 새 날의 먼동이 터온다
깨어라 그날 가깝다 오늘 오신다면
(후렴) 영광 영광 기뻐 찬양하리 영광 영광 면류관 드리리
영광 영광 속히 준비하세 영광 영광 주님 곧 오시리

(7) 234장 - 금빛 찬란한 아침에

1절. 금빛 찬란한 아침에 주님 다시 오실 때 주의 영광 내가 친히보겠네
온 세상에 흩어 있는 주의 백성 모을 때 그때 나도 거기 들림받겠네
4절. 심판 주가 오실 날이 얼마 남지 않았네 주가 약속하신 그날 보리라
순식간에 우리 몸이 변화함을 받고서 주와 같이 영원토록 살겠네
(후렴) 주의 백성 모으실 때 구속 받은 주의 자녀 크신 사랑 속에서
주의 백성 모으실 때 영원토록 하늘에서 살겠네

(8) 235장 – 성도들아 준비되었느냐

1절. 주 예수 나에게 상 주시려 언제 다시 오실지
기름과 등불을 준비하여 주 오실 때 맞으리
3절. 영광의 주 언제 다시 올지 한밤이나 혹 낮에
깨있는 자 크게 복 될 것은 주의 영광 받겠네
(후렴) 성도들아 준비 되었느냐 본향 가기 위하여
내 신랑 주 예수 다시 올 때 기쁨으로 주를 맞겠네

(9) 225장 – 황무지가 장미꽃 같이

1절. 황무지가 장미꽃같이 피는 것을 볼 때에
주의 구원 노래 부르며 거룩한 길 다니리
2절. 하나님의 아름다움과 그의 영광 볼 때에
세상 고통 잊어버리고 거룩한 길 다니리
5절. 거기 더러운 것 없으니 거룩한 자뿐일세
주님 주신 면류관 쓰고 거룩한 길 다니리
(후렴) 저기 거룩한 길 있네 슬픔 염려 없는 곳
낮과 같이 맑고 밝은 거룩한 길 다니리

(10) 495장 – 잠시 동안 이 세상 더 살며

1절. 잠시 동안 이 세상 더 살며 주의 말씀 전하다가
주님 부를 때 장막 벗고서 영화롭게 가리로다
4절. 후에 잠깨어 사랑하는 주 만나 기쁨 한없겠네
탄식과 애통 죽음 없으니 그 날 사모하리로다
(후렴) 면류관 우리 받아 쓰겠네 주의 무릎 앞에 앉아

찬미하면서 기쁜 얼굴로 주와 영원히 살겠네

(11) 497장 - 나는 시온성을 향해 가겠네

1절. 나는 시온성을 향해 가겠네 높은 그 성 영광이로다
내가 그 성에 도달한 그 아침에 시온성의 영광 보겠네
2절. 나는 시온성을 향해 가겠네 높은 그 성 영광이로다
그곳에 나를 구속한 구주께서 나를 기다리고 있도다
3절. 나는 시온성을 향해 가겠네 높은 그 성 영광이로다
나는 그 성을 떠나지 않으리라 괴롬 없는 안식처로다
(후렴) 아름다운 시온성에 기뻐 뛰며 올라가겠네
아름다운 시온성에 순례자는 올라가겠네

(12) 507장 - 주여 지난 밤 내 꿈에

1절. 주여 지난 밤 내 꿈에 뵈었으니 그 꿈 이루어 주옵소서
밤과 낮에도 주의 빛 비추시사 항상 은혜를 주옵소서
3절. 세상 풍조는 나날이 바뀌어도 나는 내 믿음 지키리니
인생 살다가 죽음이 꿈 같으나 오직 내 꿈은 참되리라
(후렴) 나의 놀라운 꿈 정녕 나 믿기는 장차 큰 은혜 받을 표니
나의 놀라운 꿈 정녕 이루어져 주님 얼굴을 뵈오리라

(13) 526장 - 죄 많은 이 세상은 내 집 아니네

1절. 죄 많은 이 세상은 내 집 아니네 모든 보화는 저 하늘에 있네
저 하늘 문을 열고 나를 부르네 나는 이 세상에 정들 수 없도다
3절. 저 영광 나라에서 길이 살겠네 손 잡고 승리 노래 부르는 성도

이 기쁜 찬송 천지 울려 퍼지네 나는 이 세상에 정들 수 없도다
(후렴) 오 주님 같은 친구 없도다 저 하늘나라 처소 예비하신 주
저 하늘 문을 열고 나를 부르네 나는 이 세상에 정들 수 없도다

(14) 509장 - 고생과 수고가 다 지난 후

1절. 고생과 수고가 다 지난 후 영원한 천성에 편히 쉴 때
인애한 주 모시고 서는 것 영원히 내 영광 되리로다
3절. 앞서간 성도들 만나볼 때 기쁨이 내 맘에 차려니와
주께서 면류관 씌워줄 때 영원히 내 영광 되리로다
(후렴) 영광일세 영광일세 내가 누릴 영광일세
은혜로 주님을 뵈옵는 것 참 아름다운 영광이로다

(15) 516장 - 그날 다가오네

1절. 그날 다가오네 가슴 아픈 일 없고 구름도 없는 날 눈물 다시 없는 날
행복한 저 강변에 영원한 평화의 날 얼마나 영광스런 날일까
2절. 슬픔 다시 없고 모든 짐 다 벗고 질병과 아픔과 이별도 영 없는 날
나를 위해 죽으신 주와 영영 살리라. 얼마나 영광스런 날일까
(후렴) 얼마나 기쁠까 구주 예수 만날 때 은혜로 날 구원한 주의 얼굴 만나보리
그때 주 내 손잡고 약속한 땅에 이르리 얼마나 영광스런 날일까

(16) 515장 - 희미하게 둘러싸인

1절. 희미하게 둘러싸인 안개 모두 걷힌 후
밝은 햇빛 산과 강물 위에 두루 비칠 때
변함없는 주의 약속 무지개를 보리라

이 때 우리 분명하게 얼굴 마주보리라
3절. 영광스런 주의 보좌 앞에 모두 모여서
사랑하는 성도들이 기쁜 찬송 부를 때
구속하신 주의 공로 길이 찬양하리라
그 때 우리 기쁨 어찌 상상할 수 있으랴
(후렴) 주가 날 아심같이 나도 주를 알리라
그날 밝고 영원한 날 아침 동이 터올 때
우리 얼굴 마주 대하듯이 서로 알겠네

(17) 519장 - 영광의 아침

1절. 영광의 아침 슬픔 없고 영광의 아침 평화의 날
시련의 날은 다 지나고 하늘문 열고 주 오시리
3절. 공중에 올라 주님 뵐 때 내 모든 눈물 사라지리
사랑하는 이 모두 만나 영원히 함께 주 섬기리
(후렴) 그 영광의 날 주 오시리 그 영광의 날 전쟁 없고
주님이 오라 부르실 때 구속받은 자 들림받네

(18) 518장 - 찬란한 진주문 들어가

1절. 찬란한 진주문 들어가 기쁘게 주님 뵈올 때
세상의 모든 슬픔 잊고 나 그곳에서 살리라
4절. 어둠과 밤이 사라지고 인생의 모든 짐 벗고
저 시온성의 영생복락 나 기뻐 뛰며 살리라
(후렴) 그날 고대하며 기다리네 그날 나 기뻐 주께 안기리
이 세상 모든 고통 벗고서 찬란한 시온성에 살겠네

(19) 525장 - 얼마나 놀라울까

1절. 영광의 나라로 주와 들어갈 때 얼마나 놀라울까
이 땅의 고통과 염려 다 끝날 때 얼마나 놀라울까
2절. 주님과 걸으며 대화를 나눌 때 얼마나 놀라울까
영원한 주님께 찬양을 드릴 때 얼마나 놀라울까
3절. 비바람 그치고 평온한 날 올 때 얼마나 놀라울까
주님이 영원히 우리를 지키리 얼마나 놀라울까
(후렴) 얼마나 놀라울까 무거운 짐 다 벗고
내 마음 열리고 기뻐 노래할 때 얼마나 놀라울까

(20) 503장 - 나의 마지막 여행길

1절. 나의 일생은 수많은 여행의 길 육지로 바다로 다녔네
그러나 나의 마지막 여행길은 공중 높은 곳 올라갈 때
4절. 여행 떠날 때마다 그 무거운 짐 내게 큰 부담 주었지만
그때 이 세상 물건 필요 없겠네 나의 마지막 여행할 때
(후렴) 높은 공중에 들려서 올라갈 때 얼마나 기쁜 여행일까
나를 위하여 죽으신 주님 볼 때 나의 마지막 여행일세

(21) 58장 - 시온성 올라가세

1절. 주 사랑하는 자 다 찬송할 때에 그 보좌 앞에 둘러서
그 보좌 앞에 둘러서 큰 영광 돌리세 큰 영광 돌리세
3절. 능하신 하나님 내 아버지일세 큰 나팔소리 울릴 때
큰 나팔소리 울릴 때 하늘로 오르네 하늘로 오르네
4절. 내 눈물 다 씻고 늘 찬송 부르네 이 세상 모두 지난 후

이 세상 모두 지난 후 하늘로 오르네 하늘로 오르네
(후렴) 아름답고 빛난 시온성 향하여 가세
내 주의 찬란한 성에 찬송하며 올라가세

(22) 542장 - 주 위해 힘써 일하고

1절. 주 위해 힘써 일하고 모든 수고 끝날 때
주의 자녀 편히 쉴 곳 주 예비 하셨네
3절. 이 세상 장막 집 벗고 영원한 집에 갈 때
주 앞에 들림을 받아 영원히 쉬겠네
(후렴) 나의 본향 찬란한 하늘에 걱정 없고 어둔 밤도 없네
주 오실 날 매일 고대하네 속죄함 받은 자 영원히 쉴 곳 저 하늘

(23) 546장 - 찬송하라 주의 크신 사랑

1절. 찬송하라 주의 크신 사랑 예수 우리 대신 죽으사
저 하늘에 우리 쉴 곳 예비하고 계시네
3절. 우리 앞에 상급 바라보고 주가 맡긴 일을 행하세
영광의 주 만나볼 때 모든 수고 끝나리
(후렴) 우리 다 하늘에서 그리던 주를 만나 뵈올 때
기쁜 맘 넘쳐서 승리의 노래 부르리

이상에 열거한 찬송가에서 보듯이, 무천년주의자들과 후천년주의자들은 찬송가 가사도 안 믿으면서 찬송만 불러대고 있는 사람들인데, 그들이 어떻게 성경을 믿겠는가? 그들에게 성경이 그들의 믿음과 믿음의 실행을 잴 수 있는 최종권위가 될 수 있겠는가? 아니, 그러한 그들에게 왜 성경이 필

요하겠는가? 왜 바른 성경이 필요하겠는가? 묻지 않아도 빤한 일이다. 그들은 성경을 믿지 않기에 바른 성경이 필요 없는 것이다. 성경이 없는 그리스도인의 신앙(기독교)이 가능하겠는가? 그들은 절간에 다니는 대신 교회에 다니는 것인가 아니면 성당 대신 교회라는 곳에 다니는 것인가?

목사들이나 신학자들은 물론이요 교인들도 바른 성경이 필요하지 않았기에 성경 없이 지난 120년간이나 교회놀이를 한 것 아닌가! 바른 성경이 필요했더라면 어떻게 해서든지 책임감 있는 번역자가 나왔을 것이다. 다른 말로 하자면 그런 열정을 가진 사람이 있었더라면 하나님께서 그를 들어 쓰시어 바른 성경을 번역케 하셨을 것이며, 그 성경에 기초한 많은 교리서들이 출간되게 하심으로써 이 책들을 읽고 공부한 성도들이 비로소 진리의 지식에 눈을 떠서 하나님께 헌신하고 바르게 주님을 섬길 수 있게 되었을 것이다. 그러나 아무도 그 필요를 몰랐기에 세계에서 교회 수는 가장 많아도 95% 이상이 무 · 후천년주의 신학의 부류에 묶여 있어, 그야말로 쓸데없는 종교생활만 하다가 지옥으로 갔거나 아니면 그들이 구원을 받았다 해도 진리의 지식에 눈 뜨지 못하여 아무 짝에도 쓸모없는 교인으로 남게 된 것은 대단한 손실인 것이다.

예수 그리스도께서 지상에 그런 교회를 세우시려고 십자가의 질고를 지셨겠는가? 그분의 명령에 순종하지도 않고 교단 신학적 이유를 내세우면서 그분이 다시 오심도 기다리지 않는 교회를 자신의 몸이니 세우라고 허락하셨겠는가? 그들은 성경적 진리와는 무관한 자들이다. 그들이 교회 수만 늘려 자랑하며 자신들을 정통이라고, 보수라고, 복음주의라고 그들 멋대로 상표만 붙여놓고 사람들에게 유혹의 손길을 뻗치고 있다. 사람들이 모이면 성경은 가르치지 않고 쓸데없는 것만 가르쳐 불필요한 종교인으로 만들어서 복음의 진리와 진리의 지식을 접하면 이질감을 느끼게 하여 결국 진리를 거부하게 만들고 있다. 그리스도인들은 신학체계를 공부하는 것으로 하나님을 알 수 없다. 누구나 하나님을 알려면 성경을 공부해야 한다. 신학교의 학제가 신학 과목으로만 짜여 있고 구약과 신약의 개론만을 가르치고 성경을 가르치지 않는다면 학생들이 어떻게 성경을 알 수 있고, 또 성경을 가르치는 자격 있는 사람으로 설 수 있겠는가? 그들은 이런 이론에 대해 반기를 들며 우리도 성경을 가르친다고 주장할는지 모른다. 무천년주의와 후천년주의의 신학체계를 가지고 가르치려 하면 성경의 80%를 그냥 뛰어넘어야 한다는 사실을 아는가? 왜 그들이 성경을 성경으로 해석하지 못하고 영적으로, 풍유적으로 해석하는지 아는가? 성경 어디에 하나님께서 이스라엘에게 주신 약속들을 다 파기하고 교회들에게 주셨다고 되어 있던가? 하나님께서 말씀하지 않으신 것들을 말씀하셨다고 주장하는 자들이 누구인가? 성경에서 유대인의 위치를 잘못 짚은 사람들이다. 유대인 그리스도인이나 이방인 그리스도인이나 유대인의 위치를 잘못 짚은 사람은 그가 무슨 학교를 나오고 공부를 얼마나 했고 무슨 책을 몇 권이나 썼든지 간에 그는 성경을 잘못 해석하게 되어 있다. 성경에서 벗어난 사람, 성경을 거짓되이 해석한 사람, 성경을 부인한 사람, 성경을 기록된 대로 믿지도 않고 실행하지도 않은 사람이 누구이든 간에 그는 정상적이지 못하다. 그는 미혹을 당하고 있는 것이다. 성경은 여러 군데에서 미혹되지 말라고 경고하고 있다.

1. 많은 거짓 선지자가 일어나서 큰 표적들과 이적들을 보여 주고 많은 사람을 미혹하리라(마 24:11,24).

2. 그러한 자들은 예수 그리스도를 섬기는 것이 아니라 자기들의 배를 섬기는 것이니 정중한 말과 그럴듯한 언변으로 순진한 사람들의 마음을 미혹하고 있다(롬 16:18).

3. 미혹되지 말라. 악한 사귐은 좋은 행실을 부패시키느니라(고전 15:33).

4. 아무도 어떤 모양으로든지 너희를 미혹하지 못하게 하라. 이는 먼저 배교하는 일이 이르지 않고, 또 그 죄의 사람 곧 멸망의 아들이 나타나지 않고서는 그 날이(대환란) 오지 아니함이라(살후 2:3).

5. 이제 성령께서 분명히 말씀하시나니, 마지막 때에 어떤 자들이 믿음에서 떠나 미혹하는 영들과 마귀들의 교리를 따르리라(딤전 4:1).

『사랑하는 자들아, 모든 영을 다 믿지 말고 그 영들이 하나님께 속하였는지 시험하라. 이는 많은 거짓 선지자들이 세상에 나왔음이니라. 하나님의 영을 너희가 이렇게 알지니, 예수 그리스도께서 육신으로 오신 것을 시인하는 모든 영은 하나님께 속한 것이요 예수 그리스도께서 육신으로 오신 것을 시인하지 아니하는 모든 영은 하나님께 속한 것이 아니니, 이것이 곧 적그리스도의 영이니라. 그것이 오리라는 것을 너희가 들었으나 지금 그것이 이미 세상에 있느니라』(요일 4:1-3).

성경은 영들을 다 믿지 말라고 경고하신다. 라오디케아 교회의 마지막 때인 오늘날은 믿음에서 떠나 미혹하는 영들과 마귀들의 교리를 따르는 자들이 교회를 세우고 교단을 만들어 자리를 차지하고 제멋대로 성경을 해석하며, 성경에 없는 것들을 교리로 가르치며 교인들을 진리의 지식에서 어둡게 만들면서도 하나님을 섬긴다고 나서고 있다. 이런 짓들을 하면서 하나님의 교회라고 부르고 선교한다고 한다. 그들은 방언하고 병 고치며 귀신 쫓는다는 순복음 은사주의자들뿐이 아니라 소, 중, 대형 교회를 불문하고 이런 마귀의 교리를 흉내내고 있으며 경배와 찬양이니 관상예배니 하면서 로마카톨릭을 흉내내는 자들, 복음을 형식적으로 전하며 교인들을 모아 돈벌이하는 교회들, 성경을 형식적으로 가르쳐 영적 눈을 뜨지 못하게 하는 교회들, 세대적 경륜을 부인하는 교회들은 성경을 나눌 줄 몰라 이스라엘과 교회를 혼동하여 성경을 영적으로나 풍유적으로 해석한다. 무천년, 후천년주의 종말론이란 누룩을 퍼트려 교인들로 예수 그리스도의 재림을 기다리지 못하게 하는 교회 등 수많은 배교의 요소들이 그들 교회 안에 차고 넘치고 있어 예수님께서 "인자가 올 때 세상에서 믿음을 찾아볼 수 있겠느냐"고 하신 말씀 그대로 된 것이다. 믿음도 없고, 성경대로 지켜 행할 의지도 없는 자들이 실제로는 주님을 대적하면서도 교단 교세 확장을 위해, 먹고살기 위해, 이름을 세상에 드러내기 위하여, 교인들을 실족시키려고 작정하고 하나님의 피로 사신 하나님의 교회를 흉내내고 있어 믿으려는 사람들을 혼란스럽게 만들고, 방황하게 만들고, 믿지 못하게 만들고 있는 것이다.

10

내가 경험한 영적 전쟁들

앞에서도 약간 언급했듯이 성경침례교회(Bible Baptist Church)는 1992년 4월 12일 〈한글킹제임스성경〉에 기조한 이 나라 최초의 신약 자생교회이다. 교단이나 선교사에 의해 세워진 교회가 아니고 〈킹제임스성경〉을 보고 모인 사람들이 예배드릴 곳을 찾아 자연스럽게 세워진 교회이다. 교회의 모든 운영을 철저하게 성경과 사도 교회의 전통(살후 2:15; 3:16)을 따른다. 하나님께서는 하나님의 피로 사신 하나님의 교회에 영적 권위를 부여하신다. 이 교회는 반석이신 예수 그리스도 위에 세워졌기에 땅에서 교회가 결정한 사항에 대해서는 하늘에서도 따르신다(마 16:18,19). 그러나 로마카톨릭과 개신 교회들처럼 베드로가 반석인 줄 알고 세웠다면 그것은 교회가 아니기 때문에 지상에서의 교회의 결정에 대해 하늘에서 따르지 않으신다.

하나님께서 지상에 허락하신 교회에 하나님의 권위(영적 권위)를 부여하신 반면, 하나님께서 허락하지 않은 교회들은 이 영적 권위를 흉내내기 위해 인간적인 권위를 내세우게 된다. 이것이 바티칸의 교황, 추기경, 대주교, 주교, 사제의 체계이며 신약에서는 교단(Denomination, Convention, Fellowship)이 역시 그 체계를 이루어 영적 권위를 행사하고 있는 것이다. 쉽게 설명하면 어느 지역에 지역 교회를 세우는 권한은 하나님께서 세우신 교회에만 부여하는 것이다. 지역 교회가 영적 권위를 가지고 다른 지역 교회를 세울 수 있다. 교단 혹은 선교단체는 교회를 세울 권한을 행사할 수 없는 것이다. 영적 권위와 인간적인 권위의 차이를 알아야 한다. 하나님으로부터 영적 권위를 부여받은 목자가 성경대로 교회를 운영하지 않게 되면 성령을 거역하게 된다. 이스라엘 백성은 성령을 거역하여 예수님을 십자가에 처형하였다.

『너희 목이 곧고 마음과 귀에 할례를 받지 못한 사람들아, 너희 조상이 한 것과 같이 너희도 늘 성령을 거역하는도다』(행 7:51). 누구든지 성령을 거역하며 모독하는 자는 용서받지 못할 죄를 짓는 것이다(눅 12:10). 위로부터 주신 지혜와 영력이 없이 교단 교세 확장을 위하여 교회를 세웠다면 그것은 성령을 거역하는 행위에 해당된다. 그 교회가 세워져서 영적 권위를 가지고 말씀대로 행했다 해도 성령을 거역한 것인데, 하물며 말씀대로 행하지도 않고 인간적인 권위를 행사했다면 더 말할 것이 없다.

성경이 기록된 목적은 기본적으로 교리를 실행하게 하기 위함이다. 『모든 성경은 하나님의 영감으로 주어진 것으로 교리와 책망과 바로잡음과 의로 훈육하기에 유익하니』(딤후 3:16). 성경대로 실행한다는 것은 성경적 교리를 실행한다는 말이다. 성경적 교리와 교단 교리와는 하늘과 땅만큼 차이가 크다. 우리 성경침례교회가 실행하는 교리는 침례교 교리가 아니라 성경적 교리이다. 우리 침례교회는 김장환, 이동원, 윤석전 그런 목사들의 침례교회와 다르다. 그들은 남침례교(Southern Baptist Convention)

교리를 실행한다. 성서침례교회(Baptist Bible Fellowship)는 성서침례교회 교리를 실행한다. 대부분의 교단 교회들의 목사들은 인간적인 권위를 행사하면서 영적 권위인 체한다. 그들은 지역 교회의 의미를 제대로 알지 못하고 있다.

영적 세계에는 하나님과 마귀의 대결이 있다. 하나님의 편에도 보좌들(Thrones), 주권들(Dominions), 정사들(Principalities), 권세들(Powers)이 있고(골 1:16) 마귀의 편에도 정사들(Principalities), 권세들(Powers), 이 세상 어두움의 주관자들(The rulers of the darkness of this world), 높은 곳들에 있는 영적 악(Spiritual wickedness in high places)들이 있다. 이 마귀의 세력들이 하나님의 세력을 공격하는데, 비진리가 진리를 공격하며 인간적인 권위로 영적 권위를 대적한다. 마귀의 세력들도 교회가 있고, 성경이 있고, 교리가 있고, 목사가 있으며 교인들이 있다. 이 두 세력을 어떻게 구별할 수 있는가? 성경은 그 열매로 나무를 알 수 있다고 말씀하셨다(마 7:20). 구원받지 않은 자연인은 교회를 얼마나 오래 다녔거나 목사를 얼마나 오래 했거나 영적 분별능력이 없기 때문에 이 점을 잘 분간할 수 없게 된다. 구원받은 사람은 다르다.

1. 구원받았으면 속사람이 태어났기에 즉시 영적 배고픔을 느끼게 된다. 말씀의 중요성을 실감하며 찾아먹으려고 애쓴다.

2. 자신의 몸이 주님의 피값으로 사 주신 것인 줄 알고 헌신한다.

3. 하나님을 두려워하고, 그분을 첫째로 사랑하여 그분의 말씀에 순종한다. 이 때 생의 가치관이 달라지고 새로운 개념이 정립된다.

4. 하나님의 뜻을 이루려고 노력한다.

5. 그분의 부르심에 응하여 쓰임받게 된다.

자신이 목사로 부름 받았다는 증거 없이 목사를 하려는 사람은 하나님의 뜻을 거역하며 하나님의 사역을 망치는 사람이다. 교회성장을 내세운 자들은 모두 돈벌이하러 나선 자들이다. 이들은 마귀의 종들이지 결코 하나님의 종들이 아니다. 루시퍼는 하나님께 반역했다(사 14:12-17). 그러므로 반역하는 자들은 모두 마귀의 종이다. 인간적인 폭력으로 하나님의 권위(왕국)를 찬탈하려는 자들이 바로 이런 자들이다(마 11:12).

당신이 목도하고 있거나 출석하고 있는 교회가 어떤 범주에 속하는지 알았다면 다행이다. 그들은 교회라고 부르지만, 하나님의 영적 안목으로 보면, 교회가 아니라 동물원들인 것을 알 수 있다. 필자는 한국에서 교회를 출석한 적이 거의 없기 때문에 교회의 실상을 잘 모른다. 앞으로 알게 되면 또 다른 책을 쓰게 되지 않을까 싶다(필자는 대한항공 국제선 조종사로 일했을 때 성서침례교회를 간헐적으로 2년간 출석한 것이 전부이다).

마귀의 궁극적 목적은 인간을 파멸시키려는 것이다. 예수 그리스도께서 왜 이 땅에 오셔서 십자가에서 피흘려 죽으셔야만 했던가? 바로 인간을 파멸시키려는 데서 구원하시기 위해서였다(히 2:14,15). 마귀에게 점유되어 각종 죄로 인해 세상 법의 심판을 받은 자들은 감옥에서 형을 살거나, 심지어 사형당한 자들도 있다. 또 어떤 자들은 정신병동에 갇혀 있어 사회와 단절된 채 살고 있는 자들도 있다. 그들을 미친 사람들이라고 한다. 많은 가정들이 마귀들의 개입으로 갖가지 사유로 파탄을 맞고 있다. 『그들은 모든 불의, 음행, 사악, 탐욕, 악의로 가득 찼으며, 시기, 살인, 분쟁, 사기, 악독이 가득하며, 수군거리는 자들이요, 비방하는 자들이요, 하나님을 미워하는 자들이요, 모욕을 주며, 교만하며, 자기 자랑만 하며, 악한 일들을 꾀하는 자들이요, 부모를 거역하며, 몰지각하며, 약속을 저버리며, 무정하며, 화해하지 아니하며, 무자비한 자들이라』(롬 1:29-31). 또 말씀하시기를 『사람에게서 나오는 것이 그 사람을 더럽히느니라. 이는 속에서,

즉 사람들의 마음에서 나오는 것은 악한 생각과 간음과 음행과 살인과 도둑질과 탐욕과 악의와 사기와 방탕과 악한 눈과 하나님을 모독함과 교만과 어리석음이기 때문이니, 이런 모든 악한 것은 속에서 나와, 그 사람을 더럽히느니라."』고 하셨다(막 7:20-23).

또 고린도전서 6:9,10 『불의한 자는 하나님의 나라를 상속받지 못한다는 것을 너희가 알지 못하느냐? 속지 말라. 음행하는 자들이나 우상 숭배하는 자들이나 간음하는 자들이나 여자처럼 행세하는 자들이나 남자 동성연애 자들이나 도둑질하는 자들이나 탐욕을 부리는 자들이나 주정뱅이들이나 욕설하는 자들이나 착취하는 자들은 하나님의 나라를 상속받지 못하리라.』는 말씀은 구원받았다고 고백했으면서도 성령을 따라 살지 않고 육신을 따라 산 자들의 죄들을 말한다. 그가 참으로 그리스도의 복음을 마음으로 믿고 입으로 고백하여 예수 그리스도를 자신의 구세주로 영접했으면(롬 10:9,10, 요 1:12) 그의 혼은 구원을 받은 것이다. 그러나 하나님의 말씀대로 따라 살지 않고 자기 멋대로 살았다면 그는 1. 화평과 기쁨을 상실하며 2. 기도의 응답이 안 되고 3. 하나님과의 교제가 단절되며 4. 장차 받을 유업을 잃게 된다(구원은 잃지 않는다).

구원받은 사람은 마귀가 관장하지 못하는가? 마귀가 관장한다. 누구나 죄를 지으면 죄의 종이 되듯이 누구나 정복을 당하면 정복한 자의 종이 된다. 구원받은 사람은 마귀가 관장하지 못한다고 가르치는 근본주의 신학이 가장 취약한 신학이며 이것이야말로 마귀가 써먹는 독약임을 알아야 한다. 구원받은 사람은 자기의 죄를 고백하면 용서받을 수 있다(요일 1:7-10). 그렇다고 해서 이 점을 악의 구실로 사용하는 자가 있다면 그런 자는 구원받은 자가 아니다. 우리는 이 시점에서 한 가지를 짚고 가야 한다. 사람이 술을 마시고, 담배를 피우고, 거짓말을 하고, 남을 미워하고, 음란한 생각을 했다고 해서 지옥에 가는가? 그런 죄들로 지옥에 가지 않는다. 인간의 타락한 성품으로 야기된 죄들은 그 사람이 예수 그리스도를 구세주로 믿고 영접하면 깨끗게 되고 구원받은 후에 지은 죄들도 자백하면 깨끗게 되기 때문이다. 그리스도의 보혈은 영원한 속죄를 이룰 수 있는 능력이 있다. 그러나 한 가지 죄 때문에 사람이 지옥에 가는데 그것이 무슨 죄인지 아는가? 예수 그리스도를 믿지 않는 죄이다.

『그러나 두려워하는 자들과 믿지 아니하는 자들과 가증스런 자들과 살인자들과 음행하는 자들과 마술하는 자들과 우상 숭배하는 자들과 모든 거짓말하는 자들은 불과 유황이 타는 못에 참여하리니 이것이 둘째 사망이라."고 하시더라』(계 21:8). 믿지 않는 죄는 1차적으로 복음을 거부하고 예수 그리스도를 믿지 않는 무신론자, 교육우월주의자, 과학자, 타종교 신봉자(우상 숭배자), 공산주의자, 진화론자 등등 세상 사람들이다. 그러나 교회 다닌다고 하는 자들, 성경을 필요로 하지 않는 자들, 성경을 변개해서 돈 벌려는 자들, 거짓 은사로 돈 버는 자들, 성경을 영적으로, 풍유적으로 해석하는 자들, 로마카톨릭처럼 복음을 변질시키고 전하지 않는 자들, 예수 그리스도의 재림을 기다리지 않는 무·후천년주의자들, 복음을 왜곡하는 극단적 칼빈주의자들, 알미니안주의자들, 사도신경과 주기도문이나 외우는 자들, 통성기도나 시키고 새벽기도나 강조하는 자들, 복음에 행위를 덧붙이는 자들, 사람들을 쳐다보고도 복음을 전할 필요성을 느끼지 않는 자들, NCC에 가입하여 교회통합운동을 벌인 자들, 로마카톨릭도 교회라며 인정하고 교제하는 자들, 이스라엘의 회복을 믿지 않는 자들, 성경보다 교단 신학을 강조하는 자들은 믿지 않는 자들에 해당된다. 이런 자들은 교회만 세우고 열면 하나님께서 승인해 준다고 알고 있는 자들이다. 이런 자들의 하나님은 창조주가 아니라 조물주(Demiurge)인 하느님인 것이다. 그들은 교회가 무엇인지도 모르며 진리가 무엇인지도 모르며 왜 성경대로 하나님을 섬겨야 하는지도 모른다.

술에 취한 사람이 곤드레만드레가 되어야 술 취했다고 하면 잘못이다. 50%, 30%, 20%, 10% 취한 사람도 있다. 완전히 미쳐 버린 사람도 있고 어지간히 미친 사람도 있다. 그러나 과업을 제대로 수행할 수 없게 된 사람은 비정상인이다. 이뿐만이 아니다. 영적인 병은 더 무서운 것이다. 마귀에게 100% 점유된 사람들, 90, 80, 70, 60, 50, 40, 30% 미만으로 점유된 사람들도 있다. 기독교계에는 마귀에게 점유당한 무수한 사람들(특히 목사들)이 술 안 마시고, 도둑질 안 하고, 간음하지 않았다고 거짓말하고 있다. 성경은 먹고 살기 위해 진리를 배격하는 자를 발라암의 길을 따르는 자라고 말했다. 자신이 목사라고 말하면서 자기의 유익을 위해 성경대로 행하지 않고 거짓되이 가르쳤다면 성경은 그를 미친 짓을 한 자라고 단정하고 있다(벧후 2:15,16). 사람들에게 호감을 사려 했거나 사람들을 기쁘게 하려 했다면 그리스도의 종이 아니라고 했다(갈 1:10). 수많은 영적 병에 걸린 미친 자들이 자신들이 목사라고 하면서 교회의 강단에서, 신학교에서 성경에 없는 것들을 가르치며 교세를 부풀리고 있는 것이다. 그들은 영적 노숙자들이요 영적 병을 앓고 있는 자들이다. 『그러나 개들과 마술사들과 음행자들과 살인자들과 우상 숭배자들과 누구든지 거짓말을 즐겨 행하는 자는 모두 다 바깥에 있으리라』(계 22:15). 그들은 가장 기본적 교리인 하나님을 두려워하지 않는 자들이기에 기대할 것이 없다.

필자는 지금부터 필자의 교회에서 있었던 반역행위를 몇 가지 열거하려고 한다. 그들 반역자들도 침례교회라고 버섯이 간판을 붙이고 교회 행세를 하고 있는 자들이 국내에만 무려 여덟 개나 된다. 그들이 하나님이 세우신 교회인가 점검해 보자.

1차 반역

하나님께서는 무에서 유를 생성하시는 분이시다. 성경침례교회는 서울시 마포구 서교동에서 남이 전세로 들어 있는 지하 공간 20평을 월세로 얻어 그 곳에서 1992년 4월 12일 25가정으로 창립예배를 드렸다. 실로 우리는 의자 한 개도 없이 시작하였다. 이스라엘 백성들은 광야에서 하나님의 능력을 의심하며, 아무리 하나님이라 할지라도 광야에서 식탁을 마련하실 수 있겠느냐고(시 78:19) 하나님을 의심했던 것이다. 그러자 하나님께서는 바람으로 메추라기를 몰고 오셔서 진영 옆에 떨어지게 하셨는데, 이편으로 하룻길, 저편으로 하룻길, 높이가 이 큐빗이나 되게 하셨다. 하룻길이 20km라면 가로, 세로 20km에 높이가 1m 넘게 쌓인 메추라기를 그들이 먹고 아직 고기가 이 사이에 끼었을 때, 하나님의 진노가 그들을 치셨던 것이다(민 11:31-33).

우리 교회가 두 번째로 이사했을 때도 서울시 마포구 합정동에 남이 전세 들어있는 2층 공간 25평을 월세로 들었고, 2개월 후에 합정동 소재 섬유노조빌딩 2층에 있는 50평을 월 600만 원에 얻어 들어갔다. 거기서 4년 6개월 동안 간판도 못 붙인 채 얼마나 어려운 시기를 보냈는지는 여기 지면에서 다 피력할 여백이 없다. 성도수가 60명쯤 되었을 때, 가장 측근 중의 한 사람인 이준승이란 자가 12명을 데리고 나갔다. 그도 유학하고 돌아와 지금 서울 시내 어디선가 복된소망침례교회의 목사노릇을 하고 있다. 그들은 하나님이 주신 영적 권위에 반역했던 것이다. 아무런 이유도 없었다. 그들은 마귀에게 점유당했던 것이다.

2차 반역

1996년 교회가 막 자리 잡으려 했을 때이다. 진리에 갈급했던 사람들이 하나둘씩 모여들고 충북 진천, 강원도 영월, 전남 광주, 충남 천안 등지에서 주일에 차편이나 항공기편으로 예배에 참석하려고 모여들었다. 우리는 그런 성도들의 편의를 위해 저녁예배를 오후 2시에 드리게 되었는데, 이것이 성경침례교회의 전통이 되었다. 성도의 수가 120여명이 되었을 때, 단국대 서반아어과 조교수였던 김영균이라는 자가 그의 대학 후배들을 포함해서 25명을 데리고 나가서 스스로 목사가 되어 진리침례교회를 만들어 목사를 하고 있다. 그들은 하나님이 주신 영적 권위에 반역했던 것이다. 이 교회는 그 후로 우리 교회에서 징계를 받아 출회된 자들이나 영적 찌꺼기들이 모여드는 쓰레기 하치장이 되고 있다. 영적 권위에 대적하기 시작하면 말씀이 귀에 들어오지 않게 된다. 이것은 유다 이스카리옷이 예수 그리스도께 반역했던 순서와 일치한다. 『마귀가 이미 시몬의 아들 유다 이스카리옷의 마음속에 주를 배반할 생각을 넣은지라』(요 13:2). 유다가 동의하자 『사탄이 그에게 들어가니라』(요 13:27). 이것이 마귀가 대적하는 자들 안에 들어가 자리잡게 되는 순서이다.

마귀가 지역 교회 안의 성도들 중에 실족시킬 대상을 물색하는 일은 지속적으로 펼쳐진다. 마귀는 성도들 개개인의 약점을 정확히 간파하고 있다. 성도들 중에 불평을 말하는 자는 마귀에게 코를 꿴 것이다. 이는 공중의 새가 그 음성을 전하고 날짐승이 그 일을 퍼뜨릴 것이기 때문이다(전 10:20). 마귀는 성도들의 대화를 듣고 있는 것이다. 때로는 목자가 그런 당사자의 생각을 미리 감지하는 경우도 있다. 악령에게 감염된 자들은 표정이 굳어지고, 안색이 변하며, 눈이 뱀 눈같이 된다. 그들은 교제를 피하며, 눈치를 살피고, 불평하는 동조자를 찾아 회동을 갖는다. 이런 자들은 설교를 듣지 않는다. 영적으로 어린 자들은 반역의 진상을 모르기 때문에 우선 목자를 거짓되이 비방하면 그 말이 진실인가 하여 의심하게 되고 의심하는 순간부터 설교나 가르침이 먹혀들지 않게 된다. 그는 날이 갈수록 쭉정이가 되어 바람이 불기만 하면 날아가게 된다. 이런 자들이 신실한 성도들 사이에 끼어 성도로 위장하고 흉내내며 갖가지로 타협하며 가증한 짓을 하게 되면 하나님께서는 교회 안에 태풍을 일으켜 이 쭉정이들을 날려 보내시는 것이다. 그런 후에 그 교회에 복을 내려주신다. 목자는 이때 하나님께서 떼어 내신 것을 아깝다고 다시 데려오려 해서는 안 된다. 이것이 원칙이다. 영적으로 이탈한 사람을 인간적인 방법으로 접합시켜 다시 쓸 수 없는 것이다. 영적으로 병든 자들은 거의 치유가 불가능함을 알아야 한다. 한 번 반역한 자는 다시 반역할 수 있다. 이것이 영적 전쟁의 실체이다. 두 사람이 동의하지 않고 함께 걸을 수 없다(암 3:3). 하나님의 자녀와 마귀의 자녀가 성경적 믿음과 지식에 일치하지 않으면 같이 갈 수 없는 것이다. 가장 큰 비극은 가정 안에서 불일치할 경우이다. 비진리 안에 진리가 들어가면 화학반응이 나오게 되어 있다. 『내가 땅 위에 화평을 주러 온 줄 생각하지 말라. 나는 화평을 주러 온 것이 아니라 칼을 주러 왔노라. 내가 온 것은 사람이 그 아버지와, 딸이 그 어머니와, 며느리가 그 시어머니와 서로 대적하게 하려 함이니라. 사람의 원수들은 그의 가족 중에 있으리라』(마 10:34-36).

주님께서는 주님보다 더 사랑하는 사람이 있다면, 또 십자가(죽음, 핍박)를 지지 않고 나를 따르는 자는 주님께 합당하지 않다고 말씀하셨다(마 10:38,39). 여기서 한 가지 주의해야 할 것이 있다. 무신론자는 물론 마귀의 자녀이다. 그러므로 무신론자나 우상 숭배자는 당연히 구원받은 그리스도인을 박해한다. 그러나 또 다른 대결은 구원받지 않은 채 교회에 다니는 사람들(목사, 장로, 집사)이 구원받고 진리에 눈 뜨고 성경대로 믿으려는 사람들을 사악한 원수처럼 박해한다는 점이다. 필자는 이런 경우를 너무나 많이 보았다. 앞서 설명했듯이, 마귀는 마귀가 세운 교회, 마귀짓을 하는 목사와 교인들을 공격하지 않는다. 그런 교회들은 사람들을 새벽부터 불러다가 갖가지 반성경적인 일들을 행하면서 교회성장이나 자랑하며 돈이나 벌고 있다. 왜 마귀가 마귀짓을 하는 교회를 공격하겠으며, 그 안에 있는 자들이 왜 박해를 당해야 하겠는가! 그와 함께 나갔던 그의 대학 후배 김재근이는 전주에 있는 우리 신학생들을 회유하여 교회를 차렸고 전주킹제임스성경침례교회라고 이름 붙이고 있다. 필자가 김영균의 동정을 알기 위해 그의 집을 찾았을 때 그는 내 목소리를 듣고 놀라서 그의 어머니의 치마폭을 잡고 방을 빙빙 돌던 모습이 선하다. 그가 왜 그렇게 되어 버렸을까? 마귀가 그를 점유해 버린 것이다.

만일 하나님께서 김영균이란 자를 목자로 쓰시려고 했다면, 왜 그가 그런 경로로 하나님의 교회에 반역하고 그들의 패거리들을 회유해서 따로 나가겠는가? 그가 교회를 시작해야 한다면 정상적인 절차를 밟지 않아야 할 이유가 무엇인가? 그는 마귀에게 정복을 당한 것이다. 정복을 당하면 누구나 정복한 자의 종이 된다. 그는 몸에 악성 피부병이 있어 여름철에 한 번도 팔 짧은 셔츠를 입은 적이 없다. 그의 아내도 약사요 그의 아버지도 약사인데, 하나님께서는 반역한 자의 병을 치료하지 않으시어 지금은 안면에까지 퍼지고 있다고 들었다. 그들이 반역하자 하나님께서는 그들을 깨끗하게 치우시고 즉시 물질적인 복을 주시어, 현 교회 405평인 새 장소를 16억 원으로 마련해 주시어 이사하게 하셨다(1997년 8월 30일).

3차 반역

새 장소로 이전하자 성도들도 고무되었고, 〈한글킹제임스성경〉을 보던 형제자매들이 먼 곳에서 하나둘씩 찾아왔다. 킹제임스성경신학대학의 전신인 펜사콜라성경신학원(Pensacola Bible Institute)은 3년 과정 6학기였는데 하나님께서는 매 학기마다 학생들을 보내 주셨다. 나는 98년 가을학기 신입생을 50명 달라고 기도했더니, 주님께서는 나와 성도들의 기도에 응답하시어 정확히 50명의 학생들을 주셨다. 마귀가 얼마나 이를 시기했겠는가? 마귀가 신학원 강사 중 한 명인 이재명(당시 26세)의 마음속에 주를 배반할 생각을 넣은지라(요 13:2) 사탄이 그에게 들어갔던 것이다(요 13:27). 앞서 설명했듯이, 마귀가 유다 이스카리옷에게 했던 것과 동일하게 들어갔던 것이다. 믿음이 진리에 뿌리내리지 못한 자는 주님의 포도나무에 붙어 있는 가지가 못 됨을 알아야 한다. 이재명에게 회유당한 자들은 이우진(24세), 최항(27세, 당시 철원성경침례교회 담임목회자), 방효일(28세, 당시 말씀보존학회 영업담당 직원), 교회에 7억을 헌금했던 이우상(76세)과 그의 두 아들과 며느리, 손자 손녀 등 60여 명이었다. 그들은 집단적으로 마귀에게 점유당했던 것이다. 이것을 신학적으로 집단적 마귀들림(Demonic Infestation)이라 한다. 마귀는 귀를 내준 사람들에게 침투하거나, 회유, 세뇌, 미혹을 통해서 변절된다(이 사건을 기록한 책이 필자의 〈미혹〉이다). 240명의 성도 중에서 25명의 신학생들을 포함한 60여 명을 잃었다. 이재명은 내 아내의 언니의 아들로 내 아내가 공부시킨 자였다. 7억을 헌금했던 이우상과 그의 아들들은, 그것은 헌금이 아니라 교회에 빌려준 것이니 돌려 달라는 소송을 냈고, 그의 가족과 방효일 등을 시켜 법정에서 위증하게 하였으나, 그들은 재판에서 패소했다. 그들이 60여 명이나 나갔는데도, 그 다음 주일부터 헌금은 배나 많았다. 교회 안에 마귀의 자녀들이 자리를 차지하고 갖가지 가증한 짓을 하고 있을 때, 하나님께서는 태풍을 일으켜 그런 쓰레기들을 날려 보내셨던 것이다. 악인들은 바람 앞의 쭉정이와 같다(시 1:4; 35:5). 주님께서는 그분의 피로 사신 그분의 교회(행 20:28)에 무슨 일이 일어났는지 잘 알고 계신다. 필요한 사람은 남겨두시고 필요 없는 사람은 떼어 내신다는 것이 주님의 성별 원칙이시다(고후 6:14-18).

이재명은 그들을 데리고 나가 일산에서 갈보리침례교회라는 간판을 붙이고 스스로 목사가 되었다. 그에게 회유되어 따라 나갔던 자들 가운데 이우상을(자녀들 제외) 포함한 10여 명의 사람들은 그들이 잘못 판단했음을 알았지만, 이미 마귀와 손잡은 터라 가던 길을 계속해서 가야만 했다. 그들이 갈 곳이란 이 지상에서 쓰레기 하치장 밖에는 없다. 그것은 김영균의 진리침례교회였다. 김영균은 반역했건 변질되었건 쓰레기이건 폐수이건 가릴 것이 없이 받아들였다. 그에게는 그들의 유업이며 축복이고 교회 성장이 된 것이다. 그중에 몇 사람은 다시 우리 교회로 오겠다고 했지만, 나는 단연히 거절했다. 왜냐하면 반역자들은 마귀와 손잡은 자들이며, 또 다른 기회가 주어지면 다시 반역한다는 것을 필자가 알기 때문이다. 하나님이 세우신 지역 교회가 채 서기도 전에 이렇게 해서 세 개의 침례교회가 킹제임스성경을 말하며 마귀짓을 하며 세워졌고, 이를 모르는 사람들은 그런 것들을 교회라고 알고 하나님을 섬기겠다고 찾아갈 것이며, 이런 교회들을 수용한 교단들이 있다면 교회 수를 자랑하게 될 것이다. 그 후 이재명은 건강이 악화되어 배일 신상투석을 해야 한다고 들었다. 하나님의 교회를 더럽히면 하나님께서 그를 멸하신다고 말씀하셨다(고전 3:17). 8년이 지났는데 금년 1월에 이우상의 아들에게서 전화가 걸려왔다. 무슨 일이냐고 했더니 지난날 헌금을 가지고 재판한 것과 교회에서 소란을 피운 일에 대해 사죄한다고 했다. 그게 다냐고 했더니 사업을 하다가 망해서 도움을 청한다고 했다. 참으로 마귀에게 점유당하면 체면도 없어진다.

4차 반역

3차 반역(98년 11월)이 있기 몇 달 전인 98년 4월경, 나를 찾아온 사람이 윤여성(62세)이었다. 그는 자신을 소개했다. 연예인 교회에서 수원 김장환 목사 교회로, 거기서 한만영 은사주의 교회로, 거기서 우리 교회 소식을 듣고 찾아온 것이다. 교회 편력이 많은 사람일수록 믿음이 없다는 것이 보편화된 상식이다. 그런데 그때 그는 화장품 사업을 하다가 완전히 망해서 살던 집마저도 내주어 거리로 나올 형편이었다. 그의 아내는 말씀보존학회에서 조그만 책자 한 권을 번역한 적이 있는데, 그녀는 옛 친구의 소개로 미국까지 가서 일을 해야 할 형편이었다. 그는 서울대 불문과를 수료하고 고려대 영문과를 편입하여 졸업하였다. 낮아질 대로 낮아진 그가 영어를 한다고 하기에, 필자는 그에게 생계를 유지하도록 필그림번역아카데미학원 등록을 해주어 기독교서적 번역사들을 양성하게 하면서 우리가 보유하고 있는 약 400여 가지의 책들을 번역하게 하였다. 나중에 알게 됐지만, 그는 이 학원을 근거로 신용대출을 받아 김포 사우지구로 이사하였다. 그런데 날이 감에 따라 윤여성은 마각을 하나씩 드러내기 시작했다. 영어를 가르친다며 학생들과 학생들의 부모들을 회유했고, 우리 말씀보존학회의 직원들을 대상으로 아침 8시에 영어반을 만들어 공부했다. 얼핏 보기엔 영어강좌이지만, 이것은 회유하기 위한 발판이었던 것이다. 나는 직원들에게 그 영어공부를 하지 말라고 지시했고, 그중 눈치 빠른 몇 명은 즉시 그만뒀지만, 한 집사와 그의 아내는 계속하다가 끝내 그에게 회유당하여 그가 나갈 때 동행했다. 그는 우리 교회를 송두리 채 빼앗으려고 공작을 했으며, 포섭한 대상도 전문직업인들로 치과의사(오상용), 약사(강대용), 집사(허진)와 장안동에서 공구사업을 한 이무용 등이었다. 필자와 교회 직원들은 그가 그런 일을 할 것이라고는 상상도 하지 못했다. 그는 필그림번역아카데미 외에도 우리 교회의 중고등부 학생들을 가르쳐 수입을 얻었고, 신학원에서도 영어를 가르치게 했으며, 그의 딸도 나의 주례로 결혼식을 올리고 교회에 출석하고 있었다. 그의 아내와 아들도 교회에 출석하고 있었기 때문에 그들을 다른 시각으로 본다는 것은 나에게 합당치 않았다.

그런데 하루는 교회 옆 이발소에 처음으로 가서 이발하고 있는 중에, 그 이발사에게 복음을 전했더니 거절하였다. 한참 후에 그 이발사가 자기에게 복음을 전한 목사님은 처음이라면서 어느 교회 목사님이냐고 묻기에 이 앞에 있는 금강프라자 건물 7층에 있는 성경침례교회 목사라고 했다. 그랬더니 그 이발사가 하는 말이 그 교회 목사님이 자기 이발소에 와서 이발한다는 것이었다. 나는 그 건물 5층에도 장로교회가 하나 있다고 했더니, 그 교회가 아니고 성경침례교회라고 우겼다. 내가 그 교회 목사라고 했더니 그가 아니고 그분은 김포 사우지구에 산다고 했다. 나도 그때는 사우지구로 이사했던 터라 내가 사우지구에 산다고 말했더니, 그가 다시 인상을 설명하는 것이었다. 나는 즉시 아! 윤여성이었다고 직감할 수 있었다. 나는 그때까지도 아마 그 이발사가 그에게 "어느 교회에 다니십니까? 목사님이십니까?"라고 물었을 때 대답이 시원치 않아서 이발사가 그렇게 짐작할 수도 있었으리라고만 생각했다. 나는 목자로서 우리 교회에 출석하는 성도가 반역을 모의하고 실행하리라고는 추호도 의심하지 않았다.

그날은 수요기도회라 내 앞을 지나치는 그에게 농담 삼아 "이 아래 이발소에서 윤목사 안부를 묻습디다."라고 했더니, 그는 몹시 당황하여 얼굴이 붉어졌다. 그때서야 이 자가 그런 말을 공개적으로 하고 다녔다는 것을 직감할 수 있었다. 그때부터 며칠 안에 그는 40명을 데리고 나가 장안동 공구 장사하는 사람의 건물 옥상에다 둥지를 틀고 서울침례교회라고 간판을 달았다. 이렇게 해서 근거도 없이 또 하나의 교회, 그것도 침례교회가 생겨났고 그가 스스로 목사가 되었다. 사람들은 그것을 교회라고 부를 것이다.

그가 나간 후, 발각된 것은 그가 우리 경리담당자를 회유하여 출판사 돈을 일천만 원이나 가불해 갔는데, 그는 번역료를 적게 받았다며 착복하고 주지 않았다. 나는 즉시 반환소송을 해서 되찾았다. 그로부터 3개월 후, 우리 교회 부목사 중 한 사람이 김포 시내로 들어가는데, 신호를 기다리다가 한 사람이 그의 아내와 함께 길가 화원 앞에서 담배를 피우고 있는데 안면이 있는 듯해서 다시 보았더니 그가 바로 윤여성이었던 것이다. 그는 우리와 함께 있을 때도 계속해서 담배를 피웠는데 우리만 몰랐던 것이다. 그들이 나간 후, 그 다음 주 역시 헌금이 다른 주보다 월등히 많았다. 주님께서는 성별한 교회 위에 복을 주심을 알게 해주셨던 것이다.

5차 반역

이창희는 1991년부터 나에게 와서 공부하였던 펜사콜라성경신학원 1회 졸업생이며, 성경침례교회 창립멤버였고, 첫 집사, 그 다음 첫 번째로 배출한 목사 1호였으며, 나의 오른팔로서 근면하고 정직한 형제였다. 그는 성경침례교회 부목사로서 전담사역자가 되기 전, KBS에서 오랫동안 근무했었는데, 어려운 시기에 교회에 공헌한 바도 컸다. 아내와 딸(22), 아들(20)을 두고 있었다. 마귀가 그의 마음속에 주를 배반할 생각을 넣은지라(요 13:2) 사탄이 그에게 들어갔던 것이다(요 13:27).

한편, 캐나다 토론토에는 필자가 1995년 겨울에 토론토에서 성경핵심강연회를 가졌는데, 그 자리에 참석했던 사람들이 주축이 되어 토론토 성경침례교회가 세워졌고, 그곳 목사는 시내 중심가에서 편의점을 했던 형제였다. 그도 근면하고 정직한 유원환(50)이라는 사람으로 아내와 큰 딸(20세)과 작은 딸(18세)을 두었다. 그는 몇 학기를 캐나다에서 한국으로 유학을 와 펜사콜라성경신학원(PBI)에서 공부하고 간 열성파였다. 필자와는 가까운 사이였고, 교회에 기여도 많이 했다. 필자를 사랑하여 그의 덕분으로 구경도 많이 했다.

이창희는 2001년 2월, 서울 강동에 교회를 개척하여 창립예배를 드렸는데(강동성경침례교회), 거기 교인들은 거의 우리 교회에서 회유해 간 사람들이었다. 그 공작은 집요하게 이루어졌음을 나중에 알았다. 나는 공공연하게 남의 수족관에서 훔친 물고기로 자기 수족관을 만들면 안 된다고 이야기했었다. 그 말은 시기에서 나온 것이 아니라 평소 나의 지론이었다. 나중에 우리 교회에서 그 교회로 갔던 성도들은 사건이 나자 다시 다 돌아왔다. 우리는 이창희와 유원환이 작당한 줄은 전혀 몰랐다. 악한 사귐은 좋은 행실을 부패시켰던 것이다(고전 15:33).

토론토의 유원환의 마음속에 마귀가 주를 배반할 생각을 넣은지라(요 13:2) 사탄이 그에게 들어갔던 것이다(요 13:27). 그는 이미 변질되었으면서도 자신을 은폐하고 간헐적으로 우리와 교제하는 체했다. 우리는 그를 전혀 의심하지 않았다. 그런데 2002년 1월에 그의 아내가 갑자기 쓰러져 죽었고, 그해 4월에는 그의 둘째 딸이 병중에 있었는데, 역시 죽었다. 그의 아내의 장례식에 필자는 못 가고, 필자의 아내와 이창희가 대신 갔었다. 그때에 그들의 반역은 보다 구체화되었음을 나중에 알았다. 그해 12월에는 이창희의 외아들(당시 대학 2년생)이 야간에는 우리 신학원에서 공부하였던 착한 학생이었는데, 건축공사장에서 아르바이트를 하다가 추락사고로 즉사했다. 필자가 그 아이의 장례를 집전했을 때, 무거운 영의 압박을 느꼈다. 그것이 마지막이었다. 그가 2003년 8월 철원성경침례교회 창립예배에 참석했었는데 아무도 그와 교제하지 않는 것을 내가 직접 목격하였다. 그것을 알고 나서 필자도 이창희와 교제하지 않겠다고 교회에 알렸다. 이 소식을 들은 지역 교회 목사들 중 부산에 있는 조도희 목사가 견디다 못해 이창희를 찾아가 확인하고, 그를 데리고 밤 11시에 우리 집으로 왔다. 내가 그를 대면했을 때 그의 얼굴은 노랗다 못해 하얗게 되었고, 안절부절 못했다. 그의 모습은 반역했던 김영균과 이재명, 그 외에도 악령에게 점유된 자들에게서 나타난 공통 현상이었다. 눈동자는 뱀 눈처럼 바뀌고, 입이 말랐다. 때로는 입가로 거품이 나오기도 했다. 그는 나와는 눈을 마주치지 못했다. 주님께서는 하나님의 교회를 대적한 그들을 시편 37:1-15대로 치셨던 것이다. 그 후 이창희는 그의 교회에서 다단계 판매를 한다고 그의 조카에게서 들었다.

이외에도 필자는 크고 작은 반역들을 수없이 경험하였다. 영적 전쟁으로 우리 교회에서 희생된 자만 500명도 넘는다. 그러한 마귀의 공격은 비단 우리 교회에만 그치는 것이 아니라, 성경대로 믿는 지역 교회들은 우리나라뿐만 아니라 미국에서도 빈번히 일어나고 있음을 필자가 직접 목격했고(1981-1987) 소식으로도 듣고 있다. 마귀의 공격방법은 다양하다. 위장, 모방, 타협 이 세 가지가 주무기이며, 상대가 어느 면에서 취약한가를 잘 알고 있는 마귀는 결정적 순간에 그 무기를 사용한다. 그렇다면 성경대로 교리를 실행하지 않는 교단 교회들이나 거짓 은사들로 사람들을 미혹하는 로마카톨릭이나 은사주의 교회들에는 왜 그런 반역이 없는가? 진리를 거역하고 마귀에게 순종하는 자들에게 마귀가 공격할 이유가 없는 것이다. 그런데 여기에 일반 교인들이 분별하지 못할 부분이 있다. 모든 교회가 다 하나님으로부터 승인을 받아 세워진 것이 아니라는 사실이다. 하나님께서 세우지 않으신 교회는 하나님으로부터 어떤 영적 권위도 받지 못한 채 교회를 하고 있는 것이며, 그런 교회에 다니는 사람들은 그 면에서 눈멀어 있다. 로마카톨릭은 국가이지 교회가 아니다. 그런데 그들은 교회의 흉내를 내고서 하나님의 이름을 도용하여 세계 정치권력을 종교로 지배하려고 하는 마귀의 계략인 것이다. 개신 교단들은 로마카톨릭을 본떠서 세상 정부에 접근하며 세상으로부터 인정받으려 하고 있다. 세상이 어떤 곳인가? 세상은 마귀가 관장하며 마귀가 그 신이다. 그렇다면 개신교단 교회들은 마귀에게 인정을 받고 있으면서도 하나님의 교회를 흉내내고 있는 것이다. 그래서 그들은 바른 성경을 거부하며, 비성경적 교리를 실행하고, 복음을 형식적으로 전하며, 구원받지 않은 교인들을 데리고 교회놀이를 하고 있는 것이다. 그런 교회들이 마귀의 취향대로 실행하고 있는데, 왜 마귀가 그들을 공격하겠는가? 오히려 마귀는 그런 교회들이 더 양산되도록 환경을 조성하고 그런 비성경적인 일들을 자행하도록 권장하며 독려하고 있는 것이다.

복음의 불모지인 한국 땅에 73년 빌리 그래함 복음전도집회에 모여든 사람들을 그 후 목사라는 자들이 어떻게 만들었는가? 인산이 그 영예를 차지함으로써 구원받은 사람들도 그들 교회에서 수년 안에 진리의 지식으로 성장하지 못하고 망가져 버렸다. 74년, 78년 여의도 광장에서 김준곤

목사가 모았던 사람들은 어찌 되었는가? 복음은 없고, 대학생들이 돈 자루를 들고 다니면서 헌금을 거두는 데 바빴다. 그들의 목적은 민족복음화가 아니라 돈 버는 것이었다. 복음의 진리에 갈급한 이 민족이 허기지고 목마른 가슴을 가지고 그 자리에 갔을 때(78년에 필자도 거기 있었음), 그들은 모인 회중에게 무엇을 전했던가? 그런 집회로 양산된 교인들은 방황하기 시작했고 복음의 빛을 애타게 기다리고 있었을 때, 권신찬이란 사람이 나와서 구원의 복음 비슷한 것을 전했을 때 수만 명의 사람들이 그곳으로 몰려갔으나 그들이 그 후 무슨 짓을 했던가? 그의 사위가 나와서 사업체로 탈바꿈시켰고, 오대양사건으로 32명의 사람들이 죽었다. 지금도 그곳에서 재정보증을 선 까닭에 그들은 족쇄에 채워져 복음 대신 세모 스쿠알렌을 받아 팔아야만 하게 되었다. 권신찬 씨는 좋은 계기를 맞고서도 하나님께 영광 돌리지 않고 자기와 가족이 그 영광을 차지함으로써 복음의 불길에 물을 뿌렸던 것이다. 교인들을 그들에게 빼앗긴 제도 교회들은 빠져나간 교인들이 원망스러워 복음을 전했던 권씨 일당을 구원파로 매도했고, 그 때부터 이 땅에서는 복음을 전하면 구원파(오대양), 세모 스쿠알렌 장사꾼으로 비춰졌던 것이다. 이 얼마나 간교한 마귀의 계략인가!

대학생 선교를 내세운 CCC, UBF, 네비게이토, IVF, CAM, JDM, Joy 선교회, YWAM 등도 형식적인 복음전파와 그 후속으로 양육 프로그램이 허술한 관계로 시작은 있었지만 과정이 허술했기에 정작 일꾼들이 양성되지 못했다. 그들은 선교단체가 교회의 기능을 할 수 없다는 기본지식도 없었다. 그들의 리더들이 제대로 공부를 했더라면 대학생들을 잘 육성시켜 지역 교회의 일꾼이 되게 하였을 것이다. 그들을 복음을 전파하고 진리의 지식을 가르치는 훌륭한 그리스도의 군사들로 육성시킬 수 있었을 터인데, 그들 역시 생각은 엉뚱한 곳에 있었던 것이다. 그들 선교단체들은 주일이나 그 외에도 교회 행세를 하며 채플(Chapel), 즉 구내 예배당을 교회로 착각한 채 하나님의 교회에서의 경배를 드리지 않았던 것이다. 그들은 경배를 드릴 교회가 없다고 여기고 그렇게 했는지도 모른다. 1978년 필자도 유용규, 양은순 내외와 청량리 근교 조이선교회에 간 적이 있다. 막 거듭난 필자의 눈에도 그들이 왜 교회에서 예배를 드리고 또 오후에 거기에 모여 또 예배를 드리는지 의아했었다. 그러나 아무도 설명해 주지 않았다. 나중에 스스로 깨달은 것은 제도화된 교회들은 그야말로 엉터리 설교, 엉터리 운영, 엉터리 가르침이었기 때문에 거듭난 사람들이 말씀에 갈급하여 찾아 나선 모임이었던 것이다.

이런 현상들이 한국 교회의 분위기였을 때 극단적 칼빈주의자들이 칼빈주의 5대 강령이란 것을 가지고 나와,

1. 인간은 전적으로 타락하였기 때문에 사람은 자기 의지로 예수 그리스도를 믿고 영접할 수도 없게 되었다고 거짓말했다(출 35:5, 스 7:13,15,16을 보라). 그들에게 복음을 전하면, 믿으면 구원받을 수 있는데도 믿어지지 않는다고 고집을 부려 지옥으로 가는 것이다.

2. 무조건적인 선택은 의지까지도 타락해서 예수님을 믿을 수 없는 사람에게 해당되지 않는다. 성경에는 미리 아심에 의해서 조건이 만들어진다고 기록되어 있다(벧전 1:2, 롬 8:29).

3. 제한적 속죄란 예수 그리스도의 보혈이 전 인류에게 해당되지 않고 어떤 특정한 부류에만 속한단 말인가? 『그가 모든 사람을 위하여 자신을 몸값으로 내어 주셨으니』(딤전 2:6). 『하나님께서 세상을 이처럼 사랑하셔서 그의 독생자를 주셨으니, 이는 그를 믿는 사람은 누구든지 멸망하지 않고 영생을 얻게 하려 하심이니라』(요 3:16). 『하나님께서는 모든 사람이 구원을 받고 진리의 지식에 이르기를 원하시느니라』(딤전 2:4).

4. 저항할 수 없는 은혜란 하나님께서 선택된 죄인의 의지를 강제로 이끄신다는 말이다. 하나님께서 예정하신 사람들만을 부르셨기에 어떤 근거인지를 모르지만 예정 받은 사람으로 간주하고, 교회가 시킨 대로 따라하라고 한다. 만일 구원받기로 예정되지 못한 자가 있어 그가 죄인인 것을 깨닫고 예수님을 믿고 싶은데 부르시지 않아서 구원을 못 받는 것인가?(롬 9:15,16; 빌 2:13을 읽어 보라.)

5. 성도의 견인이란 선택된 자들은 자기의 구원을 끝까지 견뎌야 한다는 것이다. 이것은 칼빈주의인 구원의 영원한 보장이 아니라 알미니안주의 교리이다. 이것이 칼빈, 벌콥, 메이첸, 와필드의 성경 실력이다. 이런 이단 교리인 독가스를 장로교와 남침례교회 등이 뿌림으로써 사람들의 겨우 움틀려고 하는 믿음마저도 어디에다 묶어놓을 수 없게 되어 진리의 지식에 눈뜨지 못한 채 방황하게 된 것이다. 구원의 영원한 보장을 믿는 그리스도인은 칼빈주의자이다. 필자도 칼빈주의자이다. 그러나 칼빈주의 5대 강령은 교인들의 믿음의 싹을 밟아 뭉개는 독소이며 이단 교리인 것이다. 그런 와중에 여의도에서 불어 닥친 은사주의 이단 교리는 순복음교회에 다니면 복을 받아 잘살고, 병도 낫게 되며, 마귀도 나가고, 또 방언을 해야 성령을 받은 증거라고 소문내자 믿음이 진리에 뿌리내리지 못한 사람들과 절간 대신 교회에 다니자는 사람들이 이 새 교리(행 17:21)를 찾아 인산인해를 이루었다. 사람들이 낸 돈으로 그들은 선교라는 미명 하에 세상 신문사도 만들고, 대학교도 세우고, 교세를 확장하여 연쇄점 교회들까지 이곳저곳, 캐나다에까지 세우며 이 나라를 순복음화하려 했다. 그들의 행위로 그나마 싹트려 했던 교인들의 믿음은 완전히 없어져 버렸다. 그런 자들의 행위는 믿음이 필요 없고, 성경도 필요 없고, 지식도 필요 없고 오직 가짜 은사만 있으면 되었다. 이런 마귀짓을 하는 교회들에게 마귀가 왜 공격을 하겠는가?

11

성별과 분열은 다르다

Separation vs. Sedition

어떤 교회에 다니는데, 그 교회가 비성경적으로 행하면 그 교회에서 나와야 한다. 이것이 성별이다. 『배운 교리에 역행하고 분열을 일으키고 공박하는 자들을 주의하고 그들에게서 떠나라』(롬 16:17). 『예수 그리스도의 말씀과 경건에 따른 교리에 일치하지 아니하면... 이익이 경건이라 생각하는 사람들 사이에 무익한 논쟁이 일어나느니라. 그런 데서 네 자신은 빠져 나오라』(딤전 6:3-5를 읽어 보라. 개역성경, 개역개정판 - "이익이 경건이라 생각하는," "그런데서 네 자신은 빠져 나오라" 삭제). 거듭나서 진리에 눈뜬 사람이 거짓 성경으로 거짓 교리를 가르치는 설교를 들으면 견딜 수 없게 된다. 그는 교회에서 떠나야 한다.

서울 강남에 있는 C 교회의 이 모 목사가 불미스런 일로 담임목사직에서 물러나게 되자 교인 약 일천 명을 데리고 나와 이웃에서 서울 무슨 교회라고 차렸다. 그것은 분열이며 육신적인 일이고 마귀적인 일이다. 또 어떤 감리교회 목사는 여자문제와 교회공금 횡령으로 실형을 받았는데도 교회가 그를 목사로 다시 세웠다. 그런 교회는 하나님이 세우신 교회가 아님을 여실히 보여 주고 있다. 왜 그들뿐이겠는가? 하나님께서 세우지도 않은 것을 교회라고 이름 붙이고 비성경적 교리를 실행하며 돈이나 벌고 있는 교회들은 하나님의 교회가 아니다.

하나님이 주신 영적 권위에 도전하는 것은 마귀가 시킨 일이지만, 비성경적 교리를 실행하는 마귀의 교회에서 성별하는 것은 하나님께서 하신 일이다. 마틴 루터는 마귀의 공격으로부터 자신을 지키기 위해 하루에 2시간 이상 기도했다고 한다. 마귀로부터 어떤 공격을 얼마만큼 받는가에 따라 그 사람이 그리스도 안에서 얼마나 가치 있는 그릇인가로 판명되는 것이다. 대형 교회를 하면서 육신의 정욕, 안목의 정욕, 생의 자랑 때문에 고난을 받았는가? 그것은 마귀의 공격이 아니라 인간 사이에서 더 갖기 위해, 더 인정받기 위해 벌어지는 일로 오히려 마귀가 부추기는 일이다. 그러나 진리를 위해 박해를 받으면 그것은 주님께서 보시기에 귀한 것이다.

『너희 중에 누구도 살인자나 도둑이나 행악자나 다른 사람들의 일에 간섭하는 자처럼 고난을 당하지 않게 하라. 그러나 만일 너희가 그리스도인으로서 고난을 당하면 부끄러워하지 말고 오히려 그 일로 인하여 하나님께 영광을 돌리라. 이는 하나님의 집에서 심판을 시작해야 할 때가 되었음이니 만일 그 심판이 우리에게서부터 먼저 시작되면 하나님의 복음에 순종하지 않는 자들의 그 종말은 어떠하겠느냐?』(벧전 4:15-17)

끝 맺 음

『하나님께서는 모든 사람이 구원을 받고 진리의 지식에 이르기를 원하시느니라』(딤전 2:4, 한글개역성경에는 "진리의 지식"이 삭제됨). 죄인이 구원받는 것은 전혀 어려운 일이 아니다. 『네가 네 입으로 주 예수를 시인하고 또 하나님께서 그를 죽은 자들로부터 살리신 것을 네 마음에 믿으면 구원을 받으리라. 이는 사람이 마음으로 믿어 의에 이르고 입으로 고백하여 구원에 이르기 때문이라』(롬 10:9,10). 성령으로 거듭난 사람은 진리의 지식으로 무장해야 한다. 이처럼 교인들, 특히 설교자들이 믿음에서 떠난 원인이 어디에 있는가? 그 원인은 바른 성경을 읽고, 묵상하고, 공부하지 않고, 암송하지 않은 데에 있다. 하나님을 믿는다는 것은 그분의 말씀을 믿는 것인데, 틀린 성경으로 하나님을 잘 믿을 수 있다고 생각했기에 이런 오류들을 안고 거기에도 생명과 진리가 있는 것으로 오해한 것이다. 하나님께서 성도들에게 일러주셨다. 『네가 진리의 말씀을 올바로 나누어 자신이 하나님 앞에 부끄럽지 않은 일꾼으로 인정받도록 공부하라』(딤후 2:15). 왜 진리의 지식이 필요한가? 진리의 지식을 깨우쳐야 주님과 교제가 가능하고 마귀를 대적할 수 있게 된다. 마귀는 사람 숫자나 교회 재산,

목사의 학위나 경력 등 그런 것들에 위축되는 것이 아니라 성령의 칼인 하나님의 말씀으로 위축되는 것이다(엡 6:13-18). 리비야단이 얼마나 무서운 존재인가? 리비야단은 곧 사탄이다. 사탄은 아무것도 무서워하지 않지만, 오직 하나님의 말씀으로 제압할 수 있다. 이러한 한국 교계의 변질과 부패를 알고 뒤늦게 개혁을 외치는 사람들이 간간히 눈에 띄지만 그들은 어떻게 하는 것이 개혁인지 모른다. 개혁은 바른 성경으로 돌아가 공부해서 진리의 지식에 눈 뜨는 사람들이 많아져야 가능한 것이며 그 일만이 하나님을 기쁘시게 하는 일임을 알아야 한다. 『내 백성이 지식의 부족으로 멸망하는도다. 네가 지식을 거부하였으므로 나도 또한 너를 거부하리니』(호 4:6). 이 나라 교역자들과 교인들은 이 말씀을 명심해야 한다.

지금까지 교단 교회에 속하여 하나님을 섬기려고 했던 목사들은 회개해야 한다. 예수님께서는 빌라도가 갈릴리 사람들을 죽여 그 피를 희생제물들에 섞었다는 말을 들으시고 그 죽은 갈릴리 사람들이 다른 갈릴리 사람들보다 더 죄인이라서 그런 일을 당했다고 생각하느냐고 반문하시면서 너희도 회개하지 않으면 모두 그와 같이 멸망할 것이라고 말씀하셨다. 또 실로암에서 망루가 무너져 죽은 열여덟 명이 예루살렘에 사는 모든 사람보다 더 악한 죄인들이라고 생각하느냐고 반문하시면서 너희도 회개하지 않으면 모두 이와 같이 멸망하리라고 말씀하셨다(눅 13:1-5). 자기는 교단 교리를 열심히 실행하고 있다고 자부할는지 모르지만, 성경대로 실행하지 않았으면 하나님의 기준에 들지 않는다는 점을 깨닫고 회개해야 할 것이다.

당신은 다음 사항을 점검하고 즉시 회개하고 시정해야 한다.

1. 하나님께서 당신을 사역자로 부르셨다는 증거들이 있는가? 당신은

현재의 사역을 위해 위로부터 지혜와 영력을 받아서 섬기고 있는가? 지금이라도 성경대로 다시 섬겨보지 않겠는가? 『나는 내게 능력 주신 그리스도 예수 우리 주께 감사하노니, 이는 그분께서 나를 신실하게 여기셔서 내게 직분을 맡기심이라』(딤전 1:12).

2. 당신의 교회는 하나님에 의해 세워졌는가 아니면 인위적으로 세워졌는가? 당신은 먹고 살기 위해 하나님의 일을 자청했는가 아니면 하나님을 섬겼더니 하나님께서 먹여주시는가? 『그렇다면 내 상이 무엇이냐? 그것은 내가 복음을 전할 때에 값없이 그리스도의 복음을 전하고 복음으로 인한 내 권리를 다 사용하지 아니하는 것이로다』(고전 9:18).

3. 현재 당신이 누린 모든 특혜가 없다 해도 백의종군하며 주님을 섬길 수 있는가? 예수 그리스도를 섬기면서 어떤 박해를 받은 적이 있는가? 『실로 그리스도 예수 안에서 경건하게 살고자 하는 모든 사람은 박해를 받을 것이라』(딤후 3:12). 주님은 그분의 제자 될 사람에게 자기를 부인하고 날마다 자기 십자가를 지고 따르라고 하셨다(눅 9:23). 당신은 그렇게 하고 있는가?

4. 당신의 지상목표는 주님을 기쁘시게 해 드리는 일일 것이다. 당신이 하고 있는 어떤 일이 주님을 기쁘시게 하는 일인가? 전에 했던 일들 가운데는 어떤 것이 있는가? 『사람이 온 세상을 얻고도 자신의 혼을 잃는다면 무슨 유익이 있겠느냐? 또 사람이 자기 혼을 무엇과 바꾸겠느냐?』(마 16:26)

5. 당신은 지금까지 몇 사람의 혼이나 주님께로 이겨왔으며, 최근에 구령한 것이 언제였는가? 당신은 교회에서 교인들을 진리의 말씀으로 잘 양육하고 있는가? 이 일을 하면서 당신은 바른 성경의 필요성을 알지 못했는가? 『주의 말씀들은 순수한 말씀들이라. 흙 도가니에서 단련되어 일곱

번 정화된 은 같도다. 오 주여, 주께서 이 말씀들을 간수하시리니 주께서 이 세대로부터 영원토록 그것들을 보존하시리이다』(시 12:6,7).

6. 당신은 교인들에게 예수 그리스도의 재림을 기다리도록 성경대로 권장하지 않았는가? 당신이 속해 있는 교단의 눈치를 봤기 때문인가? 『너희는 값을 치르고 산 것이니 사람들의 종이 되지 말라』(고전 7:23).

7. 당신은 하나님을 두려워하는가 아니면 사람들을 두려워하는가? 당신은 주님의 종인가 아니면 교단의 종인가? 당신은 교단을 떠나야 주님을 위한 바른 사역을 수행할 수 있다고 생각하지 않는가? 『내가 이제 사람들에게 호감을 사랴? 아니면 하나님께 사랴? 아니면 내가 사람들을 기쁘게 하려고 하겠느냐? 내가 아직도 사람들을 기쁘게 하려고 한다면 나는 그리스도의 종이 아니니라』(갈 1:10).

8. 당신은 주님께서 에큐메니컬 운동에 참여하는 것을 싫어한다는 점을 알고 있는가? 『믿지 않는 자들과 멍에를 같이 메지 말라. 의가 불의와 어찌 관계를 맺으며 빛이 어두움과 어찌 사귀겠느냐? 그리스도가 벨리알과 어찌 조화를 이루며 또한 믿는 자가 믿지 않는 자와 어떤 부분을 같이하겠느냐? 하나님의 성전과 우상들이 어찌 일치되겠느냐? 이는 너희가 살아 계신 하나님의 성전임이라. 하나님께서도 말씀하시기를 "내가 그들 가운데서 살 것이며 그들 가운데서 다닐 것이며 나는 그들의 하나님이 되고 그들은 나의 백성이 되리라. 그러므로 주가 말하노라. 너희는 그들에게서 나와 따로 있고 더러운 것을 만지지 말라. 그리하면 내가 너희를 영접할 것이며 또 나는 너희에게 아버지가 되고 너희는 내 아들들과 딸들이 되리라. 전능하신 주가 말하노라."고 하셨느니라』(고후 6:14-18).

9. 당신은 거짓 은사들을 자랑한 적이 있는가? 사람들을 모으기 위해 성경과 일치하지 않은 책들을 써서 팔아먹지 않았는가? 『돈을 사랑하는

것이 모든 악의 뿌리니, 이것을 욕심내는 어떤 사람들이 믿음에서 떠나 방황하다가 많은 슬픔으로 자신들을 찔렀도다』(딤전 6:10).

10. 하나님을 대적한 이러한 일들에 즉각적인 징계와 심판이 내려지지 않은 것은 당신이 하는 행위가 옳다는 것이 아니고 하나님의 오래 참으심으로 회개하고 돌아서게 하는 하나님의 유예기간이란 사실을 알겠는가? 『악한 일에 대한 징벌이 속히 집행되지 않으므로 사람들의 아들들의 마음이 그들 안에서 악을 행하기로 완전히 정해졌도다』(전 8:11).

누구나 죄를 지으면 죄의 종이듯이 누구나 정복을 당하면 정복한 자의 종이 됨을 잊지 말라.

• 지은이 / 이 송 오 (신학박사, 한글킹제임스성경 책임 번역자)
• 성경침례교회 담임목사

바른 양육과 성장 24

정복을 당한 자들

초판인쇄 / 2006년 4월 5일
초판2쇄 / 2016년 4월 29일
지은이 / 이 송 오
펴낸이 / 이 송 오
입 력 / 이 국 남
장 정 / 주 인 선
펴낸곳 / 말씀보존학회
출판등록 / 1988. 12. 12. 제16-223호
주소 / 서울 강서 우체국 사서함 90호
전화 / (02) 2665-3743 · 팩스 / (02) 2665-3302
인터넷 / www.biblemaster.co.kr

잘못된 책은 바꿔 드립니다.

값 10,000 원